JACQUES FERRON HORS QUÉBEC

---

*JACQUES FERRON OUTSIDE QUEBEC*

CHEZ LE MÊME ÉDITEUR

**Collection Lieux dits**

Léon-François Hoffmann
*Haïti : lettres et l'être*

Monique Maury Léon
*Sainte-Mère-Église libérée :*
*l'Histoire racontée à ma petite fille*

Paul-François Sylvestre
*Toronto s'écrit : la Ville Reine dans notre littérature*

**Collection Theoria**

Jean-Marie Klinkenberg
*Le Sens rhétorique : essais de sémantique littéraire*
En coédition avec les Éditions Les Éperonniers, Bruxelles

Georges Mounin
*Travaux pratiques de sémiologie générale*
Textes réunis par Alain Baudot et Claude Tatilon

Sylvie Rosienski-Pellerin
*PERECgrinations ludiques : étude de quelques mécanismes*
*du jeu dans l'œuvre romanesque de Georges Perec*

Julie LeBlanc
*Énonciation et Inscription du sujet :*
*textes et avant-textes de Gilbert LaRocque*

Melvin Zimmerman
*Baudelaire & Co. Intertexts:*
*Pascal, Franklin, Rousseau, Laclos, Stendhal, Marx & Others.*

# JACQUES FERRON HORS QUÉBEC

# *JACQUES FERRON OUTSIDE QUEBEC*

Textes réunis par *Texts edited by*

Betty Bednarski & Ray Ellenwood

Toronto
Éditions du Gref
Collection Lieux dits nº 4
2010

**Catalogage avant publication de Bibliothèque et Archives Canada**

Jacques Ferron hors Québec / textes réunis par Betty Bednarski & Ray Ellenwood = Jacques Ferron outside Quebec / texts edited by Betty Bednarski & Ray Ellenwood.

(Collection Lieux dits ; n° 4)
Comprend des réf. bibliogr.
Comprend du texte en anglais.
ISBN 978-1-897018-46-0

1. Ferron, Jacques, 1921-1985 – Critique et interprétation.
I. Bednarski, Betty, date. II. Ellenwood, Ray. III. Titre : Jacques Ferron outside Quebec.
IV. Collection : Collection Lieux dits (Toronto, Ont.). ; n° 4

PS8511.E76Z745 2010 C843'.54 C2010-906037-7F

Direction éditoriale : Alain Baudot.
Préparation de la copie : Betty Bednarski et Ray Ellenwood, avec la collaboration de Alain Baudot.
Graphisme de la couverture : Christine Tatilon.
Maquette, composition typographique et mise en page : Alain Baudot, avec la collaboration de Christine Tatilon.
Impression et reliure : Imprimerie Gauvin, Gatineau (Québec).


Dépôt légal : Bibliothèque et Archives Canada, octobre 2010.

*Nous remercions de leur appui l'Association internationale des Études québécoises (AIEQ), la Chaire de recherche du Canada en analyse littéraire interculturelle (Université de Moncton), le Collège universitaire Glendon (Université York), le Conseil des arts de l'Ontario, l'Université Dalhousie et l'Université York.*


Éditions du Gref
2275, avenue Bayview
Toronto (Ontario) M4N 3M6 Canada
Téléphone : 416-487-6774 • Télécopieur : 416-487-6853
Courriel : gref@glendon.yorku.ca • Site Internet : http://gref.recf.ca

ASSOCIATION INTERNATIONALE DES ÉTUDES QUÉBÉCOISES
UNIVERSITÉ DE MONCTON Chaire de recherche du Canada en analyse littéraire interculturelle
GLENDON UNIVERSITÉ YORK YORK UNIVERSITY
ONTARIO ARTS COUNCIL CONSEIL DES ARTS DE L'ONTARIO
DALHOUSIE UNIVERSITY Inspiring Minds
YORK UNIVERSITÉ UNIVERSITY

*À la mémoire de Pierre L'Hérault,*
*de Montréal (1937-2007), lecteur*
*attentif de Ferron, interlocuteur privilégié*
*de l'écrivain, et l'un des premiers*
*cartographes des « hors-Québec » de l'œuvre.*

*In memory of John Grube*
*from Toronto (1930-2008), whose*
*correspondence with Jacques Ferron*
*is the clearest sign of their extraordinary*
*friendship and collaboration.*

# Celebrating Jacques Ferron

***Physician-Writer***

***Docteur en Littérature***

***Exhibition***
***April 5 to May 7, 2006***

Sir Charles Tupper Medical Building & Kellogg Library
Dalhousie University, Halifax, Nova Scotia, Canada

***Symposium***
***April 25, 2006***

Presented by La Société des amis de Jacques Ferron
in partnership with
Dalhousie University's Medical Humanities Program
and the Department of French

La société des amis de Jacques Ferron
présente

Jacques Ferron

1921–1985

*«Avec mon métier de médecin, j'ai pu entrer par la porte d'en arrière et je me suis trouvé mêlé à la vraie vie...»*

*"Thanks to my doctor's profession I was allowed through the back door and found myself in touch with real life..."*

DMJ
Dalhousie Medical Journal

## SOMMAIRE ♧ *CONTENTS*



Opposite: Dalhousie Faculty of Medicine Journal, *DMJ*, Vol. 34, No. 1, Spring 2006. Back cover design by Jeff Burns, incorporating photos by Nick Pearce and Andrew Howlett, and exhibition banner by Luc Gauvreau and Irène Ellenberger.

## ILLUSTRATIONS

## *EDITORS' NOTE* ♣ MOT DES ÉDITEURS

*Since his death in 1985, Jacques Ferron has continued to attract the attention of readers and researchers in Quebec, with new scholarly editions of his work, with conferences and collections of critical essays, with biographical studies and films. No equivalent interest can be seen in English Canada, where he is best known for his role in the so-called October crisis of 1970, and for his activities as Eminence of the Great Horn of the Rhinoceros Party. No new publication concerning him had appeared in English for a number of years, and so, for admirers of this great writer living outside Quebec, it was an opportunity not to be missed when Luc Gauvreau of the Société des amis de Jacques Ferron announced his intention to launch a year-long, traveling celebration of Ferron in 2005-2006, inviting us to participate* chez nous.

*Two of the most extensive collaborations outside Quebec took place in Toronto at Glendon College of York University, and in the Faculty of Medicine at Dalhousie University in Halifax. A burgeoning exhibition of documents, banners, maps and objects provided a stimulating context for two colloquia, one looking quite broadly at Ferron as writer and political thinker, the other concentrating more on connections between his careers as medical doctor and writer, both emphasizing his relationship – and the relationship of his work – with the world beyond Quebec. There were other activities such as screenings of Jean-Daniel Lafond's film,* Le cabinet du docteur Ferron, *as well as a Glendon student production of Ferron's short play,* Le dodu. *A special feature on Ferron the doctor in the* Medical Post *(Toronto) marked the opening of the Halifax exhibition, and the Dalhousie events were subsequently commemorated in two issues of the university's medical journal,* DMJ.

*When the dust had settled, we found ourselves thinking about how our various events and reflections had constituted an outsider's view of Ferron, and how, at the same time, that very perspective had brought into unprecedented focus the writer's own fascination with the outsider and his complex interactions with what we had chosen to call his* "hors-Québec." *It seemed to us that a collection of essays based on the York/Dalhousie colloquia, and including illustrations of objects from the itinerant exhibition, would be a useful record of these reflections on Ferron as looking and seen from outside Quebec.*

*Le présent ouvrage vise ainsi à faire connaître une dimension encore peu étudiée de l'univers de Ferron. Conçu dans un contexte bien précis, réunissant textes et documents issus à quelques exceptions près des activités de 2005-2006, il explore le « hors-Québec » tant canadien qu'international de cet écrivain : « hors-Québec » de la biographie — voyages, correspondances, relations humaines ; « hors-Québec » des espaces de l'œuvre elle-même et de ses intertextualités ; « hors-Québec » des prises de position politiques ; « hors-Québec » des différentes réceptions et réverbérations de l'œuvre à l'extérieur du Québec.*

*Nous remercions chaleureusement Luc Gauvreau, de la Société des amis de Jacques Ferron, et Irène Ellenberger, graphiste, d'avoir mis à notre disposition un très riche matériel visuel. Nous remercions aussi les auteurs qui ont accepté de nous confier leur texte, ainsi que les éditeurs de livres ou de revues qui nous ont accordé leurs droits de reproduction. Et nous remercions notre éditeur, Alain Baudot, de l'aide à la fois enthousiaste et patiente qu'il nous a apportée tout au long de la réalisation de ce projet.*

*Nous tenons à souligner ici la participation posthume de Pierre L'Hérault et de John Grube, tous deux grands interlocuteurs de Ferron — grands absents, pour cause de maladie, l'un du colloque de Dalhousie et l'autre de celui de York. Nous sommes fiers de leur présence au sein de cet ouvrage.*

*Notre reconnaissance va enfin aux institutions et aux organismes qui nous ont accordé leur appui : l'Association internationale des études québécoises, la Chaire de recherche du Canada en analyse littéraire interculturelle de l'Université de Moncton, le Collège universitaire Glendon (York), le Conseil des arts de l'Ontario, l'Université Dalhousie et l'Université York.*

B.B. & R.E.

# EN GUISE D'INTRODUCTION
# JACQUES FERRON ET LE HORS-QUÉBEC
# PETIT ESSAI DE CARTOGRAPHIE CRITIQUE[1]

BETTY BEDNARSKI

Qu'est-ce qui pourrait bien constituer pour nous, ici, dans le cadre de ce colloque, le « hors-Québec » de Jacques Ferron ? Voilà la question en apparence très simple que je me suis posée, et à laquelle j'essaierai de répondre aujourd'hui, par le biais de la notion de « carte ». Identifier au départ, et délimiter, à la manière du cartographe, un terrain (des terrains) de réflexion possible(s), c'est, pour le meilleur ou pour le pire, le but que je me suis fixé. Pour le meilleur ou pour le pire, car le « hors-Québec » s'avère non seulement vaste, mais multiple. Pour le représenter, il me faudra dresser, imaginer, non pas *une* carte mais *des* cartes, qu'il conviendra ensuite de confronter et même de superposer. Ce faisant, je risque, je le sais, de me disperser, de manquer de *focus,* d'être, en voulant tout dire, *all over the map,* comme on dit en anglais.

Je risque aussi, en me servant de cette notion de carte — notion spatiale, qui d'emblée s'impose, vu que « hors » est un concept spatial et « Québec » un espace, une géographie — je risque, en me servant de cette notion, d'aplatir et ainsi de réduire notre sujet. Qu'est-ce qu'une carte ? Une représentation visuelle qui permet d'organiser des données de manière visible, données elles-mêmes d'ordre spatial, ou susceptibles de représentations spatiales. Or,

1. C'est Ray Ellenwood qui m'a incitée à écrire ce texte, en m'invitant à faire la conférence inaugurale du colloque qu'il organisait autour de l'idée de « Jacques Ferron hors Québec », colloque qui s'est tenu au Collège universitaire Glendon de l'Université York les 19 et 20 janvier 2006. Une première publication (Betty Bednarski, « Jacques Ferron et le hors-Québec : petit essai de cartographie critique », *Open Letter,* vol. XIII, n° 1, aut.-hiv. 2006-2007, numéro intitulé *Egregore: A Festschrift for Ray Ellenwood,* s. la dir. de Barbara Godard et Beatriz Hausner, p. 23-42) reproduit la version intégrale de la conférence, telle que prononcée à Glendon et augmentée de notes et d'une liste de références bibliographiques. Dans la présente version, la bibliographie est mise à jour et certaines réflexions sont développées et nuancées.

les phénomènes littéraires ne sauraient être appréhendés que très partiellement de la sorte, je le sais. La carte pourra-t-elle servir au moins de point de départ ? Comme principe organisateur, aura-t-elle quelque utilité ?

Faire la carte multiple, la carte composite du « hors-Québec » ferronien, voilà le défi relevé — concrètement, visuellement, magnifiquement — par le concepteur de l'exposition itinérante *Jacques Ferron : la voix de l'écrivain* et par sa graphiste[1]. Et c'est tout un défi ! La faire par les mots, la *dire* (et pour vous, l'écouter, l'imaginer), c'est aussi, vous l'aurez senti, tout un défi — un tout *autre* défi.

Je me contenterai d'en faire le tour, en simplifiant au besoin le tracé. Nous aurons, d'ailleurs, deux jours pour la nuancer, la développer. Je pousserai aussi loin que possible, dans le temps qui m'est donné, cette notion de carte — et tout le vocabulaire spatial qui s'y rattache —, m'en servant pour mettre en lumière certains aspects du phénomène littéraire et du « phénomène Ferron ». Une carte est censée servir, être utile. Une carte, cela s'explore. Nous explorerons et la carte et la notion de carte, cherchant à en préciser l'utilité, la pertinence, les limites. C'est pourquoi je dis « critique » : « petit essai de cartographie *critique* »... La carte s'interroge, se réfléchit.

Et puis, ayant « fait le tour », et puisque ce colloque, cette exposition, auront été pour moi l'occasion de revisiter et l'œuvre de Ferron et sa réception critique, j'évoquerai brièvement « la carte de la réflexion critique » et vous proposerai, en dernier lieu, un aperçu de mon propre itinéraire de lectrice, de ma propre exploration du hors-Québec ferronien : récapitulation, prolongement, suite...

---

1. Le colloque de Glendon s'est tenu dans le cadre d'une exposition itinérante organisée par la Société des amis de Jacques Ferron. Parmi les éléments de l'exposition représentant le « hors-Québec », une carte géante du Canada tel qu'imaginé par Jacques Ferron (reproduite ci-dessous, p. 12-13). À cette carte, et à celle de la Gaspésie de Ferron, se sont ajoutées, au cours des mois suivants, une carte de l'Acadie imaginaire de l'écrivain (présentée à l'exposition d'Halifax ; reproduite ci-dessous, p. 12-13) et une autre représentant « son » Québec (conçue pour l'exposition de Repentigny). Le concepteur de l'exposition — et des cartes — était Luc Gauvreau, et la graphiste Irène Ellenberger.

## I. Le hors-Québec : dresser la carte

Quelle serait-elle, alors, cette carte du « hors-Québec » — carte multiple, composite ?

### A. L'œuvre « voyageuse » : la réception de l'œuvre hors Québec

Au départ, on conçoit assez facilement une carte de l'œuvre « voyageuse », une carte du hors-Québec des réceptions ferroniennes, réceptions parmi lesquelles figureront bientôt celles de Glendon, stimulées par la belle initiative de la Société des amis de Jacques Ferron et de notre collègue Ray Ellenwood. Car il faudra bien tenir compte un jour du retentissement de l'Année-hommage à Jacques Ferron en dehors du Québec, et surtout des diverses manifestations — à Edmonton, à Toronto, à Halifax — de l'exposition itinérante *Jacques Ferron : les voix d'un écrivain* [1]. Mais j'aimerais commencer — avec un petit clin d'œil à ce qui se fera, dans les jours qui viennent, ici, à Glendon — par ce qu'on pourrait appeler « le théâtre qui bouge »...

#### *1. Le théâtre qui bouge : quelques représentations et mises en scène*

« Le théâtre qui bouge », ce serait les quelques représentations et mises en scène de pièces de Ferron à l'extérieur du Québec (comme cette représentation du *Dodu,* qu'on va voir [2], et celle du *Don Juan* dont on va nous parler [3]),

---

1. L'exposition *Jacques Ferron : les voix d'un écrivain* a été présentée à Edmonton, à la Faculté Saint-Jean, en décembre 2005 ; à Toronto, au Collège universitaire Glendon, en janvier 2006 ; et à Halifax, à la Faculté de médecine de l'Université Dalhousie, en avril-mai 2006. À Halifax, cette exposition s'intitulait *The Physician Writing : Jacques Ferron, docteur en médecine,* et à Toronto, *Ouhanedeurfoule dé !*

2. La pièce *Le dodu* a été jouée deux fois lors du colloque de Glendon par une troupe d'étudiants, sous la direction d'Esther Wolf (v. photos page suiv.).

3. Lors du colloque, Annette Hayward a fait une communication intitulée « Le *Don Juan chrétien* au pénitencier de Millhaven ». Une version de cette communication paraît ci-dessous (p. 173-207).

*Ci-contre* : une scène de la pièce *Le dodu ou Le prix du bonheur* (présentée à Glendon les 19, 22 et 25 janvier 2006 dans le cadre de l'exposition *Les voix d'un écrivain*). *De g. à dr.* : David Anciaux (dans le rôle de Dodu), Alexandre Saint-Denis Yowfoo (Mouftan).

Les autres comédiens étaient : Geneviève Lip (Agnès), Amélie Petiteville (Cécilia), Jonathan Desrosiers (Dorante), Dianne Wallace (L'oiseau).

*Ci-dessous, de g. à dr.* : Esther Wolf (metteur en scène), Martine Rheault (coordonnatrice des Affaires culturelles et artistiques de Glendon), Ray Ellenwood et Luc Gauvreau (concepteur de l'exposition).

des reprises, des interprétations — des sortes de « traductions » même [1] —, et leur réception dans le hors-Québec [2]. La rareté de ces représentations nous rappelle que l'œuvre dramatique de cet auteur, qui aura bien tenté de s'imposer par le théâtre, a été relativement peu mise en scène, et que jusqu'ici ses pièces n'ont pas mieux traversé les frontières qu'elles n'ont « porté » à l'intérieur du Québec. C'est alors en tant qu'aventure exceptionnelle que ce « théâtre qui bouge » peut fasciner.

*2. La traduction*

La carte de l'œuvre voyageuse comprendrait aussi la traduction proprement dite. C'est-à-dire, la traduction littéraire — elle-même réception — et la réception de celle-ci dans la presse populaire et dans les milieux culturels, et surtout universitaires, du hors-Québec. Il y aurait la traduction anglaise : les lieux de la traduction et ceux de sa publication (les deux ne coïncidant pas toujours, rappelons-le): traduction et publication au Canada anglais surtout — en Ontario, et principalement à Toronto, mais aussi en Nouvelle-Écosse et en Colombie-Britannique, et, il ne faut pas l'oublier, à l'intérieur

1. J'utilise le mot « traduction » dans son sens le plus large, métaphorique. Il n'existe, à ma connaissance, qu'un seul exemple d'une traduction d'une pièce de théâtre de Ferron vers une autre langue : il s'agit du mémoire de maîtrise en Traduction de Julie Stockton intitulé « *The Flowering Suns* » (s. la dir. de Ray Ellenwood, Toronto, Université York, 1984, 239 p.), traduction anglaise des *Grands soleils*.

2. Il va sans dire que « la carte » du hors-Québec ne se fera pas sans le recours aux bibliographies — avant tout celle, incontournable, de Pierre Cantin : *Jacques Ferron, polygraphe : essai de bibliographie suivi d'une chronologie*, préf. de René Dionne (Montréal, Éditions Bellarmin, 1984). Pour la période plus récente, on se reportera à la mise à jour partielle de Patrick Poirier : « Sur Ferron et son œuvre. Un choix bibliographique depuis 1980 », dans Ginette Michaud (s. la dir. de), avec la collab. de Patrick Poirier, *L'autre Ferron* (Montréal, Fides, coll. Nouvelles études québécoises, 1995), p. 439-461, ainsi qu'à celle de Luc Gauvreau : « Choix bibliographique, 1994-2000 », dans Brigitte Faivre-Duboz et Patrick Poirier (s. la dir. de), *Jacques Ferron : le palimpseste infini. Actes du colloque international de Montréal* (Montréal, Lanctôt éditeur, coll. Cahiers Jacques-Ferron n$^{os}$ 8-9, 2002), p. 403-423.

du Québec (« dedans » qui serait en même temps un « dehors », dans la mesure où il existe des « espaces » linguistiques, et des réseaux de communication et de réception distincts, et dont la traduction participe) — traduction et publication aux États-Unis ensuite. Il y aurait la traduction dans d'autres langues, au Chili, au Mexique, en Tchéquie, en Pologne, en Hongrie, en Slovénie, en Russie... [1]

*3. La réception critique*

Cette carte comprendrait aussi la réception critique des textes originaux — articles, livres, thèses : revues littéraires et universitaires du Canada anglais et des États-Unis ; une maison d'édition — universitaire — de Toronto (de Glendon) ; des thèses d'université — universités du Canada anglais : Queen's, Toronto, York, U.B.C., Dalhousie, McGill (McGill... « dedans » ? « dehors » ?... « dehors-dedans » ?) ; de la capitale : Université d'Ottawa ; universités des États-Unis, de France, d'Italie et d'autres pays d'Europe, et, enfin, d'Amérique latine. Et l'on se demanderait quelle signification, quelle pertinence peut avoir, dans l'espace de communication de la réception universitaire, la « localisation » — le *lieu* proprement dit. On s'interrogerait aussi sur cette notion de la langue en tant qu'espace — la langue qui « localise » [2].

La réception ne peut pas être réduite à sa dimension « spatiale » — encore la traduction et la mise en scène seraient-elles plus « spatiales » que la critique,

1. Cette liste de pays est loin d'être exhaustive.

2. Ces interrogations sur l'espace de communication de la critique universitaire et sur la langue comme espace s'avèrent particulièrement intéressantes — et importantes — dans le cas d'une réflexion sur la réception de Ferron au Canada anglais. Sur le caractère problématique de la notion d'une « réception canadienne-anglaise », voir Annette Hayward et André Lamontagne, « Le Canada anglais : une invention québécoise », *Voix et Images,* vol. XXIV, n° 3 (72), print. 1999, p. 460-479. Voir aussi Betty Bednarski, « La traduction comme lieu d'échanges », dans Marie-Andrée Beaudet (s. la dir. de), *Échanges culturels entre les deux solitudes* (Québec, Presses de l'Université Laval, coll. Culture française d'Amérique, 1999), p. 150, n. 22.

# Jacques Ferron in Translation

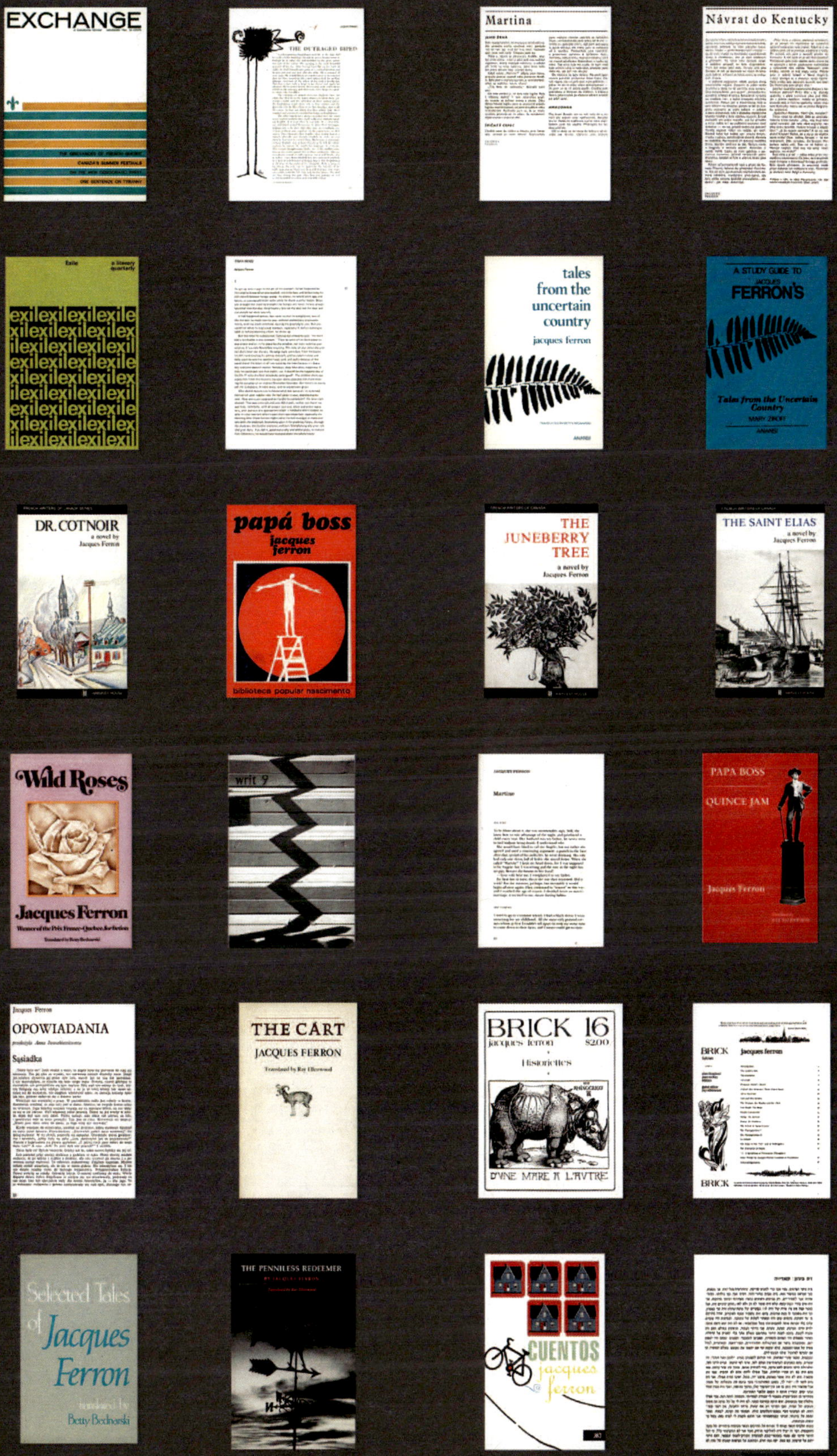


Affiche réalisée par Luc Gauvreau et Irène Ellenberger

dans la mesure où par elles l'œuvre se produit littéralement, se *re*produit, ailleurs[1]. Dans le cas de ces reproductions, on s'intéressera donc au *lieu,* mais aussi au *choix,* à ce qui, dans la « carte » de l'œuvre, aura été « transporté ». Quels titres constituent le « canon » du Ferron du hors-Québec ? Quelle proportion de l'œuvre aura été traduite ? (Au Canada anglais : une bonne proportion des contes et huit romans sur onze, mais une pièce de théâtre et une fraction seulement des centaines d'historiettes, de lettres et d'essais. Ailleurs : traductions sporadiques, isolées, et de textes brefs surtout, car malgré le nombre de ceux-ci et la diversité des langues d'arrivée, Ferron est un auteur moins abondamment, moins systématiquement traduit à l'étranger, et par conséquent moins internationalement « présent », sans doute, que Gabrielle Roy, Anne Hébert, Marie-Claire Blais, ou encore Michel Tremblay.) On s'intéressera également à la dimension historique. Quand la traduction (ou la mise en scène) a-t-elle été faite ? Même chose pour toutes les réceptions. La carte de la réception devra être une carte *historique.* Et devant cette carte, on s'interrogera inévitablement sur le « pourquoi » du passage — ou du « non-passage » — de l'œuvre.

Quant à la traduction, inséparable de tout un réseau de relations avec le hors-Québec, elle s'intègre à la *biographie* de l'auteur (la traduction donne lieu à des rencontres, par la traduction se forgent des correspondances, et même des amitiés). Mais elle s'inscrit aussi dans le vaste hors-Québec imaginaire de l'écrivain. De toutes les réceptions « extérieures », la traduction est sans doute celle qui frappe le plus l'imagination de Ferron. Elle pro-

1. La réédition ou la coédition des livres québécois en France constitue une autre version du phénomène par lequel une œuvre peut se reproduire, littéralement, dans un ailleurs culturel. Mais, à part une seule et modeste édition scolaire publiée à Paris, c'est un phénomène qui ne s'observe pas dans le cas de Ferron (Jacques Ferron, *La nuit,* présenté par Diane Potvin, Montréal, Éditions France Québec / Paris, Fernand Nathan, coll. Classiques du monde, 1979 [© 1965], 109 p.). À la différence de beaucoup de ses contemporains, Ferron n'a pas cherché à se faire publier en France (au contraire, il se vantait de ne pas avoir envoyé copie de ses livres « à Paris ») et, malgré sa stature, il n'a jamais été « adopté » par l'édition française.

voque une réflexion. Elle trouve même un écho dans l'œuvre. Mais, il ne faut pas l'oublier, la lecture — la simple lecture —, la lecture étrangère, celle faite de l'extérieur, du dehors, y trouve aussi un reflet. J'y reviendrai. Car pour le lecteur de Ferron confronté aux cartes de la réception, c'est cet écho, ce reflet, ce sont ces « retours » dans la conscience même de l'écrivain qui fascinent.

*4. Le rhinocéros : la réception d'une « idée »*

J'ajouterai, avant d'aller plus loin — car on n'entre pas ici sans y penser [1] — que ce n'est sans doute pas, finalement, par l'œuvre comme telle et sa réception-traduction que Ferron aura eu le plus d'impact dans le hors-Québec — le hors-Québec canadien, en tout cas. C'est plutôt par une *idée* — une idée qui est quand-même une création, et même une sorte de théâtre... Vous devinez ! Par ses livres, Ferron n'aura pas fait école — ni au Québec, ni dans le hors-Québec. Mais son Parti rhinocéros connaîtra quelques francs succès au Canada anglais [2]. Et même aujourd'hui, dans les milieux anglophones de ce pays, il suffit de dire « *founder of the Rhinoceros Party* » pour que celui qui ne connaîtrait ni le nom de Ferron, ni aucun titre de livre, vous dise « Ah ! ? » et se fasse tout à coup curieux, attentif... admiratif ! Voilà qu'à la mention du rhinocéros, votre personnage obscur devient soudain digne d'intérêt. Le rhinocéros — qui s'est littéralement *re*produit, en Ontario et ailleurs, et qui n'est pas près d'être oublié — mériterait une « carte de la réception » à lui tout seul.

1. À l'entrée de l'exposition de Glendon se trouvait un énorme rhinocéros origamique, conçu par Luc Gauvreau et Irène Ellenberger (voir illustration ci-après, dans l'article de Ray Ellenwood, p. 309). D'autres éléments — documents, bannières, panneaux didactiques — rappelaient l'importance du Parti rhinocéros et les activités de l'« Éminence de la grande corne ».

2. Lors du colloque, Ray Ellenwood a présenté une communication intitulée « The Rhino and the Anglo, Inside and Outside Québec ». Voir ci-dessous, p. 295-309, son article « Notes on the Rhino in Toronto ».

## B. Les cartes du Jacques Ferron voyageur

La carte du hors-Québec ferronien comprendrait, après la carte / les cartes de l'œuvre voyageuse, une série de cartes du Ferron voyageur — voyageur *réel* et voyageur *par l'imagination.*

### *1. Ferron, voyageur réel : le hors-Québec des déplacements de l'homme*

Une première carte permettrait de rendre compte des déplacements de l'homme, de la géographie « biographique » — c'est-à-dire des lieux où Jacques Ferron a réellement été, ce qui comprendrait : ses divers déplacements comme médecin dans l'Armée de Sa Majesté (Colombie-Britannique, Ontario, Nouveau-Brunswick — tout cela en l'espace de quelques mois, en 1945 et 1946) ; quelques voyages en Ontario (pour recevoir le Prix du Gouverneur général en 1963, et plus tard, en 1971, pour servir de « père » à son ami Gérard Bessette, lors du mariage de celui-ci) ; quelques voyages au Nouveau-Brunswick (un congrès de médecins, visites à l'Université de Moncton en 1972 et 1974, des vacances de famille) ; et enfin, le grand voyage de 1973 en Pologne, seul voyage en dehors du Canada que Ferron ait jamais entrepris.

Des déplacements somme toute assez peu nombreux. Une carte en cela remarquable, déjà, mais simple à dresser, aucunement problématique, à laquelle il conviendrait toutefois de donner une dimension historique. Une géographie d'intérêt surtout biographique, mais avec laquelle *l'œuvre* entretiendra — comme avec d'autres éléments de la biographie — des rapports intimes. C'est alors en tant que *déclencheurs d'imaginaire* que de tels éléments peuvent nous intéresser.

### *2. Ferron, correspondant : le hors-Québec du voyage par les lettres*

Le deuxième hors-Québec du Ferron voyageur serait celui des lettres, de la correspondance, participant, comme le premier, de la biographie, et comme le premier, susceptible de représentations spatiales. Le considérer permet de rendre compte de l'étendu de l'espace épistolaire ferronien, de dresser « la carte épistolaire des destinataires », « la carte des adresses ».

Si la plupart des correspondants (dont le nombre total répertorié dépasserait de loin les trois cents)[1], si la plupart de ces correspondants se trouvent à l'intérieur du Québec, et souvent dans Montréal même, d'autres sont à l'extérieur : dans le lointain proche du « hors-frontière » ontarien (je pense à Pierre Cantin, à Gérard Bessette, d'Ottawa et de Kingston respectivement) ; ou plus loin, à Vancouver (c'est le cas de sa fille Chaouac), à Toronto (comme Ray Ellenwood[2] et John Grube[3]), à Halifax (c'est mon cas) ; ou plus loin encore, comme Georges Lisowski à Varsovie.

Parmi les « grandes correspondances » — par là j'entends les correspondances régulières, entretenues sur plusieurs années, importantes par le nombre de lettres échangées —, quelques-unes se tissent, justement, avec des correspondants se trouvant à l'extérieur du Québec.

Si l'on peut noter entre la carte des déplacements et celle de la correspondance quelques *coïncidences* (entre la correspondance avec Georges Lisowski, par exemple, et le voyage à Varsovie), l'on note aussi des *écarts*. Et ceux-ci sont significatifs. Autant la carte des déplacements réels de l'auteur témoigne d'une relative immobilité, ou d'une mobilité exceptionnellement restreinte pour l'époque, autant la carte épistolaire, celle des « adresses », témoigne d'une activité, d'un mouvement, d'un va-et-vient de lettres peu communs, d'une communication soutenue — au moins depuis la fin des années soixante — avec le hors-Québec.

---

1. François-Simon Labelle, « Présentation : l'écrivain à l'œuvre », dans Jacques Ferron et François Hébert, *« Vous blaguez sûrement... », Correspondance (1976-1984),* édition préparée et présentée par François-Simon Labelle (Montréal, Lanctôt, coll. Cahiers Jacques-Ferron n° 7, 2000), p. 13.

2. Voir « Lettres de Jacques Ferron à Ray Ellenwood », dans Ginette Michaud (s. la dir. de), avec la collab. de Patrick Poirier, *L'autre Ferron* (Montréal, Fides-CÉTUQ, coll. Nouvelles Études québécoises, 1995), p. 350-397.

3. Voir Jacques Ferron, *Une amitié bien particulière : lettres de Jacques Ferron à John Grube,* suivi d'« Octobre en question » de Georges Langlois (Montréal, Éditions du Boréal, 1990). Voir aussi, plus loin, p. 43-80, un choix de lettres de Grube présenté par Luc Gauvreau.

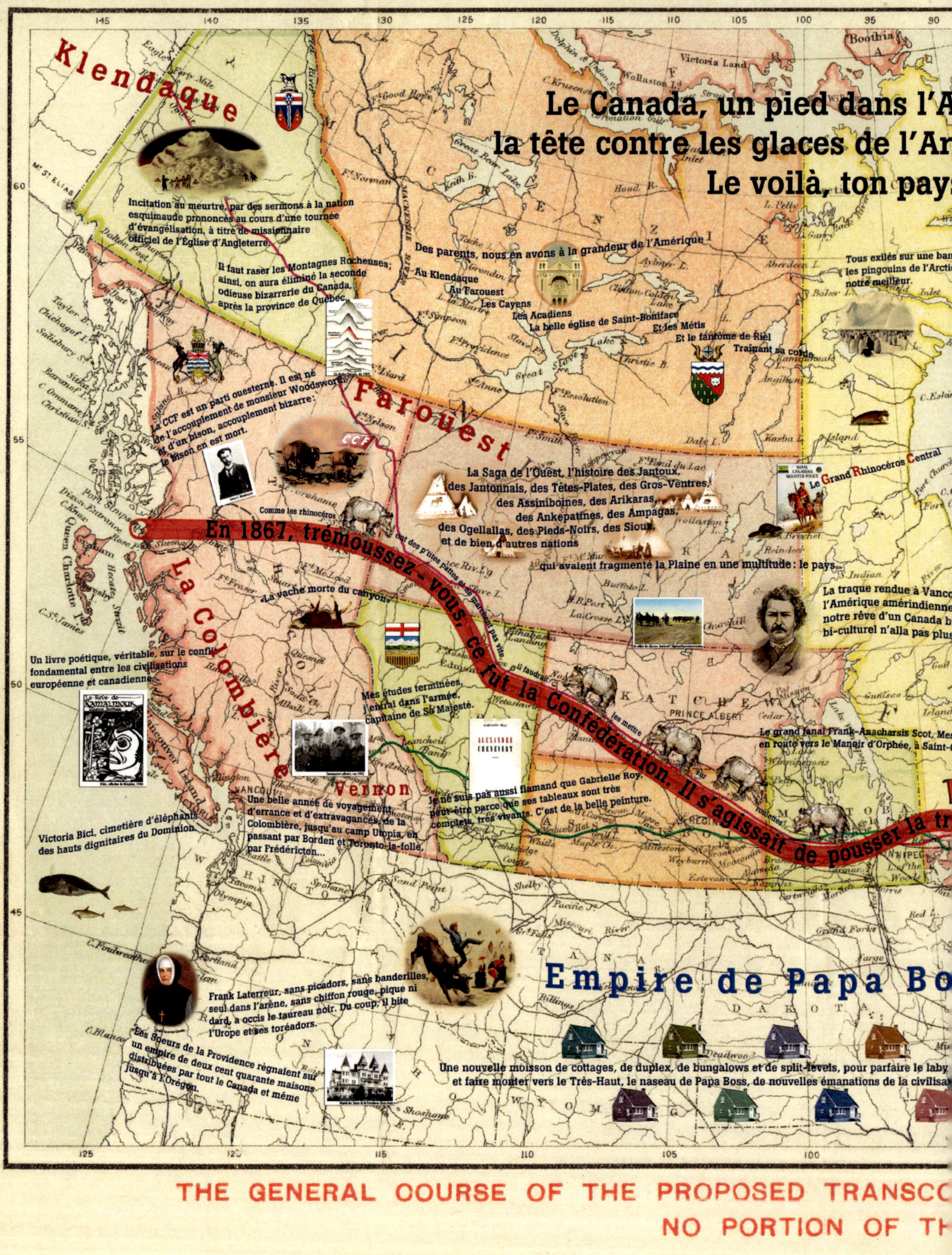


Le Canada de Jacques Ferron (carte dressée par Luc Gauvreau et Irène Ellenberger).

Dominion of Canada (1890), carte ancienne, collection Bibliothèque nationale du Québec

Cette communication-là comporte un élément spatial important, dans la mesure où elle est mouvement dans l'espace, mouvement de lettres. Mouvement réel, concrètement et historiquement repérable — comme celui des déplacements de l'homme, dont elle compense par son intensité le peu de fréquence, la sporadicité —, la communication épistolaire confirme le potentiel de signification du hors-Québec biographique.

Geste, poussée de l'imagination, la correspondance participe également de l'imaginaire. À la fois mouvement vers l'autre et accueil, réception de l'autre, elle rappelle la curiosité et la générosité du Ferron *lecteur*. De par sa forme écrite, elle tisse aussi de subtils rapports avec *l'écriture* et avec *l'œuvre* exploratrice.

De par sa dimension interpersonnelle, enfin, la correspondance nous rappelle que la géographie du hors-Québec est une géographie *humaine* aussi, qu'elle comprend non seulement des lieux mais des êtres humains, des individus.

### *3. Le réseau des relations : la géographie humaine*

Ceci nous amène à considérer, en dehors de la correspondance, tout l'insaisissable des rencontres, des conversations, des affinités, des amitiés, toute une série de « réseaux interpersonnels », souvent difficiles à reconstituer (et plus difficiles encore à « cartographier »), mais dont la correspondance et les écrits autobiographiques (auxquels s'ajoutent les entretiens) laissent quelquefois des traces et permettent parfois de mesurer l'impact.

Ainsi la carte du hors-Québec de la correspondance se dédoublerait-elle d'une carte des relations personnelles avec le hors-Québec. Entre les deux, de toute évidence, des liens : Ferron rencontre, par exemple, à Montréal, à Sainte-Agathe, Georges Lisowski de Varsovie, avec qui il échange aussi des lettres. Ces deux cartes s'éclairent mutuellement : la correspondance en dit long sur les rencontres, une des caractéristiques du Ferron épistolier étant sa prédilection pour la conversation rapportée avec un tiers (hier j'ai rencontré un tel, un tel m'a dit...) ; et les rencontres elles-mêmes sont génératrices de correspondances.

Mais confronter la carte des relations personnelles avec la carte des déplacements réels permet de constater, encore une fois, le peu de coïncidence, les contacts personnels avec le hors-Québec — tout comme les contacts épistolaires — étant plus nombreux que les déplacements proprement dits.

Une telle confrontation de cartes permet surtout de constater le phénomène — phénomène spatial s'il en fut — du « mouvement en sens unique ». Jacques Ferron bougeait peu. Autant l'échange de lettres est bi-directionnel, mouvement dans les deux sens, autant le contact personnel avec le hors-Québec a tendance à se réaliser — dans la pratique, et à très peu d'exceptions près — grâce à un mouvement en sens unique. Un mouvement recherché, sans aucun doute, autrement réciproque, mais, physiquement du moins, en sens unique. Ferron voit souvent ses correspondants torontois, John Grube et Ray Ellenwood. Il me voit régulièrement aussi. Mais il ne va pas à Toronto, et même s'il envisage en 1971 de faire un voyage en Nouvelle-Écosse, il ne va pas à Halifax. Ce voyage-là a dû être annulé. Pendant près de seize ans, ce fut toujours moi qui allais vers lui. Avec Varsovie, il est vrai, il y a coïncidence : rencontres préalables, lettres, voyage. Triple coïncidence, en fait. Cette fois-ci, le voyage ne reste pas velléité. L'ami, le correspondant qu'est Ferron donne suite. Mais le cas de Varsovie est exceptionnel. Étonnant. C'est en partie ce qui rend ce voyage en Pologne si fabuleux — pour lui, pour nous.

Ce fut donc la plupart du temps le hors-Québec, et non pas Jacques Ferron, qui se déplaçait. Physiquement, le hors-Québec venait surtout vers lui. C'est un phénomène en soi fascinant et dont on conçoit facilement la représentation spatiale. Ce serait là une belle carte que cette carte du hors-Québec humain, convergeant de toutes parts — à la manière des tracés des cartes des lignes aériennes — sur Montréal-Longueuil.

Ce mouvement humain du hors-Québec vers le Québec nous rappelle que dans le réseau humain de Ferron, le « hors » se mêle au « dedans ». Mais ce « hors » ne se manifeste pas seulement par son « mouvement vers » (celui des correspondants canadiens-anglais se déplaçant pour le voir, celui de certains écrivains étrangers, tels Georges Lisowski ou l'Américain Herbert Gold, venus au Québec à l'occasion des rencontres internationales d'écrivains), ce

« hors » ne se manifeste pas seulement par le mouvement du « dehors » *vers* le « dedans », mais aussi par sa présence « sur place ».

*4. Le hors-Québec* dans *le Québec*

Considérons maintenant « la carte du hors-Québec *dans* le Québec ». Ce hors-Québec à l'intérieur du Québec, mériterait, sinon qu'on lui consacre une carte à part — ce qui se conçoit bien —, du moins qu'on l'intègre, qu'on en tienne compte, en dressant les autres cartes.

Sa géographie étant faite en partie de lieux, on se verrait obligé d'ajouter à la carte des déplacements quelques « hors-lieux » du « dedans » — hors-lieux de l'anglicité, par exemple, comme le sanatorium du Royal Edward Laurentian Hospital, au nord de Montréal, dans les Laurentides, ou le Montreal General Hospital, à Montréal même, tous deux lieux de la médecine, où le patient Ferron considère avoir été deux fois dans sa vie « captif des Anglais[1] » ; hors-lieux de l'Armée, comme Grande-Ligne. D'autres lieux, sans être de véritables « hors-lieux », sont des lieux de rencontre et d'échange, et favorisent le contact avec le « dehors » humain : le cabinet du médecin Ferron, par exemple ; les lieux de réunions politiques (CCF, PSD) ; les locaux des maisons d'édition (surtout ceux de Jacques Hébert, aux Éditions du Jour), où se tiennent les lancements de livres... les espaces de la littérature (je pense aussi à la Rencontre internationale d'écrivains) étant à ce point de vue-là assez « perméables ».

« Dehors » déjà « dedans », inévitable à bien des égards, car faisant partie de son contexte, mais exerçant sur Ferron un indéniable pouvoir d'attraction, le hors-Québec du Québec même est perceptible surtout dans le réseau des relations humaines. C'est le cas des immigrants de Ville Jacques-Cartier, dont beaucoup sont des patients, c'est le cas du peintre Paterson Ewen, de certains amis et voisins de Longueuil, du Britannique John Richmond, journaliste au *Montreal Star,* du psychiatre argentin Juan Carlos Negrete. C'est le cas du Scott Symons de la période montréalaise, et de l'incontournable Frank Scott...

1. Jacques Ferron, *Une amitié bien particulière,* p. 124.

Dans le réseau interpersonnel, Scott est de loin le plus important représentant du Canada anglais. Mais, né au Québec, vivant à Montréal, ni vraiment dehors, ni tout à fait dedans, il met en lumière et résume à lui seul toute la problématique du « hors-Québec dans le Québec ».

De plus, participant à la fois de l'espace réel de la biographie de Ferron et de son univers fictif, personnage de la vie réelle et personnage de l'œuvre, Scott nous rappelle que le hors-Québec du réseau humain — son visage humain, individualisé — tout comme le hors-Québec des voyages et de la correspondance —, renvoie à l'œuvre, où il trouve souvent son prolongement imaginaire, sa contrepartie fictive. Scott nous rappelle en même temps que c'est souvent à partir de l'interaction de personnages que se joue la problématique du hors-Québec — celle du « dehors et du dedans », comme du « dehors déjà dedans » — et que cette problématique trouve son expression la plus mémorable dans l'interrelation de personnages imaginaires, dans la dynamique de réseaux humains fictifs.

Observer, à travers la confrontation de ces diverses cartes, le comportement de l'homme Ferron s'engageant dans des espaces variables d'un hors-Québec réel, c'est renvoyer nécessairement — et je n'ai pu m'empêcher de le faire à chaque étape de mon parcours jusqu'ici — à son engagement dans un hors-Québec imaginaire, préoccupant, infiniment problématique. Deux autres cartes s'imposent maintenant — cartes de l'imaginaire, celles-ci : celle du « hors-Québec de la lecture », celle du « hors-Québec de l'écrit ».

### *5. Le hors-Québec imaginaire de la lecture*

Des voyages et autres « mouvements » imaginaires d'un Ferron lisant (je l'ai appelé moi-même « grand voyageur par les livres [1] »), la bibliothèque de l'écrivain nous donne déjà une idée.

1. Betty Bednarski, « Préface » à Jacques Ferron, *Les roses sauvages* suivi de « Lettre d'amour », éd. préparée par Pierre Cantin, Marie Ferron et Paul Lewis (Montréal, VLB, 1990), p. 17.

La carte du hors-Québec de la lecture ferronienne, c'est à partir de l'inventaire des rayons qu'on pourrait d'abord se la figurer [1] : inventaire des œuvres par origine (le pays de l'auteur, le pays de publication), mais aussi inventaire de leurs sujets. Mais c'est ensuite, et patiemment, par l'œuvre elle-même et ses prolongements (les chroniques littéraires, par exemple [2], ou la correspondance) qu'il faudrait, minutieusement, la dresser. Lectures d'origines diverses — lectures françaises de France, françaises du hors-Québec canadien (hors-Québec acadien, par exemple) ; lectures anglaises — canadiennes-anglaises, américaines, britanniques ; lectures sud-américaines ; lectures polonaises ; autres lectures européennes ; lectures littéraires, lectures historiques ou plus largement culturelles, lectures de documentation — toutes ont laissé des traces dans l'œuvre écrite. Ces traces vont de la notation la plus simple — noms d'auteurs, titres (c'est l'instance de l'onomastie [3]) — à la plus subtile des intertextualités, en passant par la citation (la fausse... la vraie...).

Parfois, dans cette œuvre, un personnage québécois qui lit figure cet acte de « lire l'étranger » — acte qui se trouve par le fait même valorisé (dans *Le Saint-Élias,* Mithridate III, par exemple, dont on apprend que le « maître [4] » est Samuel Butler).

1. Marie Ferron, *Inventaire de la bibliothèque de Jacques Ferron,* révisé par Luc Gauvreau (Montréal, s. é., 2003). Une version en ligne est disponible sur le site *Jacques Ferron, écrivain,* dans la section « hyper-Ferron » :

www.ecrivain.net/ferron/index.cfm?p=5_Ferronnerie/hyper_ferron-test.

2. Jacques Ferron, *Chroniques littéraires 1961-1981,* éd. préparée par Luc Gauvreau, préf. de Ginette Michaud (Montréal, Lanctôt, coll. Cahiers Jacques-Ferron n° 14, 2006).

3. Luc Gauvreau, *Index onomastique de l'œuvre de Jacques Ferron, suivi d'une chronologie complète des œuvres* (Montréal, Centre d'études québécoises [CÉTUQ], Université de Montréal, coll. Cahiers de recherche n° 15, 2000).

4. Jacques Ferron, *Le Saint-Élias,* éd. préparée par Pierre Cantin, Marie Ferron et Roger Blanchette, préf. de Pierre L'Hérault (Montréal, Éditions de l'Hexagone, coll. Typo, 1993 [© 1972]), p. 147.

### *6. Le hors-Québec imaginaire de l'écriture*

Devant l'étendue du hors-Québec de l'écriture ferronienne, le cartographe a de quoi « cartographier »: lieux d'un hors-Québec canadien d'abord — Ontario, Colombie-Britannique, « Farouest », Acadie, Maritimes, Terre-Neuve —, espace tantôt différencié, tantôt *pan-Canadian*, « *coast to coast* » ; lieux d'un hors-Québec international ensuite — Angleterre et Nouvelle-Angleterre, Irlande, Pologne... Casablanca... Afrique noire, Haïti, Antilles... (la liste ne saurait être exhaustive) ; et enfin, les lieux d'un hors-Québec dans le Québec.

Dans ces lieux se déroule parfois l'action, ou une partie importante de l'action (ce serait le cas du Farouest de « La vache morte du canyon », de l'Ontario d'« Ulysse », de Moncton dans *Les roses sauvages,* de la Varsovie de « L'exécution de Maski [1] » et du *Pas de Gamelin* (le grand manuscrit inédit)[2]. Parfois il s'agit d'un point de repère plutôt, prétexte à commentaire ou à réflexion, comme l'Angleterre de *L'amélanchier* [3] ou des *Roses sauvages,* parfois encore d'une simple référence ou mention. Et dans ces cas il s'agit tout aussi bien de lieux connus, visités (Vernon, C.-B.), que de lieux imaginés (en Nouvelle-Écosse : Pictou et Sydney) ou tout simplement inventés (Alliston, Ontario existe, mais Ithaca Corner... ? — on se demande, je *me* demande...). Dans les *Historiettes* [4], les *Escarmouches* [5], les *Lettres au*

1. Jacques Ferron, « L'exécution de Maski », dans *Rosaire* précédé de *L'exécution de Maski,* éd. préparée par Pierre Cantin et Luc Gauvreau, avec la collab. de Patrick Poirier, préf. de Pierre Migneault (Montréal, Lanctôt, coll. PCL, 2003 [© 1981]), p. 29-52.

2. Un extrait de ce manuscrit, intitulé « La ville de Varsovie », est publié dans *Spirale* (Montréal), n° 196, mai-juin 2004, p. 13-15.

3. Jacques Ferron, *L'amélanchier,* éd. préparée par Pierre Cantin, Marie Ferron, Paul Lewis, préf. de Gabrielle Poulin (Montréal, Éditions de l'Hexagone, coll. Typo, 1992).

4. Jacques Ferron, *Historiettes* (Montréal, Éditions du Jour, coll. Les romanciers du jour, R-43, 1969).

5. Jacques Ferron, *Escarmouches, la longue passe* (Montréal, Leméac, 1975), t. 1, 392 p., et t. 2.

*journaux* [1], et autres écrits de réflexion ou de polémique, ou encore dans certains textes du type « récit de voyage », le lieu, le pays, la société du « hors » — Irlande, Angleterre, Pologne, Acadie — devient le *sujet* même du texte [2]. Aux lieux, on l'a vu, se rattache souvent un visage humain— un personnage, des personnages.

Toute cette géographie du « hors-Québec écrit » (comme celle du « Québec écrit », avec son Montréal, sa rive sud, son comté de Maskinongé, sa Gaspésie...), toute la géographie du « hors-Québec écrit » coïncide en certains points, à certains endroits, nous l'avons déjà dit, à celle de la biographie, témoignant ainsi de l'importance pour l'œuvre des déplacements et séjours réels, et du travail d'imagination accompli par celle-ci sur les lieux visités (c'est le cas des hors-Québec acadien et canadien-anglais, et de la Pologne ; c'est le cas des espaces du « dehors dedans »). De même, le réseau humain du « hors-Québec écrit », son réseau de personnages, est à rapprocher, parfois, nous l'avons vu, d'un réseau de relations nouées dans la vie réelle.

1. Jacques Ferron, *Les lettres aux journaux,* colligées et annotées par Pierre Cantin, Marie Ferron et Paul Lewis, préf. de Robert Millet (Montréal, VLB, 1985).

2. Je pense, entre autres, à la série de textes sur l'Acadie, publiés dans *L'information médicale et paramédicale* et réunis dans Jacques Ferron, *Le contentieux de l'Acadie,* (éd. préparée par Pierre Cantin, Marie Ferron et Paul Lewis, avec la collab. de Pierre L'Hérault, préf. de Pierre Perrault, prés. de Pierre L'Hérault [Montréal, VLB, 1991]), et aux textes sur la Pologne, publiés dans *L'information médicale et paramédicale* et dans *Le Devoir* à la suite du voyage dans ce pays. Pour l'inventaire de ces derniers, voir Ginette Michaud, « De Varsovie à Grande-Ligne : l'œuvre in extremis », *Littératures,* nº 9-10, 1992, numéro intitulé *Actes du colloque Présence de Jacques Ferron,* s. la dir. de Jean-Pierre Duquette, Jane Everett, Marcel Olscamp, p. 81-112, article repris dans Ginette Michaud, *Ferron post-scriptum* (Montréal, Lanctôt éditeur, coll. Cahiers Jacques-Ferron, 13, 2005), p. 33-64 ; ainsi que Betty Bednarski, « Pologne imaginaire, Pologne identitaire : Jacques Ferron et les écrivains polonais », dans Ewa Wełnic, Anna Branach-Kallas et Jakub Wójcik (s. la dir. de), *Exploring Canadian Identities / Vers l'exploration des identités canadiennes* (Toruń [Pologne], Wydawnictwo Uniwersytetu Mikołaja Kopernika, 2002), p. 21-35, article repris dans ces pages mêmes (ci-après, p. 271 294).

D'autres coïncidences sont à établir avec la carte des lectures (la Nouvelle-Angleterre, l'Angleterre, l'Irlande sont en grande partie « lues », « livresques » ; la Pologne, les Maritimes, quoique visitées, le sont aussi), et ces coïncidences permettent de constater à quel point la lecture constitue pour Ferron tantôt un voyage de compensation, tantôt un voyage parallèle ou supplémentaire — un voyage de suppléance même.

Mais le hors-Québec écrit de Ferron ne saurait se résumer par ses coïncidences avec ces cartes-là : celle de ses déplacements réels, celle de sa correspondance, celle de ses rencontres, celle de ses lectures. Il se rattache à autre chose. Cet « autre chose », qui intéresse au plus haut point la critique littéraire, c'est peut-être l'écrit autobiographique qui y donne le plus facilement accès. La cartographie, en tout cas, révèle ici ses limites. Saurait-on faire la carte de l'imagination ? On dit bien « lieux de mémoire », on dit « chronotope », il est vrai, mais à quoi ressemblerait la carte des espaces de la mémoire — de la mémoire personnelle ? de la mémoire collective ? Peut-on même concevoir la carte de la conscience personnelle, en figurer la relation avec la conscience collective ?

Et je pense — je *me* fais penser — au cartographe du conte « Les provinces », s'excusant de n'avoir pu représenter sur sa belle carte illuminée — la carte des régions qu'on lui avait commandée — les hautes « régions » de la philosophie[1] ! Il restera toujours ce qui « échappe » à la cartographie. Le cartographe du conte persiste, lui, produisant carte après carte, incapable de tout représenter, mais saisissant avec chacune des cartes une autre facette de la réalité de son pays. Mais « c'est un artiste, lui »... Si je vois déjà, en fin de parcours, ou presque, les limites de ma propre cartographie, je crois avoir fait le tour du terrain — des terrains — qui nous intéressent ici. Faire le tour du terrain, au tout début de ce colloque, c'est fournir au moins un point de départ. Peut-être ai-je su aussi, en confrontant mes cartes, vous en montrer la complexité.

1. Jacques Ferron, *Contes,* éd. intégrale, prés. de Victor-Lévy Beaulieu (Montréal, BQ / Bibliothèque québécoise, 1993 [© 1968]), p. 88.

Si la cartographie rend bien — et rend bien visibles — les importantes dimensions spatiales d'un « phénomène global Ferron », l'œuvre elle-même, en tant que création verbale, résistera toujours à la carte. Je crois néanmoins à l'utilité de certaines notions spatiales connexes — notions comme « le proche » et « le lointain » ou comme « la frontière » qui, appliquées à l'œuvre, peuvent s'avérer particulièrement révélatrices. Parler « cartes » nous aura surtout sensibilisés à la pertinence, pour le lecteur de l'œuvre, de cette notion du « hors » (du « dehors »), et nous aura rappelé l'infinie complexité du phénomène du « dehors-dedans » — phénomène social, politique, linguistique, psycholoqique, esthétique, textuel... Cela nous aura encouragés à mettre en rapport les fonctions parallèles du « hors-moi » et du « hors-Québec », constituants d'identité personnelle, d'identité nationale, constituants de l'œuvre même. Cela aura servi à mettre en valeur tous les « hors » de l'œuvre, tant au niveau de la fable que de la matière du texte, et jusque dans l'espace du paratexte — les espaces du paratexte : titres, dédicaces, épigraphes..., etc., où, soit dit entre parenthèses, le hors-Québec souvent se loge, trouve une « niche »... [1]

## II. La carte de la réflexion critique sur le hors-Québec

Il serait intéressant de se demander maintenant dans quelle mesure la critique ferronienne s'est penchée sur cette notion du « hors » (surtout la notion du « hors-Québec » et les différentes manifestations de celle-ci), et ensuite quelle importance a pu avoir, dans le langage des lecteurs critiques, le concept spatial ou le vocabulaire qui en est dérivé.

---

1. Pour une explication de quelques connotations de ce terme « niche » dans le contexte du « hors-Québec » et du paratexte, voir Betty Bednarski, « Translating Ferron, Ferron Translating : Thoughts on an Example of "Translation Within" », *Meta,* vol. XLV, n° 1, avr. 2000, numéro intitulé *La traduction littéraire au Canada / Literary Translation in Canada,* s. la dir. de Charlotte Melançon, p. 37-51. Pour ce qui est des dédicaces, voir aussi, dans ces pages mêmes, l'essai de Susan Murphy sur le dédicataire anglais Peter Dwyer (p. 145-171).

Sur la carte multiple du hors-Québec, qu'est-ce qui a pu retenir jusqu'ici l'attention de la critique ? Dans *Le fils du notaire,* le biographe Marcel Olscamp rend compte des déplacements du jeune soldat Ferron, ainsi que de ses premières rencontres avec le hors-Québec humain ; Olscamp nous livre en même temps une réflexion sur l'attitude du jeune homme vis-à-vis du Canada et des communautés francophones en dehors de la province du Québec [1]. Ginette Michaud cherche, quant à elle, à résumer l'importance du séjour à Grande-Ligne et du voyage en Pologne (« De Varsovie à Grande-Ligne »), se penchant également sur le phénomène de la correspondance, celle avec John Grube en particulier (« Jacques Ferron au regard de ses autres [2] »). Grube lui-même parle de cette correspondance dans « Jacques Ferron épistolier » et dans son introduction à *Une amitié bien particulière* [3]. Donald Smith (« Jacques Ferron et les écrivains [4] ») et Guy Monette (« Les poètes de la Confédération [5] ») abordent la question des lectures étrangères de Ferron, et surtout de ses lectures anglaises. C'est Ginette Michaud, dans « Lire à l'anglaise », qui fournit l'inventaire le plus complet de ces lectures anglaises,

1. Marcel Olscamp, *Le fils du notaire : Jacques Ferron 1921-1949. Genèse intellectuelle d'un écrivain* (Montréal, Fides, 1997), p. 191-193, p. 283-300. Une analyse légèrement divergeante de celle d'Olscamp a été présentée lors du colloque de Glendon par l'historien Yves Frenette, dans une communication intitulée « Ferron et les "autres" francophones : une mise en contexte » et dont une version remaniée paraît ci-après, p. 129-143.

2. Ginette Michaud, « Jacques Ferron au regard de ses autres. Famille, nation, folie : une double version », *Voix et images,* vol. XVIII, n° 3 (54), print. 1992, , p. 507-536. Repris dans Ginette Michaud, *Ferron post-scriptum,* p. 65-99.

3. John Grube, « Jacques Ferron épistolier », *Littératures,* n° 9-10, 1992, numéro intitulé *Actes du colloque Présence de Jacques Ferron,* p. 139-149 ; « Introduction », dans Jacques Ferron, *Une amitié bien particulière...,* p. 7-22. — Au colloque de Glendon, John Grube a présenté *in absentia* une communication sur un des grands sujets de cette correspondance, la crise d'octobre (« A Special Kind of Friendship » ; v. ci-dessous p. 81-86).

4. Donald Smith, « Jacques Ferron et les écrivains », *Voix et images,* vol. VIII, n° 3, print. 1983, p. 437-453.

5. Guy Monette, « Les poètes de la Confédération dans *Les confitures de coings* de Jacques Ferron », *Voix et images,* vol. VIII, n° 3, print. 1983, p. 421-426.

en même temps qu'une réflexion sur le rapport de Ferron à l'anglicité[1]. Sandra Djwa (*Frank Scott : une vie*[2]), Marcel Olscamp (« Jacques Ferron ou le nationaliste ambivalent[3] » ), Madeleine Velguth (« La nuit dans un sac[4] »), Patricia Godbout (« Des livres à la fois si proches et si lointains[5] »), Susan Murphy (« Great Scott ![6] ») et Sherry Simon (*Translating Montreal*[7]) se penchent sur le personnage de Frank Scott et sur son dérivé fictif. Godbout et Simon placent la relation Scott-Ferron dans le contexte de l'interculturel montréalais. Murphy entreprend une lecture de l'anglicité, et surtout de l'intertextualité anglaise et canadienne-anglaise, dans le roman *La nuit*[8]. Enfin, par le biais de l'intertexte homérien, Brigitte Faivre-Duboz explore la filiation Ferron-Joyce[9].

1. Ginette Michaud, « Lire à l'anglaise », dans *L'autre Ferron,* p. 137-197. Repris dans Ginette Michaud, *Ferron post-scriptum,* p. 119-178.

2. Sandra Djwa, *Frank Scott : une vie,* trad. de l'angl. par Florence Bernard (Montréal, Boréal, 2001 [*The Politics of the Imagination...*, Toronto, Douglas and McIntyre, 1987]).

3. Marcel Olscamp, « Jacques Ferron ou le nationalisme ambivalent », *Littératures,* n° 9-10, 1992, numéro intitulé *Actes du colloque Présence de Jacques Ferron,* p. 195-220.

4. Madeleine Velguth, « La nuit dans un sac : étude des *Confitures de coings* de Jacques Ferron », *Quebec Studies,* vol. XXV, print. 1998, p. 68-79.

5. Patricia Godbout, « "Des livres à la fois si proches et si lointains" : les échanges littéraires à Montréal durant les années 1950 », dans Marie-Andrée Beaudet (s. la dir. de), *Échanges culturels entre les deux solitudes* (Québec, Presses de l'Université Laval, coll. Culture française d'Amérique, 1999), p. 81-91.

6. Susan Murphy, « Great Scott ! L'anglicité surprenante de *La nuit* de Jacques Ferron », mémoire de maîtrise (s. la dir. de Lucie Joubert), Kingston, Queen's University, 2001, 163 p.

7. Sherry Simon, *Translating Montreal...* (Montréal, McGill-Queen's University Press, 2006) ; *Traverser Montréal...*, trad. par Pierrot Lambert (Montréal, Fides, 2009).

8. À Glendon, Susan Murphy a présenté une communication intitulée « Le code littéraire canadien-anglais dans *La nuit* de Jacques Ferron » (paru dans *Quebec Studies,* 48, 2009, p. 85-104). Sa thèse de doctorat toute récente (v. notre bibliogr., p. 40), est incontournable.

9. Brigitte Faivre-Duboz, « Odyssée d'une filiation : les cabotages d'Ulysse de Joyce à Ferron », dans Brigitte Faivre-Duboz et Patrick Poirier (s. la dir. de), *Jacques Ferron : le palimpseste infini...*, (Montréal, Lanctôt, 2002), p. 262-276.

C'est le plurilinguisme de trois textes de Ferron qui attire le regard de Gerardo Acerenza (« Plurilinguisme, polyphonie et hybridation langagière... [1] »). Richard Patry, pour sa part, dans « Stratégies d'appropriation du lexique étranger » et « Le vocabulaire francisé... », analyse le phénomène de l'incorporation des mots anglais dans le texte français, et, dans « La traduction du vocabulaire anglais francisé... », le problème de traduction auquel se voit confronté le traducteur anglais de Ferron [2]. C'est ce même problème de traduction qui retient l'attention de Kathy Mezei dans « Speaking White [3] ».

Alors que Ray Ellenwood (« Jacques Ferron's Alberta, and Mine [4] ») et Steven Daniell (« The Far West as Cultural Mirror [5] ») s'intéressent au

1. Gerardo Acerenza, « Plurilinguisme, polyphonie et hybridation langagière dans *Le ciel de Québec, Le salut de l'Irlande* et *Les roses sauvages* de Jacques Ferron », thèse de doctorat, Université de Montréal, 2003.

2. Richard Patry, « Stratégies d'appropriation du lexique étranger dans l'œuvre de Jacques Ferron : l'intrus mis à la page », *Bibliothèque des cahiers de l'Institut de linguistique de Louvain,* n$^{o}$ 97, 1998, numéro intitulé *Langue et langues : Hommage à Albert Maniet,* p. 197-223 ; « Le vocabulaire francisé dans l'œuvre de Jacques Ferron : le cas du "Farouest" », *Quebec Studies,* vol. XXIX, print.-été 2000, p. 74-90 ; « La traduction du vocabulaire anglais francisé dans l'œuvre de Jacques Ferron : une impossible épreuve de l'étranger », *Meta,* vol. XLVI, n$^{o}$ 3, sept. 2001, p. 449-466.

3. Kathy Mezei, « Speaking White: Literary Translation as a Vehicle of Assimilation in Quebec », dans Sherry Simon (s. la dir. de), *Culture in Transit : Translating the Literature of Quebec* (Montréal, Véhicule Press, 1995), p. 133-148.

4. Voir Ray Ellenwood, « Jacques Ferron's Alberta, and Mine », *Dalhousie Medical Journal,* vol. XXXIV, n$^{o}$ 2, automne 2006, numéro intitulé *Celebrating the Physician Writer : Texts from the Jacques Ferron Symposium* (s. la dir. de Betty Bednarski et Derek Roberts), 25 avr. 2006, p. 67-71, texte présenté lors du colloque d'Halifax et reproduit plus loin (p. 117-127).

5. Steven Daniell, « The Far West as Cultural Mirror in Québécois Literature, 1960-1990: A Consideration of Texts by Jacques Ferron, Godbout and Poulin », dans Karl Froschauer, Nadine Fabbi et Susan Pell (s. la dir. de), *Convergence and Divergence in North America, Canada and the United States* (Vancouver, Simon Fraser University, 2006), p. 715-724.

« Farouest » ferronien, Herménégilde Chiasson (« 15 esquisses pour un portrait virtuel de Jacques Ferron [1] »), Jean Morency (« Jacques Ferron's Moncton [2] ») et Pierre L'Hérault (« Présentation » de la conférence « L'Acadie de Jacques Ferron[3] ») se penchent sur son Acadie. L'Hérault s'intéresse également à l'Europe de l'écrivain (« L'Europe sous le regard oblique de Ferron [4] »), Marcel Olscamp à sa France (« Jacques Ferron et la France [5] »), Pádraig Ó Gormaile à son Irlande imaginaire (« Jacques Ferron ou la mémoire retrouvée » ; « Une minorité ambiguë » ; « The Representation of Ireland and the Irish » ; préface du *Salut de l'Irlande* [6]). Attentif, comme L'Hérault, aux représentations d'un Montréal « cosmopolite [7] »,

1. Herménégilde Chiasson, « 15 esquisses pour un portrait virtuel de Jacques Ferron », *Dalhousie Medical Journal,* vol. XXXIV, n° 2, aut. 2006, p. 53-60, texte présenté lors du colloque d'Halifax et reproduit ci-après (p. 99-115).

2. Jean Morency, « Jacques Ferron's Moncton : A City's Transition from Description to Literary Myth », trad. du français par Jo Anne Elder, *Dalhousie Medical Journal,* vol. XXXIV, n° 2, aut. 2006, p. 62-66, texte présenté lors du colloque d'Halifax, et dont une version française est publiée dans ces pages mêmes (p. 87-98).

3. Pierre L'Hérault, « Présentation » de la conférence de Jacques Ferron « L'Acadie de Jacques Ferron ou Moncton revisité », dans *Jacques Ferron : le contentieux de l'Acadie,* p. 149-158.

4. Pierre L'Hérault, « L'Europe sous le regard oblique de Ferron », dans Jean-Paul Dufiet et Alessandra Ferraro (s. la dir. de), *L'Europe de la culture québécoise : actes du colloque du* [sic] *28-29 mai 1999* (Udine [Italie], Forum, 2000), p. 19-35. Repris ci-après, p. 247-270.

5. Marcel Olscamp, « Jacques Ferron et la France : un humour malaisé », *Humoresque,* n° 25, janv. 2007, dossier *Humour québécois,* p. 111-123.

6. Padraig Ó Gormaile, « Jacques Ferron ou la mémoire retrouvée », *Études littéraires,* vol. XXIII, n° 3, hiv. 1990-1991, p. 69-77 ; « Une minorité ambiguë : les Irlandais du Québec vus par J. Ferron », *Études canadiennes / Canadian Studies : revue interdisciplinaire des études canadiennes en France,* vol. XII, n° 21, déc. 1986, p. 277-284 ; « The Representation of Ireland and the Irish in the Québécois Novel », *Quebec Studies,* vol. XXIX, print.-été 2000, p. 128-134 ; « Préface », dans Jacques Ferron, *Le salut de l'Irlande* (Montréal, Lanctôt, coll. PCL, 1997), p. 7-14.

7. Pierre L'Hérault, « Montréal, île cosmopolite... », dans Alessandra Ferraro (s. la dir. de), *Altérité et Insularité...,* (Udine [Italie], Forum), p. 99-113.

Simon Harel, quant à lui, attire l'attention sur la figure de l'étranger et celle du passeur (*Le voleur de parcours*[1]) dans l'œuvre.

Ginette Michaud (« Lire à l'anglaise ») et Jane Everett (« Le devenir-anglais du texte...[2] ») s'intéressent à l'acte de traduire et à la vision ferronienne de celui-ci. Ray Ellenwood, dans de nombreux textes (entre autres « Les Chians de la traduction » et la présentation des « Lettres de Jacques Ferron à Ray Ellenwood[3] »), et moi-même (*Autour de Ferron* ; « From *Ouèredéare* to *Soçaurez* » ; « La traduction comme lieu d'échanges » ; « Translating Ferron, Ferron Translating[4] »), avons réfléchi sur l'expérience de traduire Ferron et sur notre propre correspondance avec lui[5], nous interrogeant aussi sur la signification de l'acte de traduire pour l'écrivain. Ginette Michaud (« Lire à l'anglaise ») et moi-même (ouvrages cités) avons détecté l'« écho » de la traduction dans l'œuvre. Tout cela rejoint, dans mon cas, une réflexion plus large sur la notion même d'altérité : l'altérité anglaise surtout — entre

1. Simon Harel, *Le voleur de parcours : identité et cosmopolitisme dans la littérature contemporaine,* préf. de René Major (Montréal, Le Préambule, coll. L'Univers des discours, 1989).

2. Jane Everett, « Le devenir-anglais du texte et le rapport à l'écriture : Gabrielle Roy et Jacques Ferron », dans *Jacques Ferron : le palimpseste infini* (Montréal, Lanctôt, coll. Cahiers Jacques-Ferron n$^{os}$ 8-9, 2002), p. 277-294.

3. Ray Ellenwood, « Les Chians de la traduction : ou comment j'ai esquivé une meute de difficultés diaboliques en allant du *Ciel de Québec* vers *The Penniless Redeemer* », *Littératures,* n$^{o}$ 9-10, 1992, numéro intitulé *Actes du colloque Présence de Jacques Ferron,* p. 151-158 ; « Présentation : lettres de Jacques Ferron à Ray Ellenwood », *L'autre Ferron,* p. 353-354. Il faut lire aussi les divers commentaires (« Translator's Notes », « Translator's Afterword », etc.) qui accompagnent les traductions d'Ellenwood.

4. Betty Bednarski, *Autour de Ferron : littérature, traduction, altérité* (Toronto, Éditions du Gref, coll. Traduire, écrire, lire n$^{o}$ 3, 1989) ; « From *Ouèredéare* to *Soçaurez* : Translating the English of Jacques Ferron », dans Sherry Simon (s. la dir. de), *Culture in Transit : Translating the Literature of Québec* (Montréal, Véhicule Press, 1995), p. 110-132 ; « La traduction comme lieu d'échanges », dans *Échanges culturels entre les Deux solitudes,* p. 125-163.

5. Sur ma correspondance avec Ferron, on lira surtout Betty Bednarski, « Les lettres polonaises », dans *Jacques Ferron : le palimpseste infini,* p. 295-310, étude qui constitue également une réflexion sur le rapport de Ferron à la polonité.

autres, les mots anglais et les personnages anglais tels Frank *alias* Frank Scott [1] —, mais aussi l'altérité polonaise ou « polonité » (« Les lettres polonaises »; « Pologne imaginaire, Pologne identitaire »).

Tout récemment (à la fin de l'Année-hommage et bien après le colloque de Glendon), dans *Passeront-ils les frontières ?*, numéro spécial de la revue *L'atelier du roman* consacré presque entièrement à Ferron et à sa réception à l'étranger [2], Louis Hamelin [3], Andre Major [4] et Lakis Proguidis [5], parmi d'autres, s'interrogent (à la suite de Gilles Marcotte [6]), sur la « lisibilité » de Ferron. Major et Hamelin s'étonnent de l'absence d'éditions françaises de son œuvre, et se demandent, de manière plus générale, pourquoi cette œuvre n'aurait pas rencontré un lectorat plus grand en dehors du Québec [7].

Voilà un relevé bien sommaire, des balises préliminaires — en somme, une « carte » encore partielle, mais qui permet de constater la place importante qu'occupe déjà dans la critique ferronienne la réflexion sur les diverses manifestations du hors-Québec.

1. Parmi les études pertinentes portant entièrement ou en partie sur l'anglicité, et dont la plupart ont déjà été citées, il faut signaler aussi mon étude « Jacques Ferron », dans Jeffrey M. Heath (s. la dir. de), *Profiles in Canadian Literature,* vol. V (Toronto, Dundurn Press, 1986), p. 121-128.

2. Dossier « Jacques Ferron, le merveilleux », *L'atelier du roman,* n° 47, sept. 2006, numéro intitulé *Passeront-ils les frontières ?*

3. Louis Hamelin, « L'écrivain de pays », *ibid.,* p. 23-31.

4. André Major, « Le regard oblique du conteur », *ibid.,* p. 81-86.

5. Lakis Proguidis, « Aubes crépusculaires », *ibid.,* p. 87-99.

6. Gilles Marcotte, « Lire Ferron ? », *L'atelier du roman,* n° 25, mars 2001, numéro intitulé *Les voyages forment l'esprit,* p. 105-113.

7. Louis Hamelin : « [P]ourquoi cet auteur, toujours le mieux placé, vingt ans après sa mort, pour tenir lieu de grande figure littéraire nationale, [...] reste-t-il, en dehors des centres d'études spécialisées, à peu près totalement inconnu à l'étranger ? » (*L'atelier du roman,* n° 47, p. 24-25) ; André Major : « Lui qui a joué un si grand rôle intellectuel dans le Québec en pleine effervescence des années soixante et soixante-dix, en plus de faire une œuvre tout à fait singulière, n'a guère eu d'écho en France lors de la parution de *L'amélanchier,* l'un de ses grands contes [...] », *L'atelier du roman,* n° 47, sept. 2006, p. 82.

Quant à la notion même de « carte », la critique s'en sert relativement peu, le mot lui-même ne figurant que rarement dans le vocabulaire critique et l'acte de baliser servant le plus souvent de point de départ pour faire autre chose. Cartographe de circonstance, je note cependant avec intérêt, chez Pierre L'Hérault, une valorisation de la carte, valorisation qui fait ressortir tout le potentiel critique du terme et constitue comme une légitimation de ma propre tentative. Pour L'Hérault, c'est tantôt le critique lui-même qui construit la « carte » (« Pour une cartographie de l'hétérogène » écrira-t-il en 1991, dans *Fictions de l'identitaire au Québec*), tantôt l'auteur Ferron qui, à l'instar du cartographe du conte, se fait « cartographe de l'imaginaire » (*Jacques Ferron, cartographe de l'imaginaire* — c'est le titre du livre que L'Hérault consacre entièrement à l'œuvre de Ferron [1]). L'Hérault se montre, de plus, particulièrement attentif à ce qu'il appelle les « [f]igurations spatiales de l'altérité » [2].

Si, pour rendre compte du « dehors-dedans », la critique a surtout eu recours à des termes comme « l'hybridité », « le mixte », « l'hétérogénéité », « le métissage » (notion valorisée déjà et lourdement investie de sens par Ferron lui-même [3]), et qui ne renvoient que très indirectement à l'espace, Simon Harel, dans *Le voleur de parcours,* emploiera, pour désigner un certain

1. Pierre L'Hérault, « Pour une cartographie de l'hétérogène : dérives identitaires des années 1980 », dans Sherry Simon, Pierre L'Hérault, Robert Schwartzwald et Alexis Nouss, *Fictions de l'identitaire au Québec* (Montréal, XYZ, coll. Études et documents, 1991), p. 53-114 ; *Jacques Ferron, cartographe de l'imaginaire* (Montréal, Les Presses de l'Université de Montréal, coll. Lignes québécoises, 1980), 297 p.

2. Pierre L'Hérault, « Figurations spatiales de l'altérité chez Antonio D'Alfonso, Gabrielle Roy et Jacques Ferron », *Protée,* vol. XXII, n° 1, hiv. 1994, p. 45-52.

3. Notamment dans sa pièce *Les grands-soleils.* — Pour une réflexion sur cette même notion de « métissage », voir, l'article de Petr Kyloušek, « Le métissage selon Jacques Ferron », dans Jelena Novakovic et Radojka Vukœvic (s. la dir. de), *Images of Canada : Interiors and Exteriors...* (Belgrade, Association yougoslave d'études canadiennes, 2007), p. 235-241. Voir aussi, plus loin, l'article de Pierre L'Hérault sur l'Europe de Ferron (p. 247-270), et celui qu'Alexis Lachaîne consacre au Tiers-Monde de l'écrivain (p. 211-246).

« dehors-dedans » humain, le terme « figure hétérotopique » — terme on ne peut plus « spatial » (Alfredo Carone, chauffeur de taxi italien de *La nuit* et des *Confitures de coings,* serait, selon Harel, le type même de cette figure hétérotopique). J'ai utilisé moi-même, il y a vingt ans, dans mon livre *Autour de Ferron* (livre publié en 1989, dans le hors-Québec de Glendon et du Gref), le terme bakhtinien « exotopie », pour parler de la position d'extériorité de « l'autre » par rapport au « soi » selon la « théorie du moi » de Ferron, et de la fonction de l'altérité dans la construction de l'identité. J'ai parlé de la nécessaire « circonscription » du « soi » par « l'autre » et de la recherche de telles exotopies et circonscriptions par le personnage ferronien. J'ai parlé, enfin, de « lecture éloignée » — toujours dans une perspective bakhtinienne, et empruntant le vocabulaire d'une phénoménologie de la réception qui privilégie l'espace. Le terme « exotopie » est repris, en 1991, dans le titre d'un numéro spécial de la revue *Études littéraires,* intitulé *Jacques Ferron en exotopie,* dans lequel l'œuvre de Ferron est soumise au regard de lecteurs situés à l'extérieur du Québec [1].

## III. Halifax près de Casablanca : réflexion sur le hors-Québec de la correspondance et sur « la lecture éloignée »

Voici maintenant, en guise de conclusion — et en même temps d'ouverture — une dernière et très brève réflexion sur ce que j'ai appelé ailleurs « la lecture éloignée ».

Selon Bakhtine, et selon un modèle de lecture que Ferron nous présente dans son roman *Les roses sauvages* (j'en ai parlé dans *Autour de Ferron,* et dans la préface à l'édition VLB des *Roses sauvages* [2]), selon Bakhtine et selon

1. *Études littéraires,* vol. XXIII, n° 3, hiv. 1990-1991, numéro intitulé *Jacques Ferron en exotopie* (s. la dir. de Jean-Marcel Paquette). Soumettre Ferron au regard de l'étranger, c'est également le but, quinze ans plus tard, des rédacteurs du numéro spécial de *L'atelier du roman,* déjà cité.

2. Betty Bednarski, « Préface » à Jacques Ferron, *Les roses sauvages,* p. 7-19.

ce modèle, dis-je, le regard de la lecture est un regard « exotopique », et la lecture idéale, celle susceptible d'accorder le plus de sens, est une lecture faite de très loin, une lecture éloignée.

Dans *Les roses sauvages,* il y a deux versions de la lecture, deux personnages qui lisent, et les deux lectures sont des lectures éloignées. Il y a, d'une part, Ann Higgit, Anglaise de Corner Brook, qui, d'Angleterre, où elle s'est retirée, *lit* Louis Hémon et *comprend* le Québécois Baron, qu'elle a connu a Moncton, mais dont elle s'est séparée. Cette lecture est faite à distance, et après un laps de temps considérable. Il y a, d'autre part, la fille de Baron, Rose-Aimée, qui lit les lettres de son père fou et interné, lettres que celui-ci a adressées à un lecteur fantôme — sa femme, la mère de Rose-Aimée, morte suicidée alors que celle-ci était encore un bébé. Ces lettres, envoyées de Montréal, s'accumulent au cours des années à la poste restante de Casablanca. Devenue adulte, Rose-Aimée passe un jour par hasard à Casablanca, récupère des sacs de lettres, lit, comprend — et de très loin dans le temps et l'espace, elle aussi.

C'est cette deuxième lecture qui retient mon attention aujourd'hui. Lecture de lettres, elle me fait réfléchir au phénomène de la correspondance — même si dans le cas de Baron, il n'y a pas vraiment correspondance, car Baron ne reçoit pas de réponse et ne sera même pas lu, jusqu'au jour où Rose-Aimée passera à la poste restante de Casablanca. Lecture éloignée, elle me fait réfléchir à ma correspondance avec Ferron et aux sens possibles du « hors-Québec ».

J'ai eu, ces dernières années, par rapport à ma correspondance avec Ferron, et par rapport à la notion de « distance », deux moments de révélation : le premier, en 2000, en relisant, à la lumière d'une lettre de Ferron à John Grube, les lettres que Ferron m'avait envoyées ; le deuxième, il n'y a pas si longtemps, alors que, me remémorant cette correspondance, je me suis souvenue d'une lettre de lui — plus précisément d'une enveloppe, d'une adresse.

À Grube, Ferron avait écrit ceci : « [L]a correspondance s'établit par analogie entre soi et l'autre, un autre lointain, un étranger si loin de moi que nos rapports ne peuvent qu'avoir un intérêt cosmique ; ils sont à la fois bizarres et merveilleux » (*Une amitié bien particulière,* p. 78-79). Pour ce qui est de mon premier « moment de révélation », survenu à la suite de la lecture de ce passage, j'en ai déjà rendu compte dans « Les lettres polonaises ». Il y est question du « sens » que j'ai trouvé dans certaines lettres de Ferron bien des années après avoir lu celles-ci.

> Et la Pologne préoccupante ? Il la formule et la reformule avant tout pour lui. Mais ne serait-ce pas aussi, un peu, pour son destinataire — Madame/Monsieur, Anglaise en mal d'appartenance / Polonais en mal d'interlocuteur, cherchant à qui parler de son... de ses... Valéry ? C'est ce qui expliquerait en partie le rapprochement continuel de l'Angleterre et de la Pologne, je le vois aujourd'hui. L'ai-je vu à l'époque ? Je ne saurais l'affirmer. Ses lettres m'atteignaient-elles ? Ai-je su seulement les *lire* ? Dans une lettre à John Grube, Ferron parle de la distance qui le sépare de son destinataire comme d'une distance « cosmique ». Dans l'espace-temps de notre correspondance, j'étais alors à des années-lumière de lui. Et c'est comme si aujourd'hui seulement ces lettres arrivaient à destination et qu'enfin je les lisais. (« Les lettres polonaises », p. 309)

Le deuxième moment est survenu plus récemment. Réfléchissant aux sens du « hors-Québec » de Casablanca, je me suis rappelé (moment de « *re*-souvenir », dirait Ferron), je me suis re-souvenue d'une enveloppe qu'il m'avait envoyée et sur laquelle il avait écrit, au lieu de « Halifax, Nouvelle-Écosse », « Halifax, *près de Casablanca,* Nouvelle-Écosse »... De l'« explication » plausible de cette « adresse », explication toute banale, que j'avais retenue a l'époque, et qui m'avait satisfaite (il y a un « Casablanca », effectivement, pas loin de Halifax), je ne parlerai pas. Je ne parlerai pas non plus de la dérive des continents, explication tout aussi plausible. Aujourd'hui seulement, j'ai l'impression de « lire » cette adresse, d'en saisir mieux le sens... *les* sens.

Dans le langage chiffré des *Roses sauvages,* Casablanca, c'est la lecture éloignée. Mettre « Casablanca » sur une enveloppe, c'est invoquer la lecture à distance, la lecture du « dehors » — la lecture idéale. « Halifax, près de

Casablanca », c'est pas loin d'être « cosmique ». Je lisais donc Ferron de plus loin que je ne pensais. Écrire « Casablanca », c'est aussi, dans ce même langage chiffré, invoquer la poste restante, qui signifie pour la lettre — et par extension, pour tout écrit — *l'attente,* l'écrit en attente de lecture. Tout cela est « personnel », en ce sens que cela *m'*a été envoyé, mais c'est surtout *im*personnel : c'est l'écrit qui tend vers sa lecture — son sens, ses sens possibles. Casablanca : la poste restante de l'écrit, la lecture attendue, et... différée. Et Casablanca est littéralement une adresse — aux deux sens du mot : plus qu'une adresse postale... une *adresse au lecteur.* Mais pour Baron, Casablanca est aussi une *folie.* Sa femme n'y est pas, ne vit plus. Ce n'est qu'en renonçant à cette adresse (il le sait bien, les médecins de Saint-Jean-de-Dieu le lui ont dit), ce n'est qu'en renonçant à ses lettres qu'il pourra passer l'examen de sortie. À Casablanca Baron ne saurait renoncer. Ferron n'a-t-il pas dit : « la folie d'écrire [1] » ? Dans le hors-Québec de Casablanca, *la folie d'écrire... la lecture éloignée...*

Je me demande, au terme de cette réflexion — réflexion inachevée — sur « le hors-Québec », s'il n'y aurait pas dans l'univers de Ferron deux « dehors » : un « dehors *dehors* », qui signifierait le nécessaire positionnement par rapport à l'autre à l'extérieur de soi, et un « dehors *au-delà* », un « dehors » de dépassement. Dans *Du fond de mon arrière-cuisine,* Ferron n'affirme-t-il pas : « [O]n écrit en dehors de toute société [2] » ? Correspondance cosmique, Casablanca hors-Québec, la lecture *en dehors de toute société...*

1. « La folie d'écrire », c'est le titre d'un texte de Ferron publié en 1975 dans *L'information médicale et paramédicale* et repris dans Jacques Ferron, *La charrette des mots,* textes réunis et présentés par Luc Gauvreau (Notre-Dame-des-Neiges [Québec], Éditions Trois-Pistoles, 2006), p. 88-93. Voir aussi Donald Smith, « Jacques Ferron ou la folie d'écrire », dans Donald Smith, *L'écrivain devant son œuvre* (Montréal, Éditions Québec-Amérique, coll. Littérature d'Amérique, 1983), p. 85-106.

2. Jacques Ferron, « D'un chapeau pointu », dans « La soupière, suite à La descente de la croix », *Du fond de mon arrière-cuisine* (Montréal, Éditions du Jour, coll. Les romanciers du jour, R-105, 1973), p. 175.

En vous parlant de moi et de la correspondance, j'ai voulu donner un peu d'épaisseur, un peu de profondeur, de hauteur (de relief...) et — pourquoi pas ? — un peu de chaleur, à cette cartographie de circonstance. Mais voilà la carte soudain éclatée, le hors-Québec ouvert, immense... Que le colloque commence. À *tous* maintenant de se situer dans cette immensité.

## BIBLIOGRAPHIE

ACERENZA, Gerardo. « Plurilinguisme, polyphonie et hybridation langagière dans *Le ciel de Québec, Le salut de l'Irlande* et *Les roses sauvages* de Jacques Ferron », thèse de doctorat, Université de Montréal, 2003, 432 p.

BEDNARSKI, Betty. « Jacques Ferron », dans Jeffrey M. HEATH (s. la dir. de), *Profiles in Canadian Literature,* vol. V, Toronto and Reading, Dundurn Press, 1986, p. 121-128.

—. *Autour de Ferron : littérature, traduction, altérité,* Toronto, Éditions du Gref, coll. Traduire, écrire, lire n° 3, 1989, VIII, 160 p.

—. « Préface », dans Jacques Ferron, *Les roses sauvages* suivi de *Lettre d'amour,* édition préparée par Pierre CANTIN, Marie FERRON et Paul LEWIS, Montréal, VLB éditeur, coll. Courant n° 11, 1990, p. 7-19.

—. « From *Ouèredéare* to *Soçaurez* : Translating the English of Jacques Ferron », dans Sherry SIMON (s. la dir. de), *Culture in Transit : Translating the Literature of Québec,* Montréal, Véhicule Press, 1995, p. 110-132.

—. « De l'anglicité chez Ferron : retours et prolongements », dans Ginette MICHAUD (s. la dir. de), avec la collab. de Patrick POIRIER, *L'autre Ferron,* Montréal, Fides-CÉTUQ, coll. Nouvelles études québécoises, 1995, p. 199-220.

—. « La traduction comme lieu d'échanges », dans Marie-Andrée BEAUDET (s. la dir. de), *Échanges culturels entre les Deux solitudes,* Québec, Presses de l'Université Laval, coll. Culture française d'Amérique, 1999, p. 125-163.

—. « Translating Ferron, Ferron Translating : Thoughts on an Example of "Translation Within" », *Meta,* vol. XLV, n° 1, avr. 2000, numéro intitulé *La traduction littéraire au Canada / Literary translation in Canada,* s. la dir. de Charlotte MELANÇON, p. 37-51.

—. « Les lettres polonaises », dans Brigitte FAIVRE-DUBOZ et Patrick POIRIER (s. la dir. de), *Jacques Ferron : le palimpseste infini. Actes du colloque international de Montréal,* Montréal, Lanctôt, coll. Cahiers Jacques-Ferron n$^{os}$ 8-9, 2002, p. 295-310.

—. « Pologne imaginaire, Pologne identitaire : Jacques Ferron et les écrivains polonais », dans Ewa WEŁNIC, Anna BRANACH-KALLAS et Jakub WÓJCIK (s. la dir. de), *Exploring Canadian Identities / Vers l'exploration des identités canadiennes,* Toruń (Pologne), Wydawnictwo Uniwersytetu Mikołaja Kopernika, 2002, p. 21-35.

—. « Jacques Ferron et le hors-Québec : petit essai de cartographie critique », *Open Letter,* vol. XIII, n$^{o}$ 1, aut.-hiv. 2006-2007, numéro intitulé *Egregore: A Festschrift for Ray Ellenwood,* s. la dir. de Barbara GODARD et Beatriz HAUSNER, p. 23-42.

CANTIN, Pierre. *Jacques Ferron, polygraphe. Essai de bibliographie suivi d'une chronologie,* préf. de René DIONNE, Montréal, Éditions Bellarmin, 1984, 552 p.

CHIASSON, Herménégilde. « 15 esquisses pour un portrait virtuel de Jacques Ferron », *Dalhousie Medical Journal,* vol. XXXIV, n$^{o}$ 2, aut. 2006, numéro intitulé *Celebrating the Physician Writer : Texts from the Jacques Ferron Symposium, April 25, 2006,* s. la dir. de Betty BEDNARSKI et Derek ROBERTS, p. 53-60.

DANIELL, Steven. « The Far West as Cultural Mirror in Québécois Literature, 1960-1990 : A Consideration of Texts by Jacques Ferron, Godbout and Poulin », dans Karl FROSCHAUER, Nadine FABBI et Susan PELL (s. la dir. de), *Convergence and Divergence in North America, Canada and the United States,* Vancouver, Simon Fraser University, 2006, p. 715-724.

DJWA, Sandra. *The Politics of the Imagination : A Life of Frank Scott,* Toronto, Douglas & McIntyre, 1987, 528 p.

—. *Frank Scott : une vie,* trad. de l'angl. par Florence BERNARD, Montréal, Boréal, 2001, 686 p.

ELLENWOOD, Ray. « Translator's Note », dans Jacques Ferron, *Quince Jam (Papa Boss, Quince Jam, Credit Due, Appendix to Quince Jam or The Sacking of Frank Archibald Campbell),* Toronto, Coach House Press, coll. Coach House Quebec Translations, 1977, p. 9-12.

—. « Les Chians de la traduction : ou comment j'ai esquivé une meute de difficultés diaboliques en allant du *Ciel de Québec* vers *The Penniless Redeemer* », *Littératures,* n$^{o}$ 9-10, 1992, numéro intitulé *Actes du colloque Présence de Jacques*

*Ferron,* s. la dir. de Jean-Pierre DUQUETTE, Jane EVERETT, Marcel OLSCAMP, p. 151-158.

—. « Présentation : Lettres de Jacques Ferron à Ray Ellenwood », dans Ginette MICHAUD (s. la dir. de) avec la collab. de Patrick POIRIER, *L'autre Ferron,* Montréal, Fides-CÉTUQ, coll. Nouvelles études québécoises, 1995, p. 353-354.

—. « Jacques Ferron's Alberta, and Mine », *Dalhousie Medical Journal,* vol. XXXIV, n° 2, aut. 2006, numéro intitulé *Celebrating the Physician Writer : Texts from the Jacques Ferron Symposium, April 25, 2006,* s. la dir. de Betty BEDNARSKI et Derek ROBERTS, p. 67-71.

EVERETT, Jane. « Le devenir-anglais du texte et le rapport à l'écriture : Gabrielle Roy et Jacques Ferron », dans Brigitte FAIVRE-DUBOZ et Patrick POIRIER (s. la dir. de), *Jacques Ferron : le palimpseste infini. Actes du colloque international de Montréal,* Montréal, Lanctôt, coll. Cahiers Jacques-Ferron n^os^ 8-9, 2002, p. 277-294.

FAIVRE-DUBOZ, Brigitte. « Odyssée d'une filiation : les cabotages d'Ulysse, de Joyce à Ferron », dans Brigitte FAIVRE-DUBOZ et Patrick POIRIER (s. la dir. de), *Jacques Ferron : le palimpseste infini. Actes du colloque international de Montréal,* Montréal, Lanctôt, coll. Cahiers Jacques-Ferron, n^os^ 8-9, 2002, p. 262-276.

FERRON, Jacques. *Les grands soleils,* dans *Théâtre 1,* Montréal, Librairie Déom, 1968 [© 1958 pour cette pièce], p. 9-44. – Traduit en anglais par Julie Stockton, « *The Flowering Suns* », mémoire de maîtrise (s. la dir. de Ray ELLENWOOD), Toronto, Université York, 1984, 239 p.

—. *Le Don Juan chrétien,* dans *Théâtre 1,* Montréal, Librairie Déom, 1968, p. 155-229.

—. *Historiettes,* Montréal, Éditions du Jour, coll. Les romanciers du jour, R-43, 1969, 182 p.

—. *Du fond de mon arrière-cuisine,* Montréal, Éditions du Jour, coll. Les romanciers du jour, R-105, 1973, 291 p.

—. *Escarmouches, la longue passe,* préf. de Jean MARCEL, Montréal, Leméac, 1975, t. 1, 392 p., et t. 2, 228 p.

—. *Le dodu ou Le prix du bonheur,* dans *Théâtre 2,* Montréal, Librairie Déom, 1979 [© 1956 pour cette pièce], p. 9-44.

—. *Les lettres aux journaux,* colligées et annotées par Pierre CANTIN, Marie FERRON et Paul LEWIS, préf. de Robert MILLET, Montréal, VLB éditeur, 1985, 594 p.

—. *Les confitures de coings,* nouv. version de *La nuit,* suivi de *L'appendice aux Confitures de coings ou Le congédiement de Frank Archibald Campbell,* Montréal,

Éditions de l'Hexagone, coll. de poche Typo Récits n° 49, 1990 [© 1972], 195 p.

—. *Une amitié bien particulière : lettres de Jacques Ferron à John Grube,* suivi d'« Octobre en question » de Georges LANGLOIS, Montréal, Éditions du Boréal, 1990, 258 p.

—. *Les roses sauvages,* suivi de *Lettre d'amour,* éd. préparée par Pierre CANTIN, Marie FERRON et Paul LEWIS, préf. de Betty BEDNARSKI, Montréal, VLB éditeur, coll. Courant, 1990 [© 1971], 248 p.

—. *Le contentieux de l'Acadie,* éd. préparée par Pierre CANTIN, Marie FERRON et Paul LEWIS, avec la collab. de Pierre L'HÉRAULT, préf. de Pierre PERRAULT, « Présentation » de Pierre L'HÉRAULT, Montréal, VLB éditeur, 1991, 288 p.

—. *L'amélanchier,* éd. préparée par Pierre CANTIN, Marie FERRON et Paul LEWIS, préf. de Gabrielle POULIN, Montréal, Éditions de l'Hexagone, coll. Typo, 1992 [© 1970], 208 p.

—. « Lettres de Jacques Ferron à Ray Ellenwood », dans Ginette MICHAUD (s. la dir. de), avec la collab. de Patrick POIRIER, *L'autre Ferron,* Montréal, Fides-CÉTUQ, coll. Nouvelles études québécoises, 1995, p. 350-397.

—. *Contes,* éd. intégrale, prés. de Victor-Lévy BEAULIEU, Montréal, BQ / Bibliothèque québécoise, 1993 [© 1968], 304 p.

—. *Le Saint-Élias,* éd. préparée par Pierre CANTIN, Marie FERRON et Roger BLANCHETTE, préf. de Pierre L'HÉRAULT, Montréal, Éditions de l'Hexagone, coll. Typo, 1993 [© 1972], 238p.

—. « L'exécution de Maski » dans *Rosaire,* précédé de *L'exécution de Maski,* éd. préparée par Pierre CANTIN et Luc GAUVREAU, avec la collab. de Patrick POIRIER, préf. de Pierre MIGNEAULT, Montréal, Lanctôt, coll. PCL / Petite collection Lanctôt, 2003 [© 1981], p. 29-52.

—. « La ville de Varsovie », extrait du *Pas de Gamelin* (inédit), *Spirale* (Montréal), n° 196, mai-juin 2004, p. 13-15.

—. *La nuit,* préf. de Luc GAUVREAU, Montréal, Lanctôt éditeur, coll. PCL / Petite collection Lanctôt, 2005 [© 1965], 136 p.

—. *La nuit,* prés. par Diane POTVIN, Montréal, Éditions France-Québec / Paris, Nathan, coll. Classiques du monde, 1979 [© 1965], 109 p.

—. « La folie d'écrire », dans Jacques Ferron, *La charrette des mots,* textes réunis et présentés par Luc GAUVREAU, Notre-Dame-des-Neiges (Québec), Éditions Trois-Pistoles, 2006, p. 88-93.

—. *Chroniques littéraires 1961-1981,* éd. préparée par Luc GAUVREAU, préf. de Ginette MICHAUD, Montréal, Lanctôt, coll. Cahiers Jacques-Ferron nº 14, 2006, 642 p.

FERRON, Marie. *Inventaire de la bibliothèque de Jacques Ferron,* révisé par Luc GAUVREAU, Montréal, s. é., 2003. Une version en ligne de cet inventaire est disponible sur le site « Jacques Ferron, écrivain », dans la section « hyper-Ferron » : www.ecrivain.net/ferron/index.cfm?p=5_Ferronnerie/hyper_ferron-test.

GAUVREAU, Luc. *Index onomastique de l'œuvre de Jacques Ferron,* suivi d'une *Chronologie complète des œuvres,* Montréal, Centre d'études québécoises (CÉTUQ), Université de Montréal, coll. Cahiers de recherche nº 15, 2000, 248 p.

—. « Choix bibliographique, 1994-2000 », dans Brigitte FAIVRE-Duboz et Patrick POIRIER (s. la dir. de), *Jacques Ferron : le palimpseste infini. Actes du colloque international de Montréal,* Montréal, Lanctôt, coll. Cahiers Jacques-Ferron nºs 8-9, 2002, p. 403-423.

GODBOUT, Patricia. « "Des livres à la fois si proches et si lointains" : les échanges littéraires à Montréal durant les années 1950 », dans Marie-Andrée BEAUDET (s. la dir. de), *Échanges culturels entre les Deux solitudes,* Québec, Presses de l'Université Laval, coll. Culture française d'Amérique, 1999, p. 81-91.

GRUBE, John. « Introduction », dans Jacques Ferron, *Une amitié bien particulière : lettres de Jacques Ferron à John Grube,* suivi d' « Octobre en question » de Georges LANGLOIS, Montréal, Éditions Boréal, 1990, p. 7-22.

—. « Jacques Ferron épistolier », *Littératures,* nº 9-10, 1992, numéro intitulé *Actes du colloque Présence de Jacques Ferron,* s. la dir. de Jean-Pierre DUQUETTE, Jane EVERETT, et Marcel OLSCAMP, p. 139-149.

HAMELIN, Louis. « L'écrivain de pays », *L'atelier du roman,* sept. 2006, numéro intitulé *Passeront-ils les frontières ?,* dossier « Jacques Ferron le merveilleux », p. 23-31.

HAREL, Simon. *Le voleur de parcours : identité et cosmopolitisme dans la littérature québécoise contemporaine,* préf. de René MAJOR, Montréal, Le Préambule, coll. L'Univers des discours, 1989, 320 p.

HAYWARD, Annette, et LAMONTAGNE, André. « Le Canada anglais : une invention québécoise », *Voix et Images,* vol. XXIV, nº 3 (72), print. 1999, p. 460-479.

KYLOUŠEK, Petr. « Le métissage selon Jacques Ferron » dans Jelena NOVAKOVIĆ et Radojka VUKČEVIĆ (s. la dir. de*), Images of Canada : Interiors and Exteriors / Les images du Canada : les intérieurs et les extérieurs,* Belgrade, Association yougoslave d'études canadiennes, 2007, p. 235-241.

LABELLE, François-Simon. « Présentation : l'écrivain à l'œuvre » dans Jacques FERRON et François HÉBERT, *« Vous blaguez sûrement... », Correspondance (1976-1984),* éd. préparée et présentée par François-Simon LABELLE, Montréal, Lanctôt , coll. Cahiers Jacques-Ferron nº 7, 2000, p. 13-28.

L'HÉRAULT, Pierre. *Jacques Ferron, cartographe de l'imaginaire,* Montréal, Les Presses de l'Université de Montréal, coll. Lignes québécoises, 1980, 297 p.

—. « Présentation » de la conférence de Jacques Ferron « L'Acadie de Jacques Ferron ou Moncton revisité », dans Jacques Ferron, *Le contentieux de l'Acadie,* éd. préparée par Pierre CANTIN, Marie FERRON et Paul LEWIS, avec la collab. de Pierre L'HÉRAULT, préf. de Pierre PERRAULT, Montréal, VLB éditeur, 1991, p. 149-158.

—. « Pour une cartographie de l'hétérogène : dérives identitaires des années 1980 », dans Sherry SIMON, Pierre L'HÉRAULT, Robert SCHWARTZWALD et Alexis NOUSS, *Fictions de l'identitaire au Québec,* Montréal, XYZ, coll. Études et documents, 1991, p. 53-114.

— « Ferron l'incertain : du même au mixte », dans Simon HAREL (s. la dir. de), *L'étranger dans tous ses états : enjeux culturels et littéraires,* Montréal, XYZ, coll. Théories et littérature, 1992, p. 39-51.

—. « Figurations spatiales de l'altérité chez Antonio D'Alfonso, Gabrielle Roy et Jacques Ferron », *Protée,* vol. XXII, nº 1, hiv. 1994, p. 45-52.

—. « L'Europe sous le regard oblique de Ferron », dans *L'Europe de la culture québécoise. Actes du colloque du* [sic] *28-29 mai 1999,* textes réunis et présentés par Jean-Paul DUFIET et Alessandra FERRARO, Udine (Italie), Università degli studi di Udine, Forum, 2000, p. 19-35.

—. « Montréal, île cosmopolite : autour de *La nuit* de Jacques Ferron », dans Alessandra Ferraro (s. la dir. de), *Altérité et insularité : relations croisées dans les cultures francophones / Alterità e insularità : relazioni incrociate nelle culture francofone,* Udine (Italie), Università degli studi di Udine, Forum, 2005, p. 99-113.

MAJOR, André. « Le regard oblique du conteur », *L'atelier du roman,* nº 47, sept. 2006, numéro intitulé *Passeront-ils les frontières ?,* p. 81-86.

MARCOTTE, Gilles. « Lire Ferron », *L'atelier du roman,* nº 25, mars 2001, numéro intitulé *Les voyages forment l'esprit,* p. 105-113.

MEZEI, Kathy. « Speaking White: Literary Translation as a Vehicle of Assimilation in Quebec », dans Sherry SIMON (s. la dir. de), *Culture in Transit : Translating the Literature of Quebec,* Montréal, Véhicule Press, 1995, p. 133-148.

MICHAUD, Ginette. « De Varsovie à Grande-Ligne : l'œuvre in extremis », *Littératures,* n° 9-10, 1992, numéro intitulé *Actes du colloque Présence de Jacques Ferron,* s. la dir. de Jean-Pierre DUQUETTE, Jane EVERETT et Marcel OLSCAMP, p. 81-112. Repris dans Ginette MICHAUD, *Ferron post-scriptum,* Montréal, Lanctôt, coll. Cahiers Jacques-Ferron n° 13, 2005, p. 33-64.

—. « Jacques Ferron au regard de ses autres. Famille, nation, folie : une double version », *Voix et Images,* vol. XVIII, n° 3 (54), print. 1992, dossier sur les rapports littérature, folie, altérité, p. 507-536. Repris dans Ginette MICHAUD, *Ferron post-scriptum,* Montréal, Lanctôt, coll. Cahiers Jacques-Ferron n° 13, 2005, p. 65-99.

—. « Lire à l'anglaise », dans Ginette MICHAUD (s. la dir. de) avec la collab. de Patrick POIRIER, *L'autre Ferron,* Montréal, Fides-CÉTUQ, coll. Nouvelles Études québécoises, 1995, p. 137-197. Repris dans Ginette MICHAUD, *Ferron post-scriptum,* Montréal, Lanctôt, coll. Cahiers Jacques-Ferron n° 13, 2005, p. 119-178.

MONETTE, Guy. « Les poètes de la Confédération dans *Les confitures de coings* de Jacques Ferron », *Voix et Images,* vol. VIII, n° 3, print. 1983, p. 421-426.

MORENCY, Jean. « Jacques Ferron's Moncton : A City's Transition from Description to Literary Myth », trad. du français par Jo Anne ELDER, *Dalhousie Medical Journal,* vol. XXXIV, n° 2, aut. 2006, numéro intitulé *Celebrating the Physician Writing : Texts from the Jacques Ferron Symposium, April 25, 2006,* s. la dir. de Betty BEDNARSKI et Derek ROBERTS, p. 62-66.

MURPHY, Susan. « Great Scott ! L'anglicité surprenante de *La nuit* de Jacques Ferron », mémoire de maîtrise (s. la dir. de Lucie JOUBERT), Queen's University (Kingston, Ont.), 2001, 163 p.

—. « Le code littéraire canadien-anglais dans *La nuit* de Jacques Ferron », *Quebec Studies,* vol. 48, aut. 2009 - hiv. 2010, p. 85-104.

—. « Le Canada anglais de Jacques Ferron (1960-1970) : formes, fonctions et représentations », thèse de doctorat (s. la dir. de Annette Hayward et Stephane Inkel), Queen's University (Kingston, Ont.), mai 2009, 512 p.

Ó GORMAILE, Pádraig. « Une minorité ambiguë : les Irlandais du Québec vus par J. Ferron », *Études canadiennes / Canadian Studies : revue interdisciplinaire des études canadiennes en France,* vol. XII, n° 21, déc. 1986, p. 277-284.

—. « Jacques Ferron ou la mémoire retrouvée », *Études littéraires,* vol. XXIII, n° 3, hiv. 1990-1991, numéro intitulé *Actes du colloque Jacques Ferron en exotopie,* s. la dir. de Jean-Marcel PAQUETTE, p. 69-77.

—. « Préface », dans Jacques Ferron, *Le salut de l'Irlande,* Montréal, Lanctôt, coll. PCL / Petite collection Lanctôt, 1997, p. 7-14.

—. « The Representation of Ireland and the Irish in the Québécois Novel », *Quebec Studies,* vol. XXIX, print.-été 2000, p. 128-134.

OLSCAMP, Marcel. « Jacques Ferron ou le nationalisme ambivalent », *Littératures,* n° 9-10, 1992, numéro intitulé *Actes du colloque Présence de Jacques Ferron,* s. la dir. de Jean-Pierre DUQUETTE, Jane EVERETT et Marcel OLSCAMP, p. 195-220.

—. *Le fils du notaire : Jacques Ferron 1921-1949. Genèse intellectuelle d'un écrivain,* Montréal, Fides, 1997, 428 p.

—. « Jacques Ferron et la France : un humour malaisé », *Humoresque,* n° 25, janv. 2007, dossier « Humour québécois », p. 111-123.

PAQUETTE, Jean-Marcel (s. la dir. de). *Jacques Ferron en exotopie,* numéro spécial d'*Études littéraires,* vol. XXIII, n° 3, hiv. 1990-1991, p. 1-132.

PATRY, Richard. « Stratégies d'appropriation du lexique étranger dans l'œuvre de Jacques Ferron : l'intrus mis à la page », *Bibliothèque des cahiers de l'Institut de linguistique de Louvain,* n° 97, 1998, numéro intitulé *Langue et langues : Hommage à Albert Maniet,* p. 197-223.

—. « Le vocabulaire francisé dans l'œuvre de Jacques Ferron : le cas du "Farouest" », *Quebec Studies,* vol. XXIX, print.-été 2000, p. 74-90.

—. « La traduction du vocabulaire anglais francisé dans l'œuvre de Jacques Ferron : une impossible épreuve de l'étranger », *Meta,* vol. XLVI, n° 3, sept. 2001, p. 449-466.

POIRIER, Patrick. « Sur Ferron et son œuvre : un choix bibliographique depuis 1980 », dans Ginette MICHAUD (s. la dir. de), avec la collab. de Patrick POIRIER, *L'autre Ferron,* Montréal, Fides, coll. Nouvelles études québécoises, 1995, p. 439-461.

PROGUIDIS, Lakis. « Aubes crépusculaires », *L'atelier du roman,* n° 47, sept. 2006, numéro intitulé *Passeront-ils les frontières ?,* dossier « Jacques Ferron le merveilleux », p. 87-99.

SIMON, Sherry. *Translating Montreal : Episodes in the Life of a Divided City,* Montréal, McGill-Queen's University Press, 2006, 272 p.

—. *Traverser Montréal : une histoire culturelle par la traduction,* trad. de l'angl. par Pierrot LAMBERT, Montréal, Fides, coll. Nouvelles études québécoises, 2009, 354 p.

SMITH, Donald. « Jacques Ferron ou la folie d'écrire », dans Donald SMITH, *L'écrivain devant son œuvre,* Montréal, Éditions Québec-Amérique, coll. Littérature d'Amérique, 1983, p. 85-106.

—. « Jacques Ferron et les écrivains », *Voix et Images*, vol. VIII, n° 3, print. 1983, p. 437-453.

VELGUTH, Madeleine. « La nuit dans un sac : étude des *Confitures de coings* de Jacques Ferron », *Quebec Studies*, vol. XXV, print. 1998, p. 68-79.

## NOUS (CON)VAINCRONS : HUIT LETTRES DE JOHN « MÉPHISTO » GRUBE AU DOCTEUR JACQUES FERRON, ACCOMPAGNÉES DE QUATRE AUTRES DU FAUST QUÉBÉCOIS

*présentées par*
**LUC GAUVREAU**

J'aimerais bien, vous savez, qu'un jour en Ontario on apprenne que vous avez été au Québec un homme aimé...

JACQUES FERRON à JOHN GRUBE[1].

Les relations épistolaires de Ferron, on le sait aujourd'hui, ont été aussi nombreuses que durables. Leur importance dans sa vie d'écrivain, il la reconnaît spontanément dans un post-scriptum à une des premières lettres qu'il envoie à John Grube : « J'ai un faible pour la correspondance parce que c'est en écrivant des lettres que j'ai appris à faire des livres [2]. » Si l'influence de ses lettres sur les œuvres de l'écrivain demeure peu analysée, qui voudrait la contester ? Dans ses archives, à côté de relations brèves et ponctuelles, on trouve une dizaine de correspondances composées de centaines de lettres. Toute cette poste pour apprendre à « faire des livres » ? Cela

1. Lettre inédite, 2 mars 1979. — Toutes les lettres de cette correspondance sont conservées aujourd'hui dans le fonds Jacques-Ferron (MSS-424) de Bibliothèque et Archives nationales du Québec ; dans les dossiers 424/015/012 à 424/015/017 pour les lettres de Grube, et 424/020/002 à 424/020/007 pour celles de Ferron. Les lettres inédites publiées et citées ici se trouvent, par ordre chronologique, dans ces dossiers.

2. *Une amitié particulière : lettres de Jacques Ferron à John Grube,* suivi d'« Octobre en question » de Georges Langlois (Montréal, Éditions du Boréal, 1990), p. 37.

semble un bien long apprentissage, si on n'envisage la relation entre lettre et œuvre chez Ferron que dans cette perspective pédagogique. Une autre manière d'aborder cette question de génétique fondamentale se trouve dans le quatrième post-scriptum de cette même lettre : « De plus, j'ai beaucoup appris à correspondre. Résolument sédentaire, c'est ma façon de voyager ». Ainsi, en relation avec le lieu stable de l'écriture situé sur le Chemin Chambly, à Longueuil, la lettre représenterait-elle la voie à suivre pour aller vers l'étranger, pour le rencontrer, le connaître, se dépayser.

À sa vie sédentaire, de laquelle il s'est échappé lors de quelques séjours canadiens et d'un exceptionnel voyage polonais, Ferron a donc cru bon d'ajouter des centaines de lettres pour ouvrir son œuvre sur d'autres horizons que ceux de son univers familier. Sur la carte de sa correspondance [1], un réseau extrêmement dense de lignes couvre le territoire québécois, où vit la presque totalité de ses correspondants. À l'extérieur du Québec, on trouve un espace immense, peu visité, où la rareté de trois correspondants donne encore plus de visibilité aux innombrables tracés des lettres voyageant sur les lignes Longueuil-Toronto et Longueuil-Halifax [2]. Traducteurs et amis ou compatriote de la campagne d'Octobre, Betty Bednarski, dans les Maritimes, Ray Ellenwood et John Grube, dans la capitale de « notre empire du milieu [3] », ont partagé d'intenses voyages par lettres avec l'écrivain sédentaire, médecin de famille dans son Farouest québécois.

Pour s'en tenir à la géographie de la correspondance de Ferron, il s'impose à l'esprit que ces trois voyages épistolaires au Canada anglais lui ont

1. Au sujet de cette « cartographie », voir l'introduction de Betty Bednarski ci-dessus, p. 1-42.

2. L'autre important voyage par lettres que Ferron a réalisé est celui avec le journaliste Georges Galipeau, un ami et un voisin, qui a vécu de longues années en Afrique, et occupé différents postes au Moyen-Orient, entre autres. On peut évaluer leur correspondance à près de 200 lettres si on considère les 94 lettres de Galipeau à Ferron, conservées dans le fonds Jacques-Ferron, 424/019/010 à 424/019/011.

3. Lettre de Jacques Ferron à Ray Ellenwood, inédit, [janvier 1981 ?], BAnQ, fonds Jacques-Ferron, 424/015/010.

permis de découvrir plus intimement cet autre pays que durant son entraînement dans l'Armée canadienne. Proche et lointain à la fois, le pays de ses correspondants est l'un des pôles du contentieux Québec-Canada, si profondément liés l'un à l'autre que Ferron confiera à Grube que *Le ciel de Québec* est « peut-être [un] roman plus canadien que québécois [1] ». La transformation de ce « gros machin » québecquois en « roman canadien », dans une lettre adressée à un correspondant torontois, illustre la métaphore de la lettre-voyage, cette voie de l'écriture par laquelle les mots du destinateur changent dans l'anticipation de leur lieu d'arrivée, hors du territoire habituel de leur signification.

De ses trois correspondances canadiennes, c'est celle de Ferron avec John Grube que nous croyons connaître le mieux à cause de la publication d'*Une amitié bien particulière. Lettres de Jacques Ferron à John Grube* [2]. Mais les lettres de l'un, sans celles de l'autre correspondant, ne peuvent qu'en donner une compréhension partielle. C'est pourquoi, malgré leur nombre limité, les autres lettres de cette correspondance que nous publions maintenant pourront servir à mieux l'apprécier. Avant de présenter ces nouvelles pièces de la correspondance Grube-Ferron, et pour ne pas encourager de conclusions rapides sur le domaine canadien chez l'écrivain québécois, j'aimerais souligner une coïncidence trop intrigante, trop suave, et non seulement à cause de l'ironie qu'elle contient, pour ne pas la mentionner. C'est, à quelques mois près, au moment où Ferron se prépare à congédier avec fracas son Canadien anglais emblématique, Frank Scott, alias Frank Archibald Anacharcis Campbell-Scot, dans *Les confitures de coings,* que monsieur John Grube, Jarvis Street, Toronto, entre en scène pour devenir l'un de ses compagnons de lettres cardinaux.

1. Voir plus loin, p. 58, la lettre du 6 février 1971 de Jacques Ferron à John Grube.

2. Nous connaissons aussi les vingt lettres de Ferron à Ray Ellenwood et la lettre d'Ellenwood à Ferron qui ont paru dans « Lettres de Jacques Ferron à Ray Ellenwood », dans Ginette Michaud (s. la dir. de), avec la collaboration de Patrick Poirier, *L'autre Ferron,* (Montréal, Fides-CÉTUQ, coll. Nouvelles études québécoises, 1995), p. 351-397.

Quand paraît *Une amitié particulière,* l'éditeur souligne l'« étonnement » avec lequel les lecteurs découvriront ces « lettres de médecin, d'écrivain, de politique et d'ami ». En dehors d'un cercle de connaissances et d'amis communs (Marcelle Ferron, Jean Marcel, Victor-Lévy Beaulieu) ou à moins d'avoir suivi leurs nombreuses interventions dans les journaux autour de la crise d'Octobre, qui aurait pu deviner que l'écrivain, « père de famille », né dans le « très français et catholique comté de Maskinongé », avait entretenu une telle correspondance avec ce professeur de littérature, originaire « d'un Toronto protestant et anglophone », qui affichait sa « théorie » *gay* ? L'autre particularité de cette relation épistolaire dont parle Grube dans son introduction, est qu'il était « un inconnu » pour les lecteurs de Ferron, « déjà lu et respecté dans le monde littéraire français [1] ». L'étonnement devient encore plus grand lorsqu'on prend connaissance de l'étendue et de la richesse réelles de leur correspondance complète.

Publiées à peine cinq ans après la mort de l'écrivain en avril 1985, les 84 lettres de Ferron choisies par Grube illustrent, selon lui, « le mieux le parcours de [leur] amitié et les intérêts communs qui en sont la base : la crise d'Octobre, la littérature, la folie, la religion, la politique [2] ». Ce corpus représente un peu plus de la moitié des lettres de Ferron envoyées à son correspondant torontois. Épistolier aguerri lui-même, Grube a soutenu le rythme et il faut donc compter plus de 330 lettres, partagées également entre les deux correspondants, pour prendre la mesure exacte de cette « amitié bien particulière ».

John Grube m'a déjà confié son regret de ne pas avoir osé publier un choix de ses propres lettres. Le souvenir encore vif de la relation, le caractère intime de plusieurs missives et son « désir de protéger la réputation de certaines personnes vivantes » expliquent cette édition (trop) partielle. J'ajouterais à cela deux autres éléments. D'abord, à côté de celles du Voltaire de la

1. *Une amitié bien particulière,* p. 15.

2. *Ibid.,* p. 21.

Rive-Sud, Grube a pu douter de l'intérêt de ses lettres. Des correspondants de Ferron, dont on a publié les lettres, les « jeunes » écrivains François Hébert et André Major ont eux-mêmes exprimé des doutes semblables. Ensuite, comment ignorer que le professeur de littérature anglaise écrit ses lettres en français ? Même si Ferron lui écrit que son français est « excellent, [...] sans faute[1] », l'Ontarien garde la tête froide : « Mon français est une "langue apprise", ce qui anéantit presque toute nuance, toute ironie, tout humour, toute possibilité de taquiner ![2] » Sans nier cette réalité, les lettres de Grube montrent plutôt qu'il exagère un peu son handicap linguistique. Son français ne reste pas dépourvu de *wit* et d'*humour,* comme l'illustre le mot d'ordre qu'il invente pour pasticher le « nous vaincrons » du FLQ et proposer à Ferron « Nous (con)vaincrons[3]. »

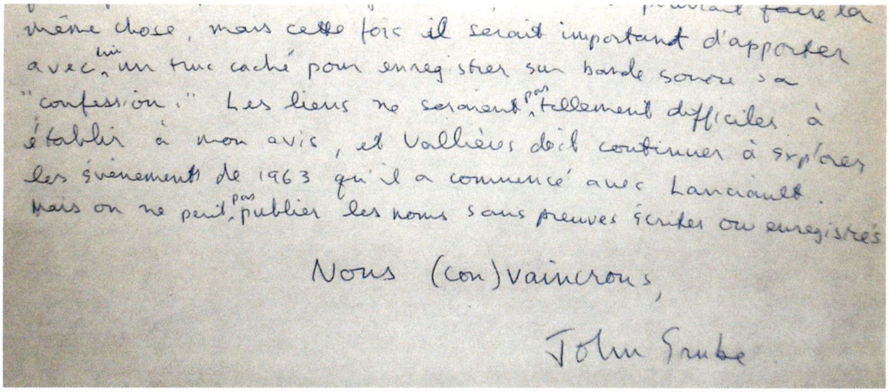
pourrait faire la
même chose, mais cette fois il serait important d'apporter
avec lui un truc caché pour enregistrer sur bande sonore sa
"confession." Les liens ne seraient pas tellement difficiles à
établir à mon avis, et Vallières doit continuer à explorer
les événements de 1963 qu'il a commencé avec Lanctôt.
Mais on ne peut pas publier les noms sans preuves écrites ou enregistrés

Nous (con)vaincrons,

John Grube

Ces éléments auraient pu empêcher cette correspondance d'avoir la durée et l'intensité qu'elle a eues. Au contraire, pendant plus d'une douzaine d'années, avec des périodes d'échanges intenses (près de 180 lettres de 1972

1. Lettre du 27 février 1971, première lettre publiée dans *Une amitié bien particulière,* p. 25.

2. Lettre du 7 septembre 1972, inédite.

3. Lettre du 12 décembre 1973.

à 1975 !), Grube et Ferron sont devenus, l'un pour l'autre, non pas de « simples répondants », mais des correspondants véritables dont la « correspondance s'établit par analogie entre soi et l'autre, un autre lointain, un étranger si loin de moi que nos rapports ne peuvent qu'avoir un intérêt cosmique; ils sont à la fois bizarres et merveilleux [1] ». Si le bizarre et le merveilleux rappellent les correspondances baudelairiennes, l'originalité de la relation Grube-Ferron vient du fait qu'elle est née de l'immersion presque totale dans l'arrière-cuisine de la crise d'Octobre, aussi loin de la Cause et du *Nous vaincrons* révolutionnaires que de l'« insurrection appréhendée » et d'un *Just watch me,* célèbre par l'arrogance de son énonciateur.

Déjà connues, la place des thèses de Ferron sur ces Événements n'en finit plus d'augmenter quand on parcourt l'ensemble de cette correspondance. Nécessité de comprendre, curiosité, « *historical interests* [2] », paranoïa ou folie même, on peut proposer bien des hypothèses pour expliquer une telle fascination stimulée par celle de l'autre correspondant. Il y a, me semble-t-il, quelque chose qui nous échappera si on n'essaie pas de comprendre comment l'enracinement de cette correspondance — l'égarement, diront plusieurs — dans les éphémérides de la vie politique canado-québécoise est devenu un lieu de rencontre pour ces deux êtres lointains qu'ont été, l'un pour l'autre, Grube et Ferron tout au long de leur relation épistolaire.

D'un côté, les événements d'Octobre, comme l'illustre la lettre de Grube à ce sujet, ont les caractéristiques des actualités, vite dépourvues de saveur et d'intérêt. Redondants, mineurs, spéculatifs, anecdotiques, souvent invérifiables, les faits d'Octobre rapportés dans leurs lettres sont ceux qui nous font espérer d'*en finir avec Octobre* pour aborder littérature, culture, religion et une autre politique que celle de l'enquête sous les dessous d'une « impolitesse », comme viendra à en parler Ferron. C'est pourtant là que se manifestent les signes les plus lisibles de l'« étrangeté » qui unit ces deux correspondants. Branché aux médias anglophones de Toronto et à un

---

1. Lettre du 17 novembre 1973, *Une amitié bien particulière,* p. 78-79.

2. Voir la première lettre de Grube, ci-après, p. 56-58.

réseau de répondants (qui va de la vieille filière CCF à de jeunes journalistes *free lance* et aux militants gauchistes *gay*), Grube envoie à Ferron document sur document. Il observe la relation Ottawa-Québec de Toronto, intervient dans *Le Devoir*, trace des parallèles entre Octobre, les Féniens de la fin du XIX^e^ siècle, les manœuvres louches de la CIA dans le monde et le mouvement de libération homosexuelle, etc. À partir du milieu québécois, où il possède un réseau de répondants composé autant de notables que de felquistes au bord de la clandestinité, Ferron rapaille les informations qu'il a accumulées depuis 1963. Confidences entendues par la porte d'en arrière, rumeurs circulant dans les milieux politiques municipal ou provincial, tout peut entrer dans ses lettres aux journaux ou ses historiettes.

Après bien d'autres, l'écrivain Louis Hamelin, plutôt favorable aux thèses du tandem Ferron-Grube, reconnaît « les limites de la méthode Ferron[1] ». L'« importante faiblesse méthodologique » qu'il souligne est « l'association par ascendance » : le felquiste Jacques Lanctôt appartiendrait à une « nébuleuse nazie, étant le petit-fils de Charlie Lanctôt, bras droit, s'il faut l'en croire, du *Führer* québécois, Adrien Arcand, durant les années cinquante ». C'est « le jupon du notable des campagnes, avide lecteur de monographies de paroisse », qui dépasse sous le « pardessus élimé du brillant pamphlétaire », conclut Hamelin. D'ailleurs, les deux correspondants vont eux aussi reconnaître le caractère spéculatif de leur démarche. Dans sa lettre du 2 octobre 1973, où il répond à Ferron qui compte maintenant « [s]'effacer devant les professionnels[2] », Grube écrit :

> Vous avez dit que pour vous le temps est arrivé de laisser les évènements d'Octobre dans les mains des professionnels. Ce qui est très juste. Je suis un franc-tireur. Il m'est difficile de reconnaître que le franc-tireur doit se retirer à l'arrivée de l'armée officielle ! Ce qui explique probablement mon entrée

1. Louis Hamelin, « La semence. Jacques Ferron et la crise d'Octobre », Possibles, vol. XXIX, n° 3-4, été-aut. 2005, p. 62-79, numéro spécial consacré à *Jacques Ferron*, le « *Grand Inannexable* ».

2. Lettre inédite du 22 septembre.

dans des voies farfelues [...] ; un franc-tireur, dépourvu de sa cible, a tendance à flairer un peu partout des pistes.

À cette époque, sans même y ajouter cet aveu, la liste des contestations de leur thèse (« une vaste entreprise de terrorisation sociale visant à détruire les aspirations du Québec [1] ») est déjà trop longue pour être énumérée ici, mais soulignons-en une, moins connue.

Dans le seul « Avertissement » jamais publié pour prévenir les lecteurs de Ferron, l'éditeur d'*Une amitié bien particulière* a tenu à rédiger cette note préliminaire : « Dans sa correspondance privée, comme dans ses contes et romans, Ferron mêle le réel, le fictif et le probable. L'auteur n'étant plus là pour nuancer ou étayer ses propos, il nous faut prendre ses lettres comme elles nous sont parvenues [2]. » Mise en garde préventive contre de possibles poursuites ? Refus de cautionner Ferron dans son mélange du réel et du probable ? Il reste que l'élément problématique de cet « avertissement », ce sont « ses lettres *comme elles nous sont parvenues* ». Nonobstant certaines coupures et même le nombre limité de lettres publiées, on peut écrire que, sans celles de Grube, *leurs* lettres ne nous sont pas encore parvenues. Sans elles, comment démêler le fictif du réel dans celles du conteur-romancier ? Comment distinguer la part de Grube dans les lettres de Ferron, identifier la part de Ferron dans celles de Grube ? Il ne s'agit donc pas ici de réfuter leur thèse, mais de chercher ce qui a lié leur correspondance au-delà de l'incertitude qui pèse sur les faits et gestes d'Octobre.

Dans son cabinet de médecin, situé à quelques rues de l'enfance de Pierre Vallières, telle qu'il l'a décrite dans *Nègres blancs d'Amérique* [3], le correspondant québécois est si près des événements que le point de vue de

1. « La sédition du pouvoir », première lettre aux journaux de Ferron sur la crise d'Octobre (*Le Devoir*, 16 avr. 1971, p. 5).

2. *Une amitié bien particulière*, p. 4.

3. Sous-titré « Autobiographie précoce d'un "terroriste" québécois », cet essai paraît aux Éditions Parti pris en 1968.

Grube, celui de l'autre lointain, celui du correspondant à l'étranger, ouvre devant lui des perspectives inconnaissables autrement. En fait, le bilinguisme de Grube, lecteur assidu de la presse francophone du Québec et de la presse anglophone du Canada, va le transformer en traducteur-informateur-interprète pour son correspondant de Longueuil. Nombre de fois, le Torontois compare la couverture des Événements dans *The Globe and Mail* et *Le Devoir.* Ce qui se dit ici, écrit-il à Ferron, n'est pas ce qui se dit là-bas, dans votre Belle Province. Tel article du *Globe* est repris dans le journal de Claude Ryan ; tel autre ne l'est pas, pourquoi ? À la Chambre des communes, on dit cela ; à l'Assemblée nationale, on dit ceci ; qu'est-ce que cela signifie ? L'éloignement de Grube de la scène québécoise, son « extra-territorialité » pourrait-on dire, doublé d'une profonde connaissance de ce qui s'y écrit, alimentera les interventions publiques de Ferron. D'ailleurs, il le reconnaît explicitement : « Vos avancés sans ma signature (il faut admettre que de temps à autre je vous ai servi de prête-nom) n'auraient tout simplement pas été publiés[1] ». À travers leur culture et leur sensibilité particulières, les deux correspondants ont donc dessiné un territoire d'intervention où il devient difficile d'identifier le véritable énonciateur.

On trouve une partie de l'explication de cette interdépendance dans des propos de Ferron : « Si je suis curieux de démêler les évènements des dernières années, ce n'est pas pour eux, mais pour les situations qu'ils produisent. Ma curiosité se porte simplement sur la réaction de tel et tel homme à ces situations[2] ». Ce programme, auquel un ethnologue pourrait souscrire, oriente l'attention de l'écrivain — tout autant que celle de Grube, peut-on en douter — vers ce que tel ou tel homme dit, par la parole ou l'écrit, seul élément perceptible de ses réactions lorsqu'on vit dans une arrière-cuisine de Longueuil ou de Toronto, en marge de la scène principale occupée par les felquistes et les pouvoirs politico-policiers. La matière première de leur

1. *Une amitié bien particulière,* p. 67. La version publiée donnait « vos avancés sous ma signature », il faut plutôt lire « sans ma signature ».

2. *Ibid.*, p. 64.

correspondance apparaît plus clairement : l'opinion publique, composée de la parole des autres sur ces mêmes Événements. C'est à travers elle qu'ils lisent les intérêts et les motivations de l'humanité en situation. Éloignés par leurs particularités, Ferron et Grube ont établi leur poste d'observation dans cet espace verbal où a pris vie et forme leur relation épistolaire. Leurs lettres d'Octobre, ce sont des mots nourris d'autres mots, ceux lus dans la presse, ceux entendus dans les médias, ceux échangés avec une foule de répondants et leur cercle de correspondants personnels. Insister ainsi sur le rôle de la crise d'Octobre est-ce pour autant surévaluer son importance jusqu'à éclipser les autres sujets de la correspondance Ferron-Grube ? Mais c'est moins le contenu de leur thèse dont il est question ici, que de la signification qu'on peut lui donner dans la théorie des « correspondances épistolaires » telle que conçue par Ferron.

Déclencheur de leur amitié, les Événements, comme ils les appellent, rapprochent non seulement le Franco-Québécois catholique de l'Anglo-Ontarien protestant, mais ils vont devenir le liant qui leur permet d'établir des « analogies » entre leur soi et l'autre, cet autre lointain dont parle Ferron. De lettre en lettre, les propos de l'étranger se glissent dans ceux de l'un et de l'autre. Des informations se complètent, des familiarités naissent, des hypothèses, même bizarres ou merveilleuses, délimitent peu à peu un territoire d'intervention. En ce sens, la piste d'Octobre qui mène de Ferron à Grube a rendu possible leur rapprochement par la création d'analogies entre leurs particularités, individuelles tout autant que collectives. Au départ, duos d'opposition sinon antinomiques, le catholicisme et le protestantisme des correspondants, par exemple, deviendront matière à lettre, lieu d'apparition d'analogie et sujet à discuter. Les particularités premières ne disparaissent pas l'une dans l'autre. Il n'y aura pas de conversion ni d'abjuration. Par des déplacements de sens, qu'une étude fouillée permettrait de suivre de lettre en lettre, les particularités du discours de l'un des correspondants s'ajoutent à l'autre discours.

Lu, vu et commenté de Toronto, le domaine québécois (sociologie, politique, littérature, religion, psychisme) se montre de l'extérieur, du dehors de ses frontières historico-culturelles reconnues. Ce point de vue modifie la vision que l'on peut en avoir de l'intérieur. Des réalités devenues insignifiantes, tant elles font partie du monde familier de Ferron, reviennent à la conscience sous les commentaires de Grube. Les particularités catholiques de la morale sexuelle et de l'antisémitisme sont révélées à travers la culture du correspondant protestant, comme on peut le lire dans sa lettre du 20 juin 1982. En ce sens, on peut interpréter la métaphore de la lettre-voyage d'une manière plus nuancée. La lettre qui part n'est pas celle qui revient ; ce n'est pas la même qui revient de l'étranger, mais une étrangère qui revient : la lettre de l'étranger Grube, remplie d'inattendu, de bizarre et de merveilleux. Pour juger de l'effet véritable de l'extériorité de ce regard sur les lettres de Ferron, et même plus largement sur son œuvre, il faudra entreprendre une édition beaucoup plus complète que celle d'*Une amitié bien particulière* et de la douzaine de lettres qu'on y ajoute aujourd'hui [1]. Plus difficile sera d'évaluer le point de vue de l'extérieur qu'apporte Grube à l'intérieur de l'univers de Ferron au moment où celui-ci arrive, pour ainsi dire, à la toute fin de ses œuvres historiques et politiques (*Le Saint-Élias,* ce roman écrit pour « lever l'écrou du fleuve », est lancé en octobre 1972). Ce sera un tournant décisif qui le mènera à privilégier les « relations entre le moi et les autres ». Et c'est ici, je crois, que se trouve l'une des particularités les plus intéressantes de cette correspondance. Résolu à se détourner peu à peu de la politique, Ferron entreprend la plus politique de ces correspondances, du moins dans ses dimensions les plus visibles. C'est dans cette période paradoxale qu'est venu de Toronto John Grube, gai, protestant, anglophone, apportant une politique autre, personnelle, étrangère à celle de l'écrivain sédentaire.

1. Une publication intégrale de la correspondance Grube-Ferron exigera sans doute d'annexer l'édition complète du *Devoir,* de *Québec-Presse,* du *Jour* et du *Globe and Mail,* les archives des émissions publiques de Radio-Canada et CBC, sans oublier la monstrueuse bibliographie de l'Octobre québécois qui n'existe toujours pas, et, en bas de page, quelques rayons de la bibliothèque, protestante-catholique, anglaise-française, etc.

Dans sa lettre du 11 novembre 1973, Ferron écrivait à Grube : « Un de ces jours, j'esquisserai votre portrait ». Cette promesse se réalisera au moment où « John Dé Grube » publie son étude sur la pensée de François-Albert Angers, en 1981 [1]. Dans une réédition spéciale de *Québec-Presse*, il fait paraître « Mon ami John Grube », un long et généreux portrait dans lequel il écrit :

> Les événements d'Octobre le rapprochaient du Québec sans cesser pour autant d'être Ontarien, domicilié à Toronto. C'était même son honneur d'Ontarien, éclaboussé par l'énormité baveuse, menteuse, cousue de grosses ficelles, des Événements, qui le portait à le faire, et non la pitié, la condescendance envers une nation qui n'était pas la sienne. Cette nation avait fait quelque progrès depuis Durham et tendait à la souveraineté, comme il est dans la nature des choses. John en respectait les acquis et répugnait à se commettre avec un Pierre Elliott Trudeau, moins correct que Durham, qui, jouant sans vergogne sur deux tableaux, tentait de vendre le plus faible au plus fort, en réduisant sa nation à n'être plus qu'une engeance.
>
> John et moi, nous nous entendons le mieux du monde, lui, l'Ontarien, moi, le Québécois, et nous n'avons pas cessé de correspondre depuis dix ans, mais sans parvenir à démêler l'affaire qui, en nous offensant tous deux, nous avait réunis dans le respect et l'amitié, probablement parce que cette affaire fait partie d'une vaste conspiration qui n'a pas de frontière [2].

Dans cet hommage à un anglo-protestant, qui a dû surprendre la direction de Québec-Presse, on peut lire un parcours synthétique de leur correspondance. Des événements d'Octobre à l'histoire des deux nations, de Durham à Trudeau, on voit la rencontre de deux individus, leurs sentiments à l'endroit de la crise politique puis l'un pour l'autre.

Leur relation aura parfois des visages plus énigmatiques. Le 29 septembre 1973, Ferron commence sa lettre, inédite, ainsi : « Monsieur Grube, je vous

1. *Bâtisseur de pays : la pensée de François-Albert Angers,* suivi d'une notice biographique et bibliographique de Patrick Allen, Montréal, L'Action nationale, 1981, 256 p.

2. « Mon ami John Grube » (La Chronique de Jacques Ferron), *L'CEA*, vol, IV, n° 5, « Québec-Presse, édition du premier mai 1981 », p. 43.

tiens pour une manière de Méphisto toujours à bousculer ma sérénité et à vouloir me faire chanter Faust. » Son correspondant lui répond qu'il « [a] beaucoup aimé la première phrase de [sa] dernière lettre », mais, conclut Grube :

> *Faust* n'est pas le seul opéra dans notre répertoire et, en tout cas, je lui préfère *Die Zauberflöte (La flûte enchantée)* de Mozart. Je commencerai aussi à méditer la vie de Talleyrand dont on a plus besoin actuellement que des Robespierres ou des Marats. Mes hommages et mes amitiés [1].

Les rôles et les personnages qu'ils ont joués l'un pour l'autre, transpositions de leurs particularités locales et personnelles, forment un répertoire, comme l'annonce si bien Grube, qui s'agrandira au rythme où d'autres de leurs lettres s'ajouteront à celles déjà connues.

Voici donc huit lettres de John « Méphisto » Grube et quatre de son Faust québécois. On trouvera d'abord la toute première de Grube, la seule écrite en anglais. De son côté, la première réponse de Ferron montre le succès de la stratégie de Grube d'éveiller les « *well-known historical interests* » de l'écrivain. Les sept autres couvrent les thèmes de leur correspondance présents dans *Une amitié bien particulière.* En supplément aux lettres de Toronto, on lira avec plaisir « Son Éminence John Grube », une lettre au *Devoir* que Ferron n'aurait pas envoyée, sûr qu'il était que Claude Ryan allait en refuser la publication. Une autre lettre inédite sur la nuit et la mémoire permettra de mieux comprendre les propos de Grube. Enfin, on lira une lettre-poème de Ferron dans laquelle il demande à son correspondant de « démontre[r] la validité » d'une affirmation pour le moins poétique [2] !

LUC GAUVREAU.

---

1. Lettre du 2 octobre 1973.

2. Environ un an avant sa mort, c'est avec sa générosité habituelle que John Grube m'a autorisé à consulter sa correspondance complète avec son ami Jacques Ferron pour publier quelques lettres à l'intérieur de cet ouvrage. Je remercie aussi la Succession de l'écrivain pour sa collaboration toujours amicale.

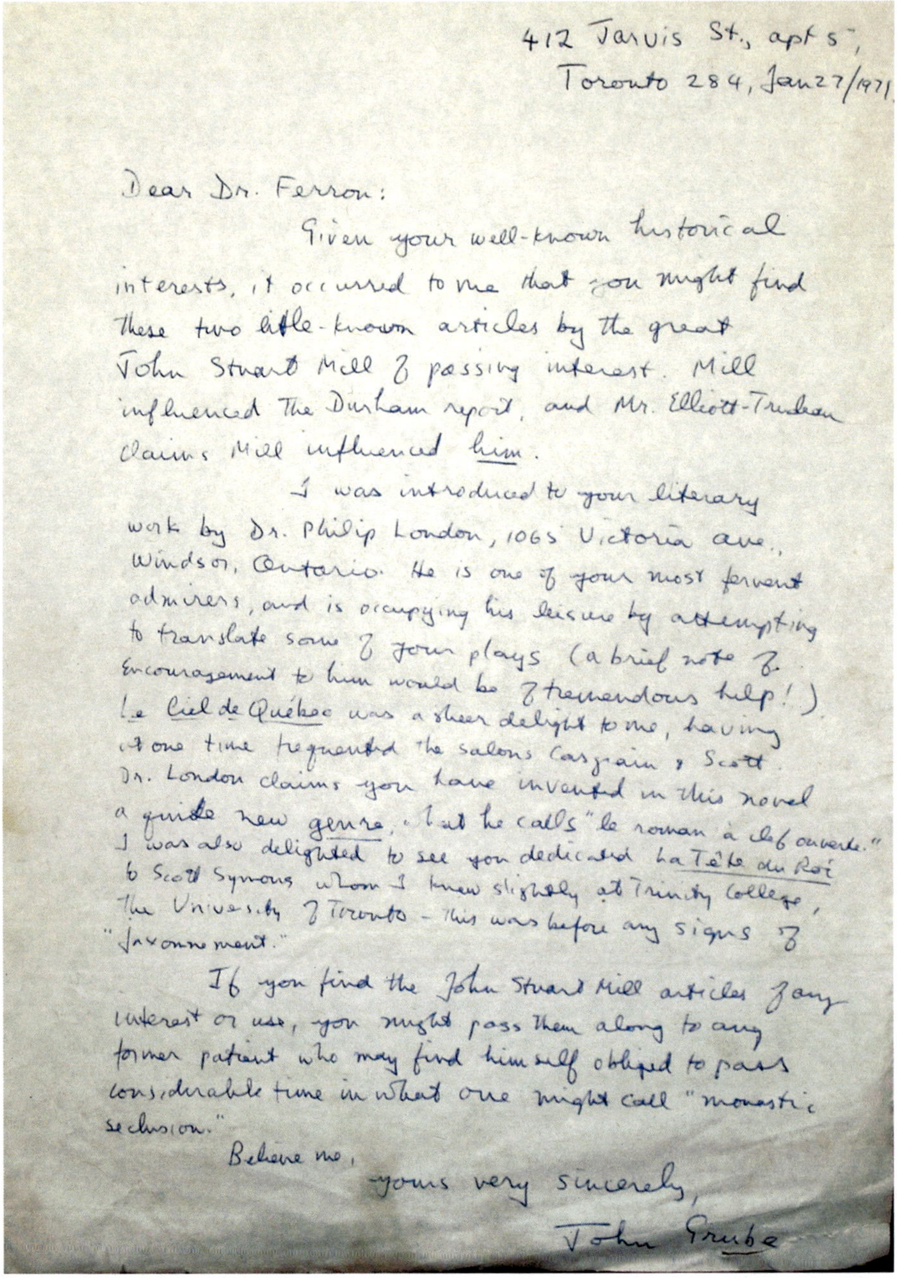

412 Jarvis St., apt 5,
Toronto 284, Jan 27/1971

Dear Dr. Ferron:

Given your well-known historical interests, it occurred to me that you might find these two little-known articles by the great John Stuart Mill of passing interest. Mill influenced the Durham report, and Mr. Elliott-Trudeau claims Mill influenced him.

I was introduced to your literary work by Dr. Philip London, 1065 Victoria ave., Windsor, Ontario. He is one of your most fervent admirers, and is occupying his leisure by attempting to translate some of your plays (a brief note of encouragement to him would be of tremendous help!) Le Ciel de Québec was a sheer delight to me, having at one time frequented the salons Casgrain & Scott. Dr. London claims you have invented in this novel a quite new genre, what he calls "le roman à clef ouverte." I was also delighted to see you dedicated La Tête du Roi to Scott Symons whom I knew slightly at Trinity College, The University of Toronto – this was before any signs of "Javonnement."

If you find the John Stuart Mill articles of any interest or use, you might pass them along to any former patient who may find himself obliged to pass considerable time in what one might call "monastic seclusion."

Believe me,
yours very sincerely,
John Grube

412 Jarvis St., apt. 5
Toronto 284, Jan. 27 / 1971

Dear Dr. Ferron,

Given your well-known historical interests, it occurred to me that you might find these little-known articles by the great John Stuart Mill of passing interest [1]. Mill influenced The Durham report, and Mr Elliott-Trudeau claims Mill influenced *him.*

I was introduced to your literary work by Dr. Philip London [2] (Windsor, Ontario). He is one of your most fervent admirers, and is occupying his leisure by attempting to translate some of your plays (a brief note of encouragement to him would be a tremendous help!). *Le Ciel de Québec* was a sheer delight to me, having at one time frequented the salons Casgrain & Scott [3]. Dr. London claims you have invented in this novel a quite new *genre,* what he calls "le roman à clef ouverte". I was also delighted to see you dedicated *La Tête du roi* to Scott Symons [4], whom I knew slightly at Trinity College (the University of Toronto) – this was before any sign of "jaxonnement".

If you find the John Stuart Mill articles any interest or use, you might pass

1. L'article le plus pertinent est « Radical Party and Canada : Lord Durham and the Canadians », publié dans la *London and Westminster Review* en 1838, dans lequel le philosophe anglais supporte la rébellion des Patriotes.

2. En 1972, Philip London a renoncé à ses projets après que Ferron l'eut soupçonné, entre autres, de s'« amuser » à traduire *Le ciel de Québec* à « l'ordinatrice » (lettre à Pierre Cantin, 2 mai 1972, dans « Neuf petites lettres de Jacques Ferron à Pierre Cantin », *Littératures,* n° 9-10, 1992, p. 26-27).

3. Dans le roman de Ferron, Claire Casgrain (1896-1981) est présentée comme la « duchesse rouge », et Frank Scott (1899-1985), sous le nom de Frank Anacharcis Scot, en est un des personnages principaux.

4. En 1963, Ferron a dédié sa pièce de théâtre à cet écrivain gai et historien qui avait publié une chronique « Ici Toronto », dans *Le Nouveau Journal,* de septembre 1961 à mars 1962.

them along to any former patient who finds himself obliged to pass considerable time in what one might call "monastic seclusion".

Believe me,

Yours very sincerely,

John Grube

* * *

Cher Monsieur Grube

Je n'aime guère Pierre Elliott Trudeau qui, au Collège des Jésuites, me précédait d'un an. C'est un garçon qui a joué à l'intellectuel sans beaucoup de sérieux. Un intellectuel ne peut être sûr de lui-même que par le refus d'exploiter ses idées, que par une attitude morale désignée par le philosophe Alain sous l'expression : « Refus de Pouvoir ». En d'autres termes, pour penser justement, il faut rester un particulier.

Je ne saurais trop vous remercier : je ne connaissais pas les deux articles de Stuart Mill que vous avez eu la gentillesse de m'envoyer. Je ne savais pas non plus qu'on avait à ce point palabré à notre sujet en Angleterre après 1837. L'expression du Duc de Wellington, « Trop rares pour être des ennemis, ils sont trop nombreux pour être des traîtres », me semble jolie et juste. Ce n'est pas cette formation libérale qu'a montrée Trudeau en octobre. Je ne la lui reproche pas. Ce que je ne peux souffrir, ce sont ses sophismes. Je pense beaucoup plus à la Duplessis qu'à la Stuart Mill.

Je plains un peu le Dr. London d'admirer ma prose, surtout celle d'un gros machin comme *Le ciel de Québec.* Il s'agit peut-être d'un roman plus canadien que québécois ; il contient peut-être quelques bons passages, mais l'ensemble est mauvais et je ne veux plus y penser. D'ailleurs, ce qui est fait est fait, et si l'on ne s'en détache pas, on ne fera plus rien d'autre. Si je pouvais être utile au Dr. London sur un point précis, qu'il m'écrive et je serai honoré de lui répondre.

Je vous prie d'accepter, cher Monsieur Grube, avec mes remerciements réitérés, l'expression de mes meilleurs sentiments.

Jacques Ferron

6/2/71

* * *

## Son Éminence John Grube [1]

Nos compatriotes ontariens, dont la langue est trop répandue pour avoir de la dualité et qui l'enseignent aux Italiens du Sud, aux Portugais et aux Espagnols comme on enseignait jadis le latin, sont quand même fiers d'elle et vont chercher leurs arguments dans le passé sanctifiant. Northrop Frye tient beaucoup à l'anglais de la Sainte Bible; il a pu se pourlécher lorsqu'il a appris la déclaration d'un cultivateur de l'Alberta devant la Commission BB[2] : « *What is good for God, is good for me.* »

Voici maintenant que John Grube nous fait le coup de la Société royale. C'est tout juste s'il ne nous vante pas la guerre des Deux-Roses qui a débarrassé l'Angleterre de ses féodaux un siècle ou deux avant la France. Comme cette guerre civile a suivi les victoires de Jeanne d'Arc, on a pu prétendre que cette sainte sauve l'Angleterre et non la France. En tout cas, elle a donné une avance à la bourgeoisie anglaise avec pour résultat une domination mondiale — Nixon prenant le relais de la reine Victoria — qui fait de l'anglais une manière de latin. Que Monsieur Grube s'informe à l'*Opus Dei* de son quartier, on le lui confirmera. Et il pourra lire le dernier numéro de la *Revue canadienne de biologie* de l'Université de Montréal, entièrement rédigée en anglais. Cette université, actuellement laïque, était naguère pontificale et romaine. Son Szabo [3], par exemple, qui travaille pour le Brésil et Toronto, a d'abord été pontifical.

Ce que Monsieur Grube ne saisit pas dans son triomphalisme de Jarvis Street, c'est que la Loge d'Orange, l'*Opus Dei* et la légation apostolique se

1. Dans la marge gauche du dernier feuillet : « Cher Éminence, comme *Le Devoir* ne publiera pas ma lettre à cause de l'*Opus Dei* dont il ne faut pas parler, permettez-moi que je vous l'envoie. En retour de vos bénédictions, mes salutations, JF ».

2. Commission sur le bilinguisme et le biculturalisme, créée par le gouvernement Diefenbaker au printemps 1963, présidée par André Laurendeau et A. Davidson Dunton.

3. Denis Szabo, d'origine hongroise, fondateur du Département de criminologie de l'Université de Montréal.

mettent à trois pour nous baiser. Le rapport Dumont [1] n'est qu'une soupape, il n'aboutira jamais à rien qu'à faire baisser la vapeur dans le Québec où le français est devenu une langue protestante, hérétique. Il n'y a pas grand mal qu'il y ait un office de la langue française même s'il n'a pas l'efficacité du pieux recueil de Northrop Frye. Quant à fabriquer les autoneiges en anglais, même s'ils se nomment Bombardier, je n'en vois pas le profit. Cela me rappelle la folie du premier FLQ, en 1963, qui prit feu parce qu'il n'y avait qu'un Canadien français à la vice-présidence du CN. Un ou dix vice-présidents travaillant en anglais, c'était du pareil au même.

Enfin, monsieur Grube ne peut s'empêcher d'opposer la Grande-Bretagne de Newton et les USA de Nixon au moment où l'Ontarien, pour rester p'tit boss canadien, a cessé d'être commis britannique pour devenir manager américain. En langue protestante, cela se nomme duplicité.

Jacques Ferron
15/8/72

* * *

27 août, 1973

Cher Dr. Ferron,

J'étais très heureux de lire dans *Le Devoir* de samedi votre article « L'arrière-cuisine de Pierre Vallières... [2] » que vous m'avez montré il y a quelque temps, en même temps, je crois, que votre article « Pierre Laporte

1. Il s'agit du rapport de la Commission d'études sur les laïcs et l'Église : *L'Église du Québec : un héritage, un projet,* dirigé par le sociologue Fernand Dumont, Éditions Fides, 1971, 323 p.

2. *Le Devoir,* 25 août 1973, p. 15. Le titre complet du manuscrit original envoyé à Grube un mois plus tôt est : « L'arrière-cuisine de Pierre Vallières vaut bien la mienne ». Ferron répond au texte de Pierre Vallières, « Un 'visionnaire d'arrière-cuisine' ? Ferron et la fabulation politique » (*Le Devoir,* 5 mai 1973, p. 14, 15), où il l'accusait de « traiter d'une crise politique majeure [...] comme s'il s'agissait d'un mélodrame folklorique ».

écrivain [1] » son article-compagnon. Comme vous dites, Vallières a une générosité, ce qui suggère qu'il va bientôt voir clair et être sans attache à l'endroit de ses partis pris antérieurs. C'est un auteur important. Et il pourrait tous nous éclairer sur bien des sujets, surtout sur les commencements du FLQ. Il a donné le manuscrit au Sweezy du *Monthly Review* [2] de New York, une maison d'édition marxiste bien tolérée durant toute la Guerre froide (le manuscrit des *Nègres blancs d'Amérique,* je voulais dire), et j'apprends dans un livre qui s'intitule *O. S. S.* que ce Sweezy faisait partie des services secrets américains pendant la Deuxième Guerre mondiale, une époque d'ailleurs où tout bon marxiste aidait la cause des Alliés [3]. Néanmoins, ce Sweezy et son *Monthly Review* avaient des contacts avec tous les jeunes radicaux les plus prometteurs de par le monde, ce qui formait une liste très utile pour plusieurs autres personnes. Le monde est tellement byzantin !

Ce que vous révélez du jeune Desormiers dans le même numéro du *Devoir* est tout ce qu'il y a de plus factuel sur les liens entre la pègre et la politique [4]. Dans ma propre lettre parue le jour précédent [5], j'ai prêté à monsieur Stanfield peut-être plus de sagesse théâtrale qu'il n'en possède en réalité (je n'ai jamais parlé avec lui ni avec un membre de son entourage), mais la coïncidence de la « découverte » de Cross et du passage de la loi Turner le même jour [6]

1. « Pierre Laporte écrivain », *Le Devoir,* 21 juillet 1973, p. 18.

2. Paul Marlor Sweezy (1910-2004), économiste marxiste, journaliste et fondateur du magazine *Monthly Review,* membre de l'Office of Strategic Services (OSS) durant la guerre.

3. Richard Harris Smith, *OSS: The Secret History of America's First Intelligence Agency,* Berkeley, University of California Press, 1972, 458 p.

4. Dans « Pour une vieille minoune » (*Le Devoir,* 25 août 1973, p. 4), Ferron parle de Richard Desormiers, gendre de Vic Cotroni, présumé chef de la mafia montréalaise.

5. « La ruse de Stanfield d'octobre » (Lettres au *Devoir*), *Le Devoir,* 24 août 1973, p. 4. Selon Grube, Stanfield aurait « prolong[é] indûment le débat aux Communes » pour que la libération de Cross arrive *avant* l'adoption de la loi Turner. Ainsi « le scénario tragique du parti libéral [...] tournerait carrément en farce ».

6. La Loi sur l'ordre public, que présente le ministre de la Justice John Turner pour la substituer à la Loi des mesures de guerre, reçoit la sanction royale le 3 décembre. Le même jour, les felquistes relâchent James Cross.

m'a frappé à l'époque comme invraisemblable, et on sait que le policier Nolin aurait pu sauver Cross le jour même de son enlèvement si on ne lui avait pas défendu de le faire. Il se peut bien que Stanfield en savait long à l'époque, mais qu'il ne pouvait révéler ce qu'il savait à cause d'une promesse donnée au gouvernement britannique.

Le Parti conservateur a une tendance historique à bien s'entendre avec l'Angleterre, tout comme le Parti libéral s'entend avec les « Amerlots » et l'Union nationale — remplacée aujourd'hui par le PQ — avec la France (pensez à l'entretien de Cardinal avec de Gaulle[1]).

Le 23 août, *Le Devoir* a publié un article sur l'extraordinaire monsieur André Roy qui s'est bien tiré des événements d'Octobre. Je cite *Le Devoir*[2] :

> Il [Roy] ajoute qu'il eût l'occasion de causer avec Paul Rose, son frère Jacques et Francis Simard aux quartiers de détention de la rue Parthenais.
>
> « Les trois avaient l'air abasourdis quand ils parlaient de la mort de Laporte. Il y avait quelque chose qu'ils ne comprenaient pas. La mort de Laporte, c'est une affaire de sadique. Ce n'est pas pour rien qu'il est mort. Il n'y a pas un révolutionnaire au monde qui l'aurait exécuté comme ça. Les Rose et Simard risquent d'apparaître complices d'un silence qui a trop duré », pense-t-il.

M. André Roy a joué un rôle assez ambigu, comme C. Larivière d'ailleurs[3]. Peut-être a-t-on joué avec ces jeunes comme des jouets. On les enferme en prison ; on les laisse aller ; ils ne comprennent rien ; ils ne savent même plus qui est fiable. Ils finissent par accepter n'importe quelle largesse du gouvernement. Néanmoins, il faut considérer ce témoignage de

1. En janvier 1969, au cours d'un entretien avec Jean-Guy Cardinal, vice-premier ministre et ministre de l'Éducation du Québec, Charles de Gaulle déclare que cette rencontre « porte [...] la marque d'un fait éclatant et capital, l'établissement de rapports directs entre la Nouvelle-France et la France, entre Québec et Paris ».

2. Dernier paragraphe de l'article « Les "méchants loups" trouvent facilement de l'emploi à Ottawa » (*Le Devoir*, 23 août 1973, p. 2.). Roy y déclare aussi : « Il y a plus d'indépendantistes ici dans la fonction publique fédérale à Ottawa que j'en ai jamais vu ailleurs. »

3. Militant du FLQ, Claude Larivière était soupçonné d'être un agent double au service de la police.

Roy, parce qu'il prétend avoir discuté du meurtre de Laporte avec les inculpés. Franchement, je le crois — par instinct. Les Rose et Simard sont probablement encore aujourd'hui « abasourdis ». Le témoignage écarte l'hypothèse de Gérald Godin et Cie, pas de mots comme « ils pansaient ses plaies [1] », etc. On ne pourrait jamais dire : « Il y avait quelque chose qu'ils ne comprenaient pas », s'ils ont vraiment tué M. Laporte involontairement et ont accepté la responsabilité après pour montrer au monde qu'un Québécois est capable de tuer, pour reprendre l'expression de Lévy-Beaulieu [2]. Dans ce cas, *ils auraient parfaitement compris.* Il n'y aurait pas existé le moindre soupçon d'un « air abasourdi ». Donc, l'hypothèse de l'homicide involontaire devient de moins en moins plausible, si on se fie au témoignage d'André Roy. Ce qui devient plus plausible, c'est que quelqu'un d'autre a tué Pierre Laporte avec un coup de pistolet pendant qu'ils étaient absents du lieu « pour prendre des conseils »; que quelqu'un leur a dit qu'un camarade felquiste l'a tué, et dont il ne faut jamais dire le nom par solidarité révolutionnaire ; qu'ils n'ont même jamais vu le cadavre ; qu'on leur a suggéré de se réfugier aux États-Unis où on leur avait préparé un accueil chez les Noirs radicaux (également manipulés par les services secrets conjoints Canada / États-Unis) ; qu'on avait un plan pour qu'ils finissent en Algérie ou à Cuba ou ailleurs ; que les trois ont refusé carrément de quitter le sol québécois par patriotisme entêté ; qu'on a essayé de les persuader de s'échapper durant tout le mois de décembre sans succès ; que les trois ne sont pas tellement intelligents, mais quand même assez intelligents pour percevoir que la fuite montre la lâcheté ; qu'à la fin, les autorités se sont rendu compte qu'il fallait les arrêter et intenter les procès qu'ils ne voulaient pas intenter ; et qu'au moment où ils se sont rendus à la

1. Expression employée par Gérald Godin pour décrire le comportement des felquistes après que leur otage se fut blessé en tentant de s'échapper. (« Laporte : mort accidentelle », *Québec-Presse,* 5^e^ année, n^o^ 30, semaine du 5 au 11 août 1974, p. 2-3).

2. C'est à l'été 1973, dans un entretien publié dans le magazine *L'Express,* que Beaulieu a fait cette déclaration.

justice, vous sentiez un certain courage bête et entêté et entremêlé avec une vanité puérile, ce qui ne vous permet pas de les considérer comme des agents *conscients* des autorités. Comme André Roy a noté « il y avait quelque chose qu'ils ne comprenaient pas », et ce qu'ils ne comprenaient pas, c'était qu'on les menait comme par la baguette au nez du cochon. Quand même, ils ont refusé de quitter le sol de Québec. C'est pas beaucoup, mais c'est quelque chose d'instinctif, de primordial. J'essaie seulement d'esquisser certaines possibilités à partir des faits connus jusqu'ici.

J'ai trouvé dans *Le Devoir* de samedi dernier quelque chose d'extrêmement inquiétant. Le premier ministre du Québec, l'honorable Robert Bourassa, répond aux questions soulevées à Toronto par René Lévesque au sujet de l'affaire Laporte ainsi : « Elles montrent [les accusations de Lévesque], une fois de plus, que le Parti québécois est prêt à prendre tous les moyens, y compris les plus bas, face à leur profonde angoisse électorale suite au meurtre de Pierre Laporte par une organisation séparatiste et terroriste (FLQ). [1] »

Ceci montre clairement qu'il se propose de mener une campagne électorale sur le thème FLQ = PQ. Ce qui montre que c'est une question d'urgence, même au point de vue de l'électoralisme le plus étroit, de faire la lumière sur cette affaire. Même un intellectuel borné, genre Vallières, pourrait le voir. Il faut arracher des mains du Parti libéral cette carte-clef et, de plus, s'en servir contre eux. Il faut reconnaître clairement aussi que la lutte indépendantiste aura plus à faire avec le théâtre qu'avec le « chénierisme [2] » ou l'« indépendance-électorale-sans-gêne ». Le coup de la Brinks [3] était un

1. « Laporte contre Cross. Une déclaration "irresponsable" disent [Gérard] Pelletier et Bourassa », *Le Devoir*, 25 août 1973, p. 3. À Toronto, Lévesque aurait déclaré : « Ce qui est arrivé n'est absolument pas clair [...]. Cela pourrait être avoir été un échange : la vie de Cross contre la vie de Laporte. »

2. Allusion au médecin patriote Jean-Olivier Chénier (1806-1837), le héros préféré de Ferron.

3. Le 26 mars 1970, quelques jours avant la tenue des élections, pour intimider l'électorat tenté par l'option du Parti québécois, des camions de la Brinks transportèrent des milliers de certificats de Montréal vers Toronto.

coup de théâtre, le coup d'Octobre également ; donc, il faut avertir l'auditoire des possibilités théâtrales du fédéral, et qu'il faut s'attendre à ce qu'on monte des contrecoups. C'est le champ de bataille actuel, paraît-il.

Je m'excuse de la présomption de vous parler ainsi des affaires québécoises ! Mais... je connais les astuces des Canadiens anglais, qui n'ont pas le temps de se créer un théâtre, et la culture qui en découle parce qu'ils sont trop occupés à monter des coups de la Brinks !

J'ai vu M. Higgitt [1] pour la première fois l'autre jour. Il y avait une grande réunion des clans écossais, et lui, il avait l'audace de mener la procession, saluant le peuple de sa grande voiture comme s'il était le monarque du pays. Lui, qui ne sait pas jouer une note de cornemuse. Le clan MacIntosh, auquel j'ai l'honneur d'être apparenté du côté de ma mère, aura un jour sa revanche !

Solidarité,

John Grube

* * *

11 décembre 1973

Cher docteur Ferron,

J'étais heureux d'apprendre le succès littéraire-politique de votre neveu [2]. Je comprends parfaitement la sollicitude avec laquelle il a apporté lui-même sa lettre au *Devoir*. Je fais la même chose de temps en temps avec le *Globe and Mail*. Que votre fille dessine ne fait que montrer que la créativité continue à jaillir eu sein de cette extraordinaire famille qu'est la vôtre.

Il y a quelque temps, vous m'avez fait part de vos réflexions sur la sphère et le sphéroïde-polyèdre que j'ai « torpillé » avec Platon. Pendant le week-end passé, j'ai essayé de faire amende honorable en écrivant deux poèmes

1. William Leonard Higgitt, commissaire de la GRC de 1969 à 1973.
2. Simon Thiboutot, fils de Thérèse Ferron (1927-1968).

pour vous indiquer qu'en plus de me frapper par leur beauté, vos propos m'ont forcé à repenser la façon dont un enseignant doit présenter les beaux-arts aux étudiants.

Comme vous savez, mes poèmes sont très brefs, et j'ai dû omettre certains termes de votre série de raisonnements. À vrai dire, seul Paul Valéry aurait été à la hauteur de récréer en poésie la suite de vos pensées, en partie parce qu'il était un des mathématiciens les plus remarquables de ce siècle à ce qu'on me dit.

Amitiés et bon Noël,

John Grube

**Teaching Sculpture**

1.
A flat surface is flat.

Dammit!

There's more than two
sides to any problem.

2.

A polished sphere
can look very
beautiful, but
every point on its
surface is exactly
the same as...
every other point.

3.

Hack a few sides off the sphere.

Touch it.

See where the shadows fall.

More human, isn't it?

4.

Even the most
perfect geometry
is not sculpture.

**Learning Sculpture**

In the beginning was the
Word.

Really?

A writer must have said
that.

Sculptors touch
before they speak.

« Le palper précède le parler. »

Jacques Ferron [1]

1. Cette citation et les propos de Ferron sur la sphère sont développés dans sa lettre du 27 novembre 1973, *Une amitié particulière,* p. 84.

* * *

[En guise de « réponse » à ces poèmes de Grube, Ferron a envoyé cette lettre en vers libres à Grube, le 14 décembre 1973.]

Démontrez, à l'aide d'exemples, la validité de cette affirmation :

Québec
facette mal polie de la terre
je m'y tiens et tiens
une boule à la main

Sphère contre sphère
prendre
pour comprendre

Le soleil n'est plus qu'une fleur fauve
dans le bleu
entre les gris
tournesols
qui tourne avec lui-même.

On the highest tower of the highest building
of Toronto

John D. Grube
veut me faire croire
qu'il en est la tige.

Une illusion serait toujours possible
dans la trouée
des nuages de l'arrière-saison
mais je ne regarde pas
ma boule de cristal.

Faux aveugle
J'attends l'étoile des Rois
trop tard
après Noël

[au verso de l'enveloppe]

Derrière la tige du ciel
John D. Grube
brandissant
le mât de l'Ontario
sur le plus [haut] des gratte-ciel
de Toronto.

De l'autre côté de la lune-terre

Erewhon

Face cachée
il faut lire *The*
*Great American Jackpot* [1]
de préférence en français
– c'est merveilleusement traduit.

JF

1. Roman de l'écrivain américain Herbert Gold, que Ferron vient de rencontrer, traduit en français par Elisabeth Deberdt-Malaquais sous le titre *Le boum à l'américaine* (Paris, Calman-Lévy, 1971, 311 p.).

Mon cher John,

C'est par la nuit que vous pourrez trouver une forme littéraire aux lieux de votre enfance et par la nature qu'y avait alors le sommeil, amenée [1] qui permet de s'imprégner par les sens dits ouverts (sans paupières) de ces lieux qui constituent une mémoire extérieure grâce à laquelle on retrouve son identité en ouvrant les yeux, le matin.

Après être sorti des eaux de la mère [ou mer ?], on prend pied sur le sol, on le conquiert et l'on s'y trouve en sûreté.

Puis, la nature du sommeil change. Dès l'adolescence, il se détache des lieux, se replonge dans l'érotisme des humeurs avec joie et complaisance — ou avec des précautions, des symboles, si l'on a eu une formation trop puritaine (c'est l'érotisme puritain menacé). D'ailleurs, qui n'a pas été puritain ?

Enfin, arrive l'âge souverain, l'âge de la vigilance où l'on ne dort guère, où l'on craint qu'un bruit de porte mal fermée ne fasse que l'enfant se mette à se cogner la tête contre les barreaux de son lit, que les humeurs juvéniles ne forment marasme ou marais — c'est un âge quand même difficile : il faut se détacher de soi et souvent le narcissisme vous en empêche ou tente de vous empêcher.

Je n'ai pas été fou [2], John. Avec au revers de mon veston une épinglette (bateau polonais, attente de Fortinbras), je faisais une adaptation de *Hamlet* qui me fût propice.

Jacques Ferron

27/01/76

* * *

1. Action d'amener l'eau ; dispositif permettant d'amener un fluide.

2. Grube vient d'apprendre que Ferron était au Montreal General Hospital lors de sa dernière visite au Québec. Dans une autre lettre, l'écrivain explique l'origine de cette épinglette avec laquelle il a « joué le fétichisme ». (Lettre du 10 février 1976, *Une amitié bien particulière,* p. 120)

2 février 1976

Mon cher Dr. Ferron,

Votre lettre du 27 janvier me donne et joie et peine. Peine, parce que je suis franchement jaloux de votre talent dans la vraie poésie — peu importe que cette poésie se dérobe en prose. Joie, parce que vous n'avez pas totalement abandonné l'écriture en couleurs, signe que vous ne déshonorez aucune partie de ce qui s'est passé.

On demande toujours aux étudiants de l'école secondaire de répondre à la question suivante : « Hamlet était-il authentiquement fou ou, au contraire, inventa-t-il cette prétendue folie pour se protéger contre la cour meurtrière de son oncle ? » Des centaines de milliers d'étudiants ont dû répondre à cette question capitale (« Was Hamlet mad or only pretending to be mad ? »). Mettons que Hamlet fut un jeune homme de qualité, d'intelligence et de bon cœur, que devait-il faire pour rallier le peuple contre la tyrannie de son oncle et de sa mère complaisante ? Une mère qui refusait à prendre au sérieux les discours politiques de son fils et interpréta tout comme attaque ou soutien personnel. Une mère qui encouragea ses amitiés peyrefittiennes avec Horatio faussait son amour grandissant pour Ophélia et qui, à la fin, le pousse à presque prendre la configuration psychologique d'Alceste. Les trois principaux caractères d'Euripide étaient Alceste, Admetus et Hercule, mais j'oublie le rôle d'Hercule — plutôt un Fortinbras, probablement le « *deus ex machina* ». Votre interprétation du rôle d'Alceste m'a toujours fasciné [1].

Le besoin du sommeil. Oui. Ma folie — et j'en reste fier par solidarité avec mes co-fous qui n'ont pas encore les couilles de sortir de derrière les verrous — m'a enseigné ceci : le sommeil protège l'instinctif. Chez ceux

1. Ferron publie un essai sur ce personnage, composé de quatre historiettes et intitulé « Le misanthrope », au début de *Du fond de mon arrière-cuisine* (Montréal, Éditions du Jour, 1973, p. 9-31).

qu'on appelle « pas fous », on découvre un tissu léger ou épais entre le sous-conscient et le conscient. Une fois ce tissu déchiré, il n'existe pas de distinction entre le conscient et le sous-conscient, et on devient comme un animal au point de vue sensoriel. On peut voir ou flairer avec une clarté remarquable, mais on s'effraie vite et on vit dans un monde d'archétypes. Peu à peu, et c'est tout ce qu'il faut, le tissu commence à renaître chaque fois qu'on dort et se réveille. Je priais pour que le sommeil vienne de soi. Le sommeil, guérisseur et naturel. Quand même, on regrette après l'exhilaration[1] de l'intégration totale qu'on sentait sans ce tissu.

Je persiste à rechercher les évènements d'Octobre 1970. Le procès du policier Samson recommence à mi-février et si vous avez quelques bribes d'information nouvelle, prière de me les envoyer!

En toute amitié,

John Grube

* * *

8 juillet, 1980

Mon cher Dr. Ferron,

Merci encore une fois de votre hospitalité, toujours accueillante et généreuse.

Je vous envoie l'article de John Stuart Mill avec lequel j'ai commencé notre correspondance, il y a dix ans. On fait une édition savante de toute son œuvre à l'Université de Toronto, sous la direction de John Robson, un ami de vieille date. J'ai même publié un morceau dans le *John Stuart Mill Newsletter* en 1968. Je le compte parmi mes aïeux intellectuels. Son père, James Mill, fut le secrétaire de Jeremy Bentham, fondateur du mouvement philosophique « utilitarisme », ce qui a tellement influencé le cours des idées du 19e siècle. Le roman de Dickens, *Hard Times,* était un pamphlet

1. Allégresse, ivresse.

contre cette philosophie du plaisir mathématique : « the greatest good of the greatest number ».

Par hasard, John Stuart Mill fut le parrain de Bertrand Russell, le grand mathématicien et philosophe athée, qui connaissait en passant — un peu comme Fréchette a connu Hugo — mon père George Grube. Donc, je suis de cette lignée qui arrive logiquement au CCFism. Mill était député à Westminster un certain temps et représentait un groupe de travailleurs. Il a démissionné pour continuer la lutte avec plus d'efficacité dans la presse et dans les coulisses. C'est ici que M. Angers et l'abbé Groulx étaient dans la bonne voie du « lobbying », et ils ont fait plus que n'importe quel député, y compris Henri Bourassa.

Entre parenthèses, je vous sais gré d'avoir ménagé ma simple et vulgaire curiosité à l'égard de la maison de M. Angers. C'est une bien bizarre maison somme toute.

Aussi voudrais-je savoir la compagnie ontarienne qui a fabriqué les chaises très confortables de la maison de la rue Oak— j'ai envie d'en acheter moi-même et c'est bien possible qu'un de nos diplômés ait fait le « design » parce que nous avons une « École du meuble » à l'intérieur de l'Ontario College of Art. C'est pourquoi je me permets la querelle de Turc à l'égard de Borduas.

Propagandiste invétéré, j'inclus avec la chose de Mill un peu de Minville [1]. Minville a commencé son étude de l'économique — dans les faits — à bord de la barque de son père, pêcheur gaspésien, puis il s'est présenté à la porte de l'abbé Groulx, et lui a dit : « Enseignez-moi la philosophie. » On a fait des erreurs en son nom sans doute, mais il a influé sur le cours de l'histoire économique du Québec. René Lévesque est un honnête homme, fils d'avocat gaspésien, qui a fait très correctement ses études. Malheureusement, il n'a pas connu la réalité charnelle d'un Minville. Honnête homme comme il l'est, René Lévesque a quand même dû dévaloriser Minville et ses œuvres

1. Esdras Minville (1896-1975), économiste et sociologue, directeur de l'École des Hautes Études commerciales de Montréal (1938-1962).

afin de faire croire à tout Québécois que la création du monde a commencé avec la grève des réalisateurs de Radio-Canada en 1958. Avant 1960, ce n'était que la Grande Noirceur. Après... Lesage s'engage, trois semaines avant les élections de 1960 après que les sondages privés lui ont révélé que les Québécois avaient un peu de sentiment national encore.

Minville n'a pas le style littéraire d'un Angers, ni la fougue. Il refusait toujours le titre d'économiste, même comme conférencier invité à Paris. Il savait ce que c'était d'être pêcheur. Je regrette de ne pas l'avoir connu.

Actuellement, l'École des Hautes Études Commerciales s'est échappée non seulement des mains des nationalistes, mais des mains des Québécois. Elle est pleine de Belges et de Français et de quelques Québécois inféodés aux idées d'un Milton Freedman [1]. L'américanisation du Québec, le grand pas en avant des années soixante— tout comme chez nous ou en Argentine— cela se fait partout d'une façon semblable— me rend triste.

Quand même on s'amuse. Je fais des meubles de mes propres mains !

En toute amitié,

John Grube

* * *

10 novembre 1980

Mon cher Dr. Ferron,

Merci beaucoup de votre dernière lettre et je vous prie d'accepter mes excuses pour ne pas avoir répondu plus tôt. D'abord, je viens de mettre à la poste la dernière tranche de mon étude sur la pensée d'Angers. Jean Genest [2] insistait depuis mai pour qu'un tel livre ait absolument un chapitre de

1. Milton Freedman (1912-2006), économiste américain, influent auprès des gouvernements conservateurs de R. Reagan et Mme Thatcher, entre autres.

2. Jean Genest, directeur de L'Action nationale de 1982 à 1986.

conclusion, qu'un bon nombre de lecteurs commencent avec le dernier chapitre d'un livre... donc, je l'ai écrit... enfin ! J'essaie, parmi d'autres choses, à montrer qu'Angers est un écrivain de taille en tant qu'essayiste, non seulement un chef officieux du nationalisme québécois (ou franco-québécois ou ce que voulez-vous ???).

J'ai eu le plaisir de dire bonjour à votre estimable sœur lors de son passage à Toronto le mois dernier [1], et elle m'a dit que vous recommencez à écrire les romans. Elle en était très heureuse ; moi aussi d'entendre la nouvelle. Surtout parce que vous écrivez, paraît-il, au sujet de la folie, sujet qui m'est resté très cher, ayant partagé pendant huit jours les mêmes expériences que les fous, bien que c'étaient mes adversaires politiques qui avaient arrangé mon enfermement. Je ne nierais jamais ma solidarité avec les fous. Ce qu'il leur faut, c'est du courage, de la prudence et du culot. Votre récit s'avère important parce que maintes études ont révélé que plus de quatre-vingt pour cent des cas où quelqu'un est enfermé dans un asile psychiatrique, c'est à cause d'un jeu de pouvoir familial *(family power play)* et non pas parce que quelqu'un est malade. Si la guerre est la continuation de la politique par d'autres moyens, l'enfermement dans un asile psychiatrique est également la continuation d'une bataille personnelle/familiale par d'autres moyens. On se sert du fait historique que pour évincer l'idée que les fous étaient tous possédés par le diable, c'était plus humanitaire de convaincre le public qu'ils étaient « malades ». Tout comme s'il s'agissait d'une maladie physique ! Plus tard, et surtout en Amérique, on s'est laissé aller avec ce jeu de mots (humanitaire, bien sûr) jusqu'au point de faire des recherches sur les origines supposément physiques de cette « maladie » qu'il était convenu d'appeler la folie ! L'Église, la femme, tout le reste dont vous parliez en font partie de cette folie. C'est un aspect des rapports de force. Je ne peux pas supporter Foucault, mais il se peut qu'il ait des idées intéressantes à ce sujet.

1. La peintre Marcelle Ferron (1924-2001) a présenté une exposition individuelle à la Galerie Moos, à Toronto, à l'automne 1980.

Rendre justice à Lord Durham [1]. Mon Dieu! C'est comme votre morceau qui rendait justice à Pierre Laporte, écrivain, et non seulement au journaliste qui avait écrit *Le vrai visage de Duplessis* [2]. Angers l'avait persuadé d'assumer la direction de L'Action nationale et, selon lui, il a essayé en vain de le dissuader de se lancer en politique partisane. Oui, Durham vous a permis, à rebours, de vous constituer en nation.

J'aurais dû en faire mention quand je discutais de la pensée nationale.

Amitiés,

John Grube

* * *

7 décembre 1980

Mon cher docteur Ferron,

Votre lettre récente m'a beaucoup plu. Un des services que peut rendre un ami, c'est d'écouter ses plaintes sans les prendre trop au sérieux. J'étais furieux quant aux changements que voulait faire le père Genest dans ma conclusion — je me suis laissé aller à exprimer ma mauvaise humeur. Depuis, je lui ai donné deux ou trois coups de téléphone pour le rassurer. En plus, je lui ai suggéré un plan de mise en marché très détaillé : puisque M. Angers est connu surtout dans les mondes de la coopération, du nationalisme et des anciens de l'École des Hautes Études Commerciales, on pourrait envoyer un exemplaire du livre aux petites revues dans ces champs d'activités, y insérant une annonce avec bon de commande et ainsi atteindre le marché spécialisé des acheteurs qui ont serré la main à M. Angers et ils

1. Dans sa lettre précédente, inédite, datée du 17 octobre, Ferron annonce à Grube que *L'information médicale et paramédicale* cessera de paraître. Il lui envoie, « comme un *In memoriam* », [s]a dernière historiette sur ce "Radical Jack", tout honni par les miens et que j'ai toujours aimé ».

2. Fondé sur son expérience d'une quinzaine d'années comme journaliste, Laporte a publié cet essai aux Éditions de l'Homme en 1960.

achèteraient le volume (« Voyez... le volume sur Angers... je l'ai rencontré une fois à un meeting... oui, nous avons causé ensemble un bon bout de temps... c'était en 1969, la campagne contre le bill 63... non, je n'ai pas encore lu le livre... Angers, quel lutteur ! ») J'ai déconseillé à Genest de gaspiller les fonds en insérant des annonces de prestige dans *Le Devoir.* Il espère lancer le livre au mois de mars si tout va bien à l'imprimerie. J'espère que vous deux me ferez l'honneur de faire partie de la compagnie.

Son respect pour l'Université de Toronto et pour nos institutions assez médiocres frise l'absurde, vous l'avez deviné. Votre analyse de la situation a du bon sens, mais il faut travailler là où les obsessions nous mènent et, pour moi, c'était rien de moins que de connaître M. Angers. Je me suis rendu compte qu'il y a des aspects de son caractère qui me resteront toujours entièrement étrangers : sa religion, par exemple, quelque peu mystique. À une certaine époque, il parlait de ce qu'a dit la Vierge de Fatima. Angers a dû « aller au bout de ses convictions », c'est son démon qui le pousse. Mon livre sera très peu apprécié par les miens. Quand même, j'espère que j'aurai évité l'écueil de prétendre être devenu en aucun sens Québécois. Angers ne se laisse pas juger par moi, ni par aucune autre personne... Il sort à peine de son antre avec quelques détails sur La Patente[1] depuis les années vingt. L'histoire secrète de la résistance canadienne-française depuis 45 ans... il ne la révèle pas encore.

Jeudi dernier, mes anciens étudiants et moi, nous avons donné une soirée de *performance art.* J'étais un peu inquiet. La poésie que j'écris ne se prête pas à la lecture à haute voix. Donc, j'ai composé trois chansons à la mode « disco/punk » pour épater l'auditoire, la majorité me connaissant comme professeur très comme il faut. C'était pas mal comme blague, je prétendais devenir la première rock star de 50 ans !

Vous avez parfaitement raison de dire « N'allez pas vous faire plongeur dans un restaurant ou dans un hôpital pour cela. Ce serait le comble, mon

1. Nom populaire de l'Ordre de Jacques-Cartier (1926-1965), organisation plus ou moins clandestine, dévouée à la promotion des intérêts des Canadiens français.

cher John, voler un emploi de misère à un pauvre gueux qui, lui, en a besoin [1] ». Je n'y avais jamais pensé. C'est souvent les gais qui y sont réduits, et non pas ceux qui ont opté pour une déclaration publique quelconque. Comme n'importe quel groupe minoritaire, nous avons ce problème du stéréotype « introjecté » qui domine parfois notre propre comportement et notre estime de nous-mêmes. Pour la majorité des nôtres, c'est assez destructeur et ils finissent mal au point de vue économique. Nous sommes au même point qu'à l'époque où un docteur W. H. Drummond pouvait imposer ses vues non seulement chez les anglophones, mais chez les francophones en partie [2].

Et c'était un médecin. Les médecins ont toujours eu une petite tendance vers la mesquinerie dans ces choses-là ; je ne sais pas pourquoi. L'amour entre les personnes du même sexe, vous dites, « ne rime à rien, ne donne rien, n'engendre rien ; c'est une façon d'être qui peut avoir ses charmes, mais qui est sans conséquence ». Je n'ai aucune intention de devenir le F.-X. Garneau et faire mentir un nouveau Radical Jack [3], comme je n'ai aucune intention de devenir un plongeur de restaurant. Mais, n'est-ce pas suivre d'un peu trop près la doctrine de l'Église romaine ? Et le Saint Sébastien ne nous dit rien malheureusement parce que nous n'avons pas même un résidu d'adoration pour les saints... qui n'existent pas dans le protestantisme pour ainsi dire. Nous avons eu de véritables martyrs sous Hitler (un demi-million) comme ont eu les tsiganes et les juifs. Et on nous dit sans histoire et sans littérature ! Ces hommes et ces femmes n'étaient pas des saints mais des humains très humains. Par ailleurs, votre Église romaine n'a pas toujours soutenu la même thèse *nihil ex nihilo fit.* Il y a eu des variations, même doctrinales.

1. Dans sa dernière lettre, datée du 24 novembre, Ferron écrivait : « Votre théorie [l'homosexualité] ne rime à rien, ne donne rien. » Il prévenait Grube de ne pas se faire plongeur pour « cela ». (*Une amitié bien particulière,* p. 162-163)

2. William Henry Drummond (1854-1907), médecin et écrivain, reconnu pour les nombreuses expressions québécoises qu'il insérait dans ses poèmes.

3. La légende veut que François-Xavier Garneau ait écrit sa célèbre *Histoire du Canada* pour « répondre » à Durham.

Ce qui est embêtant c'est que, même si j'avoue aux autres que je suis gai, ils l'oublient assez vite. Même les gais ne sont pas toujours très accueillants... Il y a un an et demi, j'ai fait des démarches à l'égard du journal de notre communauté gaie, *The Body Politic* [1], qu'on traîne devant les tribunaux. Je le croyais de mon devoir. J'ai réussi à forcer le solliciteur-général de la Province, celui qui a lancé les poursuites, a offrir un *deal,* un marchandage aux inculpés : plaider coupables de presque rien et accepter une amende légère pour la concession de laisser tomber le reste. Les inculpés ne me savaient gré ! Ils ont dit des choses comme « Êtes-vous vraiment gai, si vous connaissez personnellement notre ennemi ? », etc. Ils ont tout rejeté, ingrats et entêtés. J'exagère un peu bien sûr, et maintenant j'ai des relations très cordiales avec les leaders du mouvement gai ici, mais, au commencement, ils étaient très méfiants.

Je dois laisser la politique !

En toute amitié,

John

* * *

20 juin, 1982

Mon cher docteur Ferron,

D'abord deux découpures qui vous feront plaisir : l'art de Paterson Ewen [2], votre ami, commence à se faire connaître sur le plan international. Avec le plaisir de regarder ses toiles, vous pouvez aussi vous féliciter d'avoir

1. *The Body Politic* (1971-1987), périodique gai influent dans la lutte pour la reconnaissance des droits des homosexuels ; objet de multiples poursuites, de procès et d'accusations de « pornographie ».

2. Paterson Ewen (1925-2002), peintre que Ferron connut assez bien et dont il possédait quelques œuvres.

fait un bon placement ! On vous arrachera ces toiles un de ces jours pour une exposition rétrospective à Ottawa, je m'imagine.

Vous n'avez pas aimé les deux poèmes dans mon petit livre qui traitaient de façon ouverte et honnête de la vie gaie ainsi qu'on la vit. Peut-être que vous plairont mieux ces deux gravures sur bois. L'une d'elles s'inspire d'un poème paru dans le petit livre, poème impeccablement chrétien ! Je commence à faire de la gravure sur bois, où on doit graver le tout à « rebours » et c'est pourquoi le poème n'est pas facile à lire. L'autre représente l'aspect institutionnel du phénomène chrétien.

L'Église romaine, telle qu'on la connaît actuellement, et depuis plusieurs siècles, est l'Église nationale des Latins, et de leurs dépendances coloniales, telle l'Amérique latine, et de leurs convertis, tels les Irlandais et les Polonais. C'est la religion nationale d'un peuple coincé entre les grands empires protestants (politiques et économiques) d'un côté et de l'autre côté du pouvoir musulman. Comme chez tout peuple qui se sent menacé dans son identité et dans le nombre de ses membres, il en résulte une doctrine qui prescrit que la seule sexualité légitime est celle qui mène à la procréation. La sexualité-plaisir, même entre homme et femme mariés, devient un péché mortel. D'où le préjugé défavorable envers l'homosexualité dans le milieu de votre enfance.

Les préjugés traditionnels peuvent montrer un aspect différent selon la culture. Par exemple, chez nous, les anglophones protestants du pays, l'antisémitisme existe bel et bien, mais il se manifeste dans une sorte de jalousie économique. J'ai noté que l'antisémitisme de Windsor, Ontario, une ville foncièrement catholique et anciennement canadienne-française, montrait un aspect religieux (« Ce sont les Juifs qui ont tué Jésus ») entièrement absent du milieu protestant. Les préjugés contre les pratiques homosexuelles varient de groupe en groupe également.

Même si dans la langue grecque de l'Antiquité le mot « théorie » pouvait ne pas signifier « bouc émissaire », je suis heureux d'apprendre que le mot peut revêtir cette signification en français. Heureux aussi d'apprendre que vous vous servez du mot « théorie », non pas comme terme péjoratif simple, mais dans sa signification de « formulation d'idée générale ou d'hypothèse d'après l'observation des faits concrets ».

On a fait des théories de l'amour au moins depuis les dialogues célèbres de Platon. Les lire donne encore du plaisir, le plaisir de la poésie. Par contre, les théories de l'amour de Platon à Freud ou Lacan n'aident pas beaucoup dans les luttes de libération strictement politiques. La lutte de libération gaie n'a que des buts assez restreints : que les gais et les lesbiennes aient les mêmes droits civils que leurs concitoyens ; opérer un changement dans l'opinion générale telle qu'on ne les méprise plus. Les changements que les précurseurs ont obtenus furent gagnés de haute lutte et par de grands sacrifices personnels. Vous écrivez : « Est-il possible de légiférer sur l'amour ? Pas que je sache... le noyau incandescent et absolument personnel échappe aux lois [1]. » Heureusement qu'il ne s'agit pas de légiférer sur l'amour, mais de changer certains alinéas du Code criminel, une tâche beaucoup plus circonscrite et précise, et de générer une compréhension dans le public, chose qui ne peut pas se faire par la législation.

Seule la poésie, la peinture et les arts en général, parce qu'ils sont d'accessibilité générale, peuvent aider la bonne cause dans ce cas. Et la franchise personnelle.

Je n'ai aucune intention de devenir victime, mais au contraire de gagner des batailles ! Je le préfère. À l'université de Windsor, on a réussi à faire réintégrer ce pauvre professeur Kelly contre tout l'ordre établi ecclésial et laïque. C'était une belle petite victoire, même si elle m'a valu huit jours dans l'aile psychiatrique d'un hôpital. Je savais que la détention n'était pas légitime et que je n'étais pas fou, et qu'on le faisait comme tactique. Bien que furieux de cet essai pour discréditer la cause (« John est fou, voyez-vous ; donc, ses idées doivent l'être également »), avec la réintégration du professeur Kelly, on était « *victor* » au lieu de « victime ».

Le gouvernement de Bill Davis a fait l'erreur d'arrêter des centaines de bourgeois dans les descentes policières contre les gais. Chaque bourgeois gai

1. Lettre du 12 juin 1982, *Une amitié bien particulière*, p. 187.

a des parents, des cousins. Tout le monde est apparenté à un homosexuel, avoué ou non. La solidarité familiale commence à se manifester ici et là. Cette politique de Davis, qui visait à détourner l'opinion publique de l'économie chancelante vers les méfaits des gais, lui vaut déjà beaucoup d'ennemis dans la parenté des gais. Les familles bourgeoises n'ont pas l'habitude de se laisser attaquer impunément... comme les familles paysannes. Davis vient de perdre un siège dans une élection partielle. On ne milite pas pour un fantôme tel le « changement d'âme », mais pour de tels résultats : ce qui mène aux changements du Code civil. Assez ! La théorie de la sexualité reste à faire... de l'observation minutieuse des faits concrets et non pas de la spéculation pure.

Hommages à Madame et aux jeunes Ferron,

John Grube

## A SPECIAL KIND OF FRIENDSHIP

JOHN D. GRUBE

Becoming a close personal friend of Jacques Ferron – which he was kind enough to mention in my case – wasn't easy. I was shocked by the suspension of civil rights under the War Measures Act in October, 1970, the mass arrest of well-known French Canadians who obviously had nothing to do with the alleged apprehended insurrection, and the bad law being used to jail the supposed kidnappers and murderers of Pierre Laporte.

On April 16, 1971, while the War Measures Act (but called the Public Order Act) was still in force, Jacques Ferron published a remarkable letter in *Le Devoir* entitled "La sédition au pouvoir." He suggested that the whole history of Quebec nationalist violence from 1963 up to then was a *"conspiration"* concocted by Ottawa to scare hell out of the average French Canadian, to keep the natives in their place.

Having grown up in a democratic socialist household, one where discussions of RCMP or employer infiltration of unions was commonplace around the kitchen table, I thought Ferron's thesis sounded credible. So I wrote him a personal letter of support (in English) to which he replied immediately (in French) claiming to be a unilingual francophone. He suggested I look him up in Montreal some time. A memorable Quebec art show was in the offing, and I figured he would have to be there since his sister, Marcelle, had been a key member of Borduas' *Refus global* group in the 1940s. *"Le tout Montréal"* was indeed present, and I simply went up to Ferron and introduced myself. We chatted a bit, then he introduced me around. Suddenly there was a dreadful noise, like a gunshot. Everyone went down on the floor, assuming it was a terrorist attack, violence, political violence, was now so common in Montreal. Then everyone got up, dusted themselves off, and continued sophisticated discussions on art. It was a fun evening and Ferron insisted I come back, and I did, often.

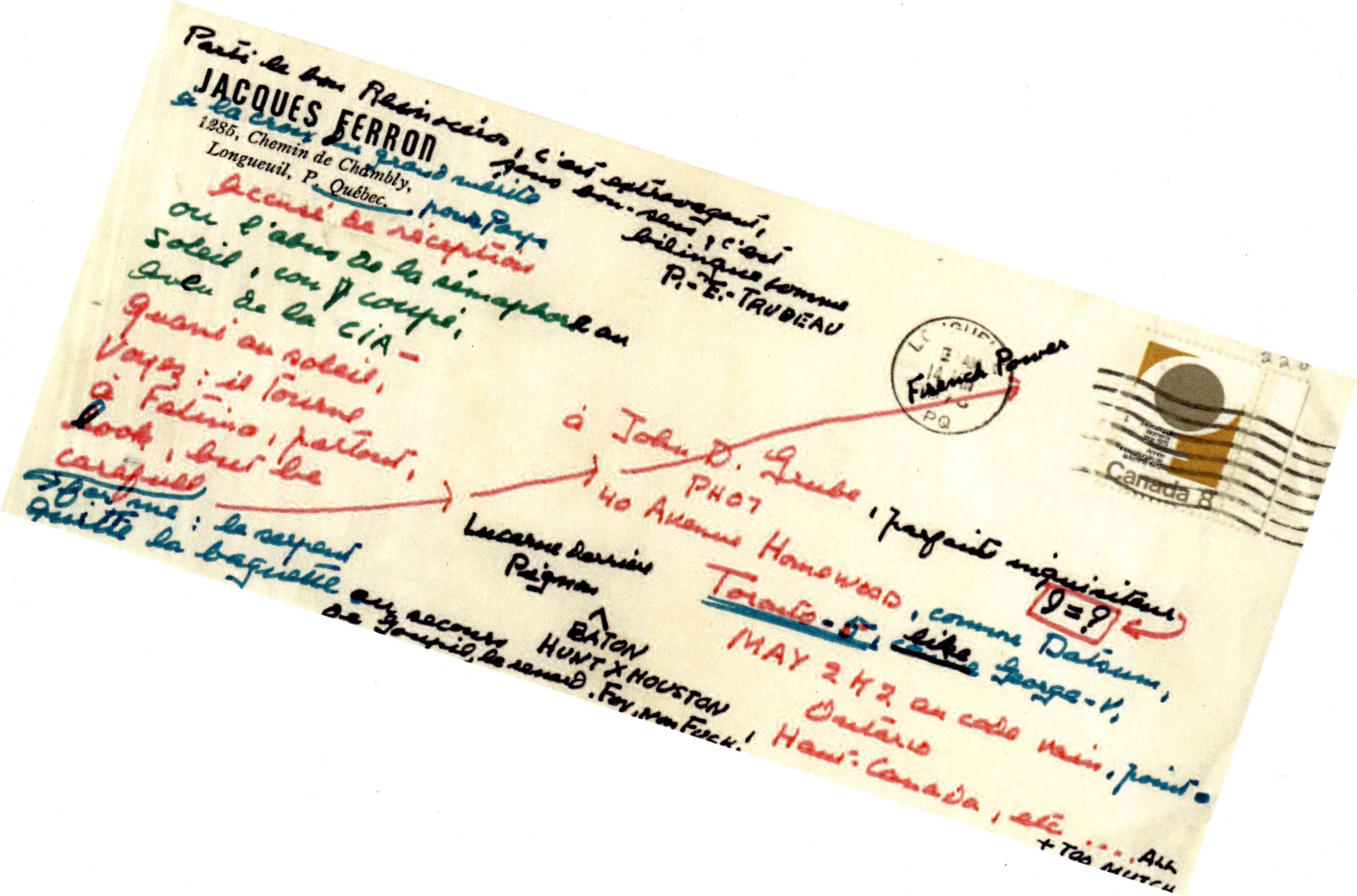
JACQUES FERRON
1285, Chemin de Chambly,
Longueuil, P. Québec.
P.-E.-TRUDEAU
French Power
PQ
Canada 8
à John D. Grube
PHOT
40 Avenue Homewood
Toronto-5
Ontario
MAY 2K2
Lucarne derrière
Pagnon
BATON
HUNT X HOUSTON
de la CIA -
+ TOO MUTCH

Given Quebec's history, it's natural Quebeckers should be suspicious of people like me. Whom did I represent? Who was I? By this time I had a little mental list of these questions and how to deal with them. No, I do not work for the RCMP. Yes, I am an open homosexual, quite often working for gay liberation by taking part in street demonstrations. Gradually one learned to detect undercover policemen.

We always met in Ferron's *cabinet de médecin* early on Sunday mornings. He had a streak of the court jester, the *fou du roi,* and because of this one let him get away with anything. It was probably because of his sense of humour, his public, rhinoceros role that the authorities didn't dare touch him during the October, 1970 round-up of suspects. He would have been quite capable of founding a new branch of the Rhinoceros party in jail! What linked the two of us most was that we both wanted to unearth what really went on in October, 1970, and that we were both familiar with the technique of undermining any protest movement by infiltrating agents.

Our conversations over lunch across the street from his office in a Chinese restaurant were always memorable as he ranged through history, ancient and modern, literature, politics and a wide variety of other topics. I usually ended the day absolutely exhausted. But there was something compelling and shamanistic in this aspect of Ferron. On one occasion I felt he was turning me – temporarily – into *un gars de la rive sud.* I understood for the first time the influence he had on Vallières, the Rose brothers and the rest, and how he became in a sense the godfather of the FLQ. Had I been a generation younger, and French Canadian, I would very likely have followed him to the end.

He realized, of course, that the survival of French Canada depended on how they saw themselves. Take Catholicism, for example. He always underlined the importance of the Catholic Church in the survival of the Irish people, the French Canadians and the Poles. This was not about attending mass so much as using the Church as the only surviving institution around which one could build and preserve an identity. He understood that nationalists of the Lionel Groulx persuasion had to emphasize

New France because it was Catholic. Around 1960, Ferron began to challenge in his writing the idea that *la langue* can be *gardienne de la foi, la foi guardienne de la langue,* because after all the R.C. Church by definition is an international not a national organization. What Ferron felt he had to undertake at this point was to change *l'imaginaire* of French Canadians, change the picture they gave to others and internalized within themselves of fur traders in their canoes, or habitants with their pots of pea soup.

Here's an example some of you may not know from an Anglo-Québecois writer Ferron alludes to quite often, a fellow doctor, Dr. W. H. Drummond. We were given it to study at Jarvis Collegiate right here in Toronto in 1943, and no doubt it helped form our image of French Canadians:

**Leetle Bateese**

Off on de fiel' you foller de plough
Den w'en you're tire you scare de cow
Sickin' de dog till dey jomp de wall
So de milk ain't good for not'ing at all —
An' you only five an' a half dis fall,
Leetle Bateese!

Too sleepy for sayin' de prayer to-night?
Never min' I suppose it'll be all right
Say dem to-morrow – ah! dere he go!
Fas' asleep in a minute or so –
An' he'll stay lak dat till de rooster crow,
Leetle Bateese!

Den wake us up right away toute suite
Looking' for somet'ing more to eat,
Makin' me t'ink of dem long leg crane
Soon as dey swaller, dey start again,
I wonder your stomach don't get no pain,
Leetle Bateese!

Jus' feel de muscle along hees back,
Won't geev' heem much bodder for carry pack
On de long portage, any size canoe,
Dere's not many t'ing dat boy won't do
For he's got double-joint on hees body too,
Leetle Bateese!

But leetle Bateese! Please don't forget
We rader you're stayin' de small boy yet,
So chase de chicken and mak' dem scare
An do w'at you lak wit your old gran'pere
For w'en you're beeg feller he won't be dere –
Leetle Bateese!

Not only poems but also paintings of the period, both in France and Quebec, are full of these idealizations of the peasant lad. They were almost never depicted as militant, and this is what Ferron realized he had to change. After some memorable conflicts with Groulx and his disciples, Quebec nationalist writing and art began to put the insurgents of 1837 in the foreground: Chénier, de Lorimier, and the rest. Many of us will remember the insurgent of 1837 with his tuque, the symbol of the FLQ. From the Ottawa standpoint it was important to demonize the members of the FLQ, not to speak of the insurgents of 1837. They were kidnappers. They were killers. Of course, *l'imaginaire* is made up of what is imaginary, of stereotypes, whether it be stereotypes of peasant lads or of nationalist insurgents wearing tuques.

I didn't believe a word of all this Ottawa spin and neither did Ferron. According to Ottawa, the FLQ lot strangled Laporte with his religious medal as he tried to escape, and the FLQ basically agreed that the FLQ killed Laporte, or that he was killed "in the presence of the FLQ." Ferron persuaded the late Pierre Vallières to join the attempts to bring the truth to light, but even he, a former FLQ member himself, found all evidence led away from the hypothesis that the FLQ killed Laporte. Of course Ottawa had infiltrated agents into the scene as had Washington, which made the facts more difficult to dissentangle. Jim Bennett, a senior Canadian intelligence officer, first revealed in an interview with the *Toronto Star* that the US had massed tanks at the border, prepared to "restore order" if necessary, and that Canada massed troops to counter this. But order was restored without conflict and the country returned to normal.

In trying to relate Ferron to the October, 1970, crisis, it's important to realize that he had a long historical perspective; that a powerful change in how an oppressed people sees itself, and how others see it, is crucial to changing *l'imaginaire;* that this can basically only happen through cultural means such as writing, painting, pop music and the like; and that with all these, immense perseverance in the struggle is essential.

There is no smoking gun proof that what he thought happened in October, 1970, in Quebec, really happened. However, efforts of French Canadians to free themselves have often been marked by violence, not only in 1837, but during the Fenian raids, the conscription attempts in both World Wars, and in a sense during the struggle with Riel and his followers. The shock of the October, 1970, crisis gave Ferron the man a certain authority and grandeur that no one can ever take away. He has become more than a writer. Perhaps he is on the way to becoming an historical figure.

# LE MONCTON DE JACQUES FERRON : DE LA REPRÉSENTATION DE LA VILLE AU MYTHE LITTÉRAIRE [1]

JEAN MORENCY

La perception d'une ville ne prend ses pleines dimensions que du moment où cette ville, loin d'être uniquement *décrite* dans les textes, se trouve aussi *écrite* par les écrivains. À cet égard, le destin littéraire de Moncton s'avère assez particulier puisque le Moncton moderne, si bien exprimé, par exemple, dans l'œuvre littéraire du regretté Gérald Leblanc, a d'abord été exprimé sur un mode dysphorique, du moins en apparence, par l'écrivain québécois Jacques Ferron. On sait que dans la cartographie imaginaire de Ferron, l'Acadie et Moncton en particulier occupent une position importante, voire stratégique. L'auteur de *L'amélanchier* n'a jamais beaucoup voyagé à l'extérieur du Québec, sinon au début de sa carrière de médecin, quand il lui a été donné de parcourir le Canada en entier ou presque, de la Colombie-Britannique aux provinces Maritimes. Mise à part cette odyssée pancanadienne, qui l'a sans doute conforté dans ses idées indépendantistes, Ferron n'a quitté le Québec qu'à quelques rares occasions, notamment pour se rendre dans la péninsule acadienne en juillet 1968 et à Varsovie en octobre 1973. Il est néanmoins venu trois fois à Moncton, d'abord à titre de chroniqueur pour *L'information médicale et paramédicale,* dans le cadre de la vingt-neuvième conférence nationale sur l'arriération mentale, tenue en septembre 1966, puis en 1972 et en 1974, à l'invitation du regretté Pierre L'Hérault, alors professeur au Département d'études françaises de l'Université de Moncton.

1. Version française et quelque peu remaniée de la communication intitulée « Jacques Ferron's Moncton: A City's Transition from Description to Literary Myth », présentée à la Faculté de médecine de l'Université Dalhousie en avril 2006, et publiée par la suite dans une traduction anglaise de Jo Anne Elder, dans *Dalhousie Medical Journal,* vol. XXXIV, n° 2, aut. 2006, numéro intitulé *Celebrating the Physician Writer: Texts from the Jacques Ferron Symposium, April 25, 2006,* s. la dir. de Betty Bednarski et Derek Roberts, p. 62-66.

*L'Acadie de Jacques Ferron* (carte dressée par Luc Gauvreau et Irène Ellenberger pour l'exposition de l'Université Dalhousi

C'est donc dire que Moncton occupe une position tout à fait particulière dans la cartographie imaginaire de Ferron, et surtout dans ce qui constitue sa géographie urbaine intime. Dans le texte qui suit, j'aimerais montrer que même si, pour cet écrivain, l'image de Moncton semble symboliser une forme d'impossible urbain, une sorte de point de non-retour pour la communauté acadienne, cette image n'en devient pas moins une dimension incontournable de la réalité acadienne, ne serait-ce que parce qu'en écrivant sur Moncton, Ferron a promu du même coup cette ville à une existence symbolique et qu'en ce sens, il a contribué, à sa manière, à situer l'image de la ville à l'avant-plan de l'écriture contemporaine en Acadie. Dans un deuxième temps, j'aimerais confronter le Moncton de Jacques Ferron avec celui de son héritier littéraire Victor-Lévy Beaulieu, tel qu'il se profile dans son essai biographique intitulé *Docteur Ferron*[1].

## 1. Le Moncton de Jacques Ferron

Plusieurs textes de Jacques Ferron font écho au voyage qu'il a fait à Moncton en 1966. Il convient naturellement de mentionner la série de reportages qu'il a publiée dans *L'information médicale et paramédicale* du 18 octobre 1966 au 15 août 1967 (reprise plus tard dans le livre *Le contentieux de l'Acadie*[2]), où l'on trouve exprimé l'essentiel de ses impressions de voyage et de sa vision de Moncton. Jacques Ferron s'est inspiré directement de ces textes pour la rédaction de son roman *Les roses sauvages,* publié en 1971[3], ainsi que pour deux reportages qui ont été publiés dans le magazine

1. Victor-Lévy Beaulieu, *Docteur Ferron : pèlerinage* (Montréal, Éditions internationales Alain Stanké, 1991). Pour les références subséquentes à cet ouvrage, l'abréviation *Docteur* sera utilisée.

2. Jacques Ferron, « Le contentieux de l'Acadie », dans *Le contentieux de l'Acadie,* édition préparée par Pierre Cantin, Marie Ferron et Paul Lewis, avec la collaboration de Pierre L'Hérault (Montréal, VLB éditeur, 1991), p. 31-107. Pour les références subséquentes à ce livre, l'abréviation *Le contentieux* sera utilisée.

3. Jacques Ferron, *Les roses sauvages* (Montréal, Éditions du Jour, 1971). Pour les références subséquentes à cet ouvrage, l'abréviation *Les roses* sera utilisée.

*Maclean*, en juillet et août 1972 [1]. C'est donc dire que pendant six ans, Ferron a tenu Moncton dans sa ligne de mire, ce qui en soi peut sembler symptomatique de l'importance qu'il accordait à cette petite ville excentrée.

D'entrée de jeu, le Moncton de Jacques Ferron est perçu et mis en scène de façon négative, comme une réalité bizarre et incongrue qui n'existe qu'en creux. Pastichant l'expression « Comment peut-on être persan ? » popularisée par Montesquieu dans les *Lettres persanes,* Ferron se pose la question suivante : « Comment peut-on aller à Moncton ? » (*Le contentieux,* p. 33). Selon lui, la chose ne semble pas du tout aller de soi. Il se pose même une autre question, encore plus essentielle que la précédente : « Peut-on aller à Moncton ? » (*Le contentieux,* p. 33). Il va même jusqu'à poser cette question à une Acadienne de sa connaissance, originaire de Bouctouche (s'agirait-il d'Antonine Maillet ?), qui lui répond : « À Moncton ! Pourquoi à Moncton ? Il y a bien peu à Moncton. À part la côte Magnétique et la mer Rouge, il n'y a même rien du tout » (*Le contentieux,* p. 33).

Cette vision négative de Moncton se trouve aussi suggérée par le fait que cette ville a été choisie pour la tenue d'un congrès sur le problème de l'arriération mentale, un événement qui semble « d'une assez sombre fatalité » (*Le contentieux,* p. 34) aux yeux de notre Acadienne de Bouctouche. Cette dernière se montre également préoccupée par le phénomène de l'assimilation, caractéristique selon elle de la situation de Moncton. Quand Ferron lui demande : « Il doit bien y avoir des Acadiens à Moncton ? » (*Le contentieux,* p. 34), elle lui répond : « Oui, mais comme qui dirait des Acadiens anglais, un peu comme par ici vous avez vos Canadiens anglais » (*Le contentieux,* p. 34). Cette assimilation n'est pas seulement linguistique, elle est aussi culturelle, en ceci qu'elle touche au mode de vie et de pensée des Acadiens du sud-est du Nouveau-Brunswick qui, au terme d'un long

1. Jacques Ferron, « L'Acadie de Jacques Ferron – première partie : Quoi ! Vous les laissez s'instruire ? », *Le Maclean,* vol. XII, n° 7, juill. 1972, p. 24-25, 32-33. « L'Acadie de Jacques Ferron – deuxième partie : Et les Chiacs ? Les Chiacs n'y étaient pas » *Le Maclean,* vol. XII, n° 8, août 1972, p. 18-19, 31-33. Repris dans *Le contentieux,* p. 123-146.

processus de mimétisme et d'intériorisation, auraient intégré les valeurs de la majorité anglophone de la province.

Ville associée d'emblée à l'arriération mentale et à l'« anglification », pour reprendre une expression de l'écrivain, voire au néant pur et simple, le Moncton de Ferron a déjà contre lui un assez lourd handicap, avant même que d'être parcouru par le visiteur. Le regard que l'écrivain pose sur l'histoire de Moncton n'arrange d'ailleurs pas les choses. Si, comme l'écrit Italo Calvino, « les villes ne sont rien d'autre que la forme du temps », Moncton se présente essentiellement comme la résultante d'une histoire tragique qui prend naissance avec la destruction des établissements acadiens situés sur les berges de la rivière Petitcodiac sous la gouverne du colonel Robert Monckton en 1758. Ferron écrit à ce sujet:

> Puisque je me suis rendu à Moncton pour un congrès de l'arriération, j'aborderai cette cité par l'arrière, c'est-à-dire par le passé. Rien ne donnera meilleure idée de son aire géographique que le compte rendu de l'expédition à la rivière Petitcodiac rédigé par le commandant de l'infanterie et de la cavalerie légères, George Scott, le 19 novembre 1758, à l'intention du général Monckton (*Le contentieux,* p. 38).

C'est donc sous cet angle dépréciatif que Ferron va imaginer la ville de Moncton, qui se présente bientôt à lui avec son cortège de personnages pour le moins antipathiques, comme ce Mister Art Cumming, un des notables de la ville venu le chercher à l'aéroport pour le conduire au Brunswick Hotel, ou encore ce Mister A. W. LeBlanc, le préposé à la réception de l'hôtel en question (comme il se doit, Mister A. W. LeBlanc semble assimilé à la langue et à la culture anglaises depuis belle lurette). Ferron ne se montrera guère plus tendre à l'endroit de certains Acadiens de Moncton, notamment envers le docteur Babineau, le chef du personnel de l'Hôtel-Dieu, avec qui il ne manque pas d'avoir une prise de bec et dont il suggère à mots couverts la profonde aliénation. Dans son septième reportage, intitulé « Enfin, les arriérés ! », qui relate sa première rencontre avec les Chiacs de Moncton, il va même jusqu'à écrire ces lignes qui se passent de commentaires :

> Les Acadiens sont doux et tenaces ; ils ne revendiquent rien, ils attendent ; l'infériorité leur semble encore naturelle et de la sorte ne les afflige pas ; ils restent enjoués et polis. Ce ne sont pas des frères, mais des cousins attardés que nous pouvons rejoindre par le passé : il y a une cinquantaine d'années, nous étions des manières d'Acadiens et eux, ils n'étaient rien (*Le contentieux*, p. 58).

En dépit de ses critiques parfois cinglantes et de ses moqueries souvent grinçantes à l'endroit de Moncton et de certains Acadiens, et tout particulièrement à l'endroit des Chiacs de Moncton, qu'il décrit comme des citoyens qui cachent leur identité et qui se servent du français comme d'un argot (*Le contentieux,* p. 102), Ferron contribue néanmoins à faire de Moncton un lieu dynamique et parcouru de tensions. Par exemple, en passant près du campus universitaire, il s'exclame ironiquement, devant le fameux Mister Cumming, en parlant des Acadiens : « Quoi ? vous les laissez s'instruire ! [...] À quoi avez-vous pensé ? Vous allez avoir un *hard time,* tantôt » (*Le contentieux,* p. 51). À ce propos, Ferron semble frappé par le gouffre profond qui sépare Moncton, une ville qui lui semble engluée dans une immobilité mortifère, et le campus universitaire, dont l'atmosphère en ébullition lui rappelle celle des universités du Québec :

> Le Hall's Creek n'est qu'un tout petit ruisseau. Et pourtant c'est le plus formidable abîme que j'ai franchi [...]. Un abîme entre deux populations acadiennes, celle de Moncton, dont les deux Chiacs accoudés au comptoir-lunch vous donnent une juste idée, et la population étudiante qui ne m'a pas semblé différente de celle qu'on rencontre à Laval ou à Montréal (*Le contentieux,* p. 103).

Malgré tout, il convient de mentionner que Ferron est littéralement fasciné par Moncton, non pas tant par le Moncton chiac ou acadien, mais par le vieux Moncton, celui des grandes maisons de bois victoriennes, qui évoquent pour lui l'univers feutré des petites villes de Nouvelle-Angleterre. Dans *Les roses sauvages,* publié en 1971, Ferron consacrera ainsi de très belles pages aux déambulations de ses personnages dans les rues de Moncton :

> En attendant ils ne se lassaient pas de vagabonder dans le vieux Moncton, une ville où pourtant, sur semaine, on ne voit jamais passer d'amoureux, soit qu'ils restent chez eux, soit qu'ils se véhiculent en auto, soit qu'ils se rendent dans de nombreux clubs privés. Les trottoirs ne servent qu'à des passants furtifs, pressés d'arriver où ils vont. C'est là le mystère du vieux Moncton qui tire sa beauté, d'autre part, de ses maisons de bois à nombreux pignons, toutes peintes en brun ou en jaune (*Les roses,* p. 50).

Le personnage de Baron, alter ego de Ferron, est fasciné par ces « grandes maisons de bois à pignons, austères et orgueilleuses » (*Les roses,* p. 61), de même que par les toponymes des rues « Lutz, Mechanic, Pearl, Streadman *[sic],* Orange Lane, Botsford, Alma, Archibald, Bonaccord », « des noms qui étonnaient et charmaient le Montréalais [...] » (*Les roses,* p. 53).

Ce vagabondage dans l'espace de la ville Moncton, qui évoque la figure du flâneur dans la ville, chère à Walter Benjamin, me semble préfigurer déjà l'écriture d'un poète comme Gérald Leblanc (qu'on pense par exemple au texte que ce dernier a rédigé pour la chanson « Rue Dufferin »). Certes, comme je l'ai montré plus haut, il serait faux de croire que Jacques Ferron est un inconditionnel de Moncton, mais toujours est-il qu'en écrivant la ville et surtout en la décrivant du point de vue mobile du piéton, du promeneur, du flâneur, il contribue à lui conférer une existence symbolique dont l'importance ne fera que s'accroître au fil des années. On oublie en effet trop souvent que Ferron a été un des premiers écrivains à jeter un regard proprement littéraire sur Moncton. Ceci est d'autant plus vrai que dans *Les roses sauvages,* Ferron suggère une parenté directe entre les maisons à pignons de Moncton et *La maison aux sept pignons* du romancier américain

Nathaniel Hawthorne. C'est ainsi que Baron, à la manière de Ferron, évolue autant dans une ville physique que dans une ville imaginaire, littéraire ; de façon significative, il s'attarde d'ailleurs longtemps devant une maison à six pignons : « Un de plus, et ç'aurait été la maison du roman de Hawthorne. Celle-là, Baron s'appliqua à la dessiner mieux que les autres, du milieu de la rue déserte » (*Les roses,* p. 61). En ce sens, le spectacle du vieux Moncton renvoie non plus au processus de l'« anglification », mais bien à celui de l'« anglaisement », pour reprendre la distinction établie par Ginette Michaud dans son texte consacré aux lectures anglaises de Ferron [1].

## 2. Le Moncton de Ferron revisité : *Docteur Ferron* de Victor-Lévy Beaulieu

Vingt ans après *Les roses sauvages,* dans *Docteur Ferron,* une biographie publiée en 1991 et composée sous la forme d'un « pèlerinage », Victor-Lévy Beaulieu consacrera à son tour quelques belles pages à Moncton. Dans les derniers chapitres de son livre, Lévy Beaulieu entraîne ainsi son alter ego Abel Beauchemin et sa compagne, l'Amérindienne Samm, vers Moncton, sur les traces de Jacques Ferron. On sait que dans les années 1970, encore plus que son illustre devancier, Beaulieu était fasciné par l'Acadie, et tout particulièrement par les romans d'Antonine Maillet, qu'il donnait comme des exemples à suivre pour les écrivains québécois : « Messire Godbout, esbroueur professionnel, et Monsieur André Langevin, maître ès clichés, devraient peut-être jeter un petit coup d'œil du côté de l'Acadie. Il y a une belle leçon à apprendre d'Antonine Maillet [2] ». Pourtant, le regard qu'Abel Beauchemin va jeter sur Moncton se trouvera comme capté, par mimétisme, par celui de Ferron :

1. Ginette Michaud, « Lire à l'anglaise », dans Ginette Michaud (s. la dir. de), Patrick Poirier (en collab. avec), *L'autre Ferron* (Montréal, Fides-CÉTUQ, coll. Nouvelles études québécoises, 1995), p. 137-197. Repris dans *Ferron post-scriptum,* p. 119-178.

2. Victor-Lévy Beaulieu, *Entre la sainteté et le terrorisme. Essais* (Montréal, VLB éditeur, 1984), p. 211-212.

> Depuis que nous sommes à Moncton, confie Samm, sa compagne de voyage, il me semble que l'œil d'Abel est tout pareil à celui de Jacques Ferron, sauf que nous ne sommes plus ni en 1967 ni en 1972, alors que Jacques Ferron est revenu pour parlementer à l'université avec des étudiants. En 1990, la réalité est tout autre : Moncton ressemble à une grosse bourgade sur laquelle le grand-père Irving, dieu du pétrole et des stations-service, règne toujours. Et contrairement à 1967 et 1972, il n'est pas très apparent que les Chiacs soient maintenant très portés sur la revendication (*Docteur,* p. 363).

> Et Abel de répondre :

> Comment le pourraient-ils, eux qui ont vu leur élite déserter le pays, à commencer par Antonine Maillet qui, une fois sacrée grande écrivaine par Paris, ce qui était presque un malentendu, n'a pu que se réfugier au Québec, à Outremont, et dans une rue qui porte son nom, ce qui, depuis, lui permet d'être de partout mais en même temps de nulle part. Pourtant, quelle profondeur dans le pays chiac (*Docteur,* p. 363) !

Cette profondeur du pays chiac tranche pourtant avec l'image dégradée que lui renvoie la ville où déambulaient jadis Jacques Ferron et ses personnages. Le Moncton de Beaulieu est en effet un Moncton déglingué, une ville « en démanche », pour reprendre une expression chère à cet écrivain :

> Quand j'ai écrit sur Herman Melville et qu'ensuite je me suis retrouvé en Nouvelle-Angleterre, à Pittsfield, à Cape Cod, à New Bedford, à Nantucket et à Plymouth, je n'ai pas été déçu. Pourquoi ? Parce que ce pays-là est resté conséquent avec ses origines, ce qui veut dire qu'il a en gardé la mémoire profonde et que cette mémoire-là vit aussi dans le quotidien des choses. Voilà pourquoi les maisons de la Nouvelle-Angleterre, même récentes, sont si belles : leur architecture se fonde sur le passé dont elles se nourrissent pour que tout puisse être à la même hauteur. Au Québec et dans le Nouveau-Brunswick chiac, c'est généralement le contraire

> qui se produit : les maisons qui s'ajoutent ne représentent rien de plus que ce qui, de tout paysage, s'est perdu quelque part, dans le grand cul-de-sac qu'est le prêt-à-habiter (*Docteur,* p. 364).

Ces considérations sur la mémoire profonde des origines nous aident à mieux saisir comment Beaulieu, dans son essai sur Ferron, en arrive à considérer *Les roses sauvages* et, dans une certaine mesure, cette ville de Moncton qui a tellement hanté le grand écrivain, comme le point d'aboutissement ou d'achoppement de toute son œuvre.

## Conclusion

La position particulière que Beaulieu attribue aux *Roses sauvages* et à la ville de Moncton dans l'œuvre de Ferron nous aide à comprendre comment ces deux auteurs québécois ont vécu Moncton avec une douleur qui semble trancher singulièrement avec la tonalité positive qui est caractéristique de la saisie de cette ville dans plusieurs écrits acadiens contemporains, notamment chez les poètes s'inscrivant dans le sillage de Gérald Leblanc. Jacques Ferron, en particulier, considère Moncton d'un point de vue québécois, et de surcroît indépendantiste ; en cela, sa vision s'apparente bien plus à celle de l'essayiste Michel Roy qu'à celle de la romancière France Daigle, par exemple. Pourtant, il reste difficile de considérer Moncton, que ce soit d'un point de vue littéraire ou social, en faisant abstraction des écrits de Ferron, et particulièrement de son roman *Les roses sauvages,* qui ont a contribué à faire de cette ville un mythe littéraire en devenir. On retrouve ainsi, dans ce roman, des intuitions qui préfigurent l'écriture de Gérald Leblanc, comme l'errance dans la ville ou l'usage de l'intertexte américain, ou même celle de France Daigle, notamment dans certaines descriptions qui sont faites de Dieppe ou du refoule de la rivière Petitcodiac. Certes, le Moncton de Ferron s'avère un lieu agissant comme repoussoir et exprimant une conscience urbaine douloureuse, mais c'est aussi un espace de liberté et de mobilité et, partant, de révélation.

En un sens, c'est au même constat qu'en arrivera le cinéaste Jean-Daniel Lafond dans son documentaire intitulé *Le cabinet du docteur Ferron,* sorti en 2003. On sait que dans ce film, Lafond insiste sur l'importance qu'occupent l'Acadie et Moncton en particulier dans l'esprit de Ferron. Le film se termine d'ailleurs sur la vision du suicide de Baron, qui se jette en bas de la tour de briques rouges de Saint-Jean-de-Dieu : « alors, au tout dernier instant de sa vie, il crut qu'il s'en allait vers Moncton et Cocagne » (*Les roses,* p. 122). Si, comme l'a montré Pierre Nepveu dans son essai *Lecture des lieux,* Ville Jacques-Cartier figure le « petit Farouest [1] » de Jacques Ferron, Moncton semble bien constituer l'extrême frontière de son univers imaginaire, sa marche avancée, son « phare est », c'est-à-dire un lieu apocalyptique au sens propre du terme, synonyme de disparition mais aussi de révélation. En rejoignant Beaulieu dans ce mouvement de reconnaissance de l'importance cruciale de Moncton pour Ferron, Jean-Daniel Lafond montre bien que le thème de l'arriération mentale, que Ferron associait d'emblée à Moncton dans ses reportages, est devenu un élément capital de la vie et de l'œuvre du grand écrivain, une vie et une œuvre qui trouvent leur aboutissement dans la petite ville acadienne. C'est dans cette perspective qu'il serait permis de relire le texte, longtemps resté inédit, de *Vautour Haché,* dans lequel un Acadien condamné par la maladie prédit au médecin sa mort prochaine [2]. C'est dire jusqu'à quel point, aux yeux de Jacques Ferron, l'Acadie est restée une réalité obsédante.

## BIBLIOGRAPHIE

BEAULIEU, Victor-Lévy. *Entre la sainteté et le terrorisme. Essais,* Montréal, VLB éditeur, 1984, 493 p.

1. Pierre Nepveu, *Lectures des lieux. Essais* (Montréal, Boréal, coll. Papiers collés, 2004), p. 77.

2. Jacques Ferron, *Vautour Haché* suivi de la *Petite histoire du Mont-Providence pour le profit de la révérende Renée Dansereau, sa nouvelle supérieure,* prés. de Luc Gauvreau et de Victor-Lévy Beaulieu, ill. par Carl Pelletier (Trois-Pistoles, Éditions Trois-Pistoles, 2006).

—. *Docteur Ferron. Pèlerinage,* Montréal, Éditions internationales Alain Stanké, 1991, 420 p.

FERRON, Jacques. *Les roses sauvages,* Montréal, Éditions du Jour, coll. Les romanciers du jour, R-75, 1971, 184 p.

—. *Le contentieux de l'Acadie,* éd. préparée par Pierre CANTIN, Marie FERRON et Paul LEWIS, avec la collab. de Pierre L'HÉRAULT, préf. de Pierre PERRAULT, avec une « Présentation » de Pierre L'HÉRAULT, Montréal, VLB éditeur, 1991, 288 p.

— *Vautour Haché* suivi de la *Petite histoire du Mont-Providence pour le profit de la révérende Renée Dansereau, sa nouvelle supérieure,* prés. de Luc GAUVREAU et de Victor-Lévy BEAULIEU, ill. par Carl PELLETIER, Trois-Pistoles, Éditions Trois-Pistoles, 2006, 80 p.

MICHAUD, Ginette. « Lire à l'anglaise », dans Ginette MICHAUD (s. la dir. de) avec la collab. de Patrick POIRIER, *L'autre Ferron,* Montréal, Fides-CÉTUQ, coll. Nouvelles Études québécoises, 1995, p 137-197. Repris dans Ginette MICHAUD, *Ferron post-scriptum* (Montréal, Lanctôt éditeur, coll. Cahiers Jacques-Ferron 13, 2005), p. 119-178.

MORENCY, Jean. « Jacques Ferron's Moncton : A City's Transition from Description to Literary Myth », trad. du français par Jo Anne ELDER, *Dalhousie Medical Journal,* vol. XXXIV, n° 2, aut. 2006, numéro intitulé *Celebrating the Physician Writer : Texts from the Jacques Ferron Symposium* (s. la dir. de Betty BEDNARSKI et Derek ROBERTS), avr. 2006, p. 62-66.

NEPVEU, Pierre. *Lectures des lieux. Essais,* Montréal, Boréal, coll. Papiers collés, 2004, 270 p.

# QUINZE ESQUISSES POUR UN PORTRAIT VIRTUEL DE JACQUES FERRON[1]

HERMÉNÉGILDE CHIASSON

## 1. Un portrait cubiste

Un peu comme *Trente-deux courts films à propos de Glenn Gould*, assurément l'un de mes films préférés, car il s'inscrit dans la rupture qui demeure le trait marquant de la modernité ; parce que les choses ne sont jamais aussi linéaires et manichéennes que l'on voudrait nous le faire croire ; parce que je n'arrive plus à développer autrement qu'en faisant le tour des choses et que je suis victime des temps post-modernes, c'est à dire de l'impossibilité chronique de proposer une synthèse quelconque, parce que je crois à la phénoménologie comme manière de percevoir et que le cubisme — oui je sais nous venons de déraper vers la peinture — a changé notre manière de concevoir l'espace et à plus forte raison le monde des idées qui nous entoure. Il faut voir que cette approche fragmentaire n'aurait pas déplu à Ferron parce qu'elle s'ajustait à son travail de médecin et à son habilité à concentrer sa pensée ou à lui donner une orientation plutôt éclectique.

L'esquisse par ailleurs demeure toujours une sorte de promesse d'une œuvre à venir, d'une œuvre un peu à l'image de celle de Ferron, écriture succinte mais d'une limpidité désarmante, de certaines idées qui se répètent, un peu comme si l'on essayait de saisir le sujet en mouvement, d'être un voyageur qui prend des notes, qui se surprend ou se laisse surprendre.

Quant à la virtualité, il me semble qu'elle est partout présente, mais je crois qu'en s'attardant à une grande quantité de détails il est possible de faire revivre des gens que nous ne connaissons que par leurs œuvres. C'est

1. Texte d'une conférence prononcée à la Faculté de médecine de l'Université Dalhousie en avril 2006 et dont une première version a été publiée dans le *Dalhousie Medical Journal*, vol. XXXIV, n° 2, aut. 2006, numéro intitulé *Celebrating the Physician Writer: Texts from the Jacques Ferron Symposium, April 25, 2006* (s. la dir. de Betty Bednarski et Derek Roberts), p. 53-60.

un peu le but d'un exercice pour lequel Roland Barthes était passé maître et dont le livre *Roland Barthes par Roland Barthes* m'a fortement impressionné par l'attention portée au fragment comme élément porteur d'une vérité aléatoire et souvent, sinon toujours, surprenante.

## 2. De mémoire

D'entrée de jeu, je dois vous dire que je n'ai jamais rencontré Jacques Ferron. Quand il est venu à Moncton pour la célèbre conférence qui sera enregistrée et retranscrite dans *Le contentieux de l'Acadie*[1] et qui reprenait la matière d'un article du *Maclean*[2] que j'avais beaucoup aimé, je n'étais pas là. J'étais à Paris et la dernière chose dont je voulais entendre parler c'était bien de cette Acadie folklorique qui faisait alors une remontée fulgurante et qui donnait lieu à un discours de retour aux origines dont j'essayais de me distancier du mieux que je le pouvais. Je dis bien du mieux que je le pouvais car le concept de modernité que nous essayions de mettre de l'avant — je parle des écrivains acadiens de ma génération — n'a jamais eu grande audience sauf lorsque nous avons mis de l'avant le fait que notre espace était étouffant et que nous étions la preuve vivante d'une blessure impansable. Relire à ce sujet le très beau texte d'Alain Masson « Étranglement étalement » au sujet de la poésie de Raymond LeBlanc[3].

Je n'ai donc jamais rencontré Jacques Ferron et mes impressions de lui ne sont que des impressions peut-être banales au sens où elles se fondent sur-

1. Jacques Ferron, « L'Acadie de Jacques Ferron ou Moncton revisité », dans Jacques Ferron, *Le contentieux de l'Acadie,* édition préparée par Pierre Cantin, Marie Ferron et Paul Lewis, en collaboration avec Pierre L'Hérault, préf. de Pierre Perrault, avec une « Présentation » de Pierre L'Hérault (Montréal, VLB éditeur, 1991), p. 159-183.

2. Jacques Ferron, « L'Acadie de Jacques Ferron. Première partie : Quoi ! Vous les laissez s'instruire ? », *Le Maclean,* vol. XII, n° 7, juill. 1972, p. 24-25, 32-33 ; « L'Acadie de Jacques Ferron. Deuxième partie : Et les Chiacs ? Les Chiacs n'y étaient pas », *Le Maclean,* vol. XII, n° 8, août 1972, p. 18-19, 31-33. Repris dans Jacques Ferron, *Le contentieux de l'Acadie,* p. 123-146.

3. Alain Masson, « Étranglement, étalement », *La revue de l'Université de Moncton,* vol. VII, n° 2, 1974, p. 165-195.

tout sur mes lectures et sur une ambiguïté qu'il m'est difficile de préciser. Ferron a lui-même eu avec l'Acadie une relation que l'on pourrait qualifier d'ambiguë puisqu'il y voyait un espace de mémoire mais aussi un lieu où les relations anglophone-francophone lui apparaissaient comme évidentes et problématiques. L'œuvre de Ferron comme témoignage d'un passage de la ruralité à l'urbanité, avec les implications identitaires que cela comporte, a aussi interpellé les Acadiens. Les positions qu'il défendait ont eu en Acadie un impact remarquable et soulevé bien des controverses.

## 3. La chiaquetitude

Mon ami Gérald LeBlanc m'avait fait de la conférence de Ferron un compte rendu euphorique, non pas, je crois bien, en raison de ce qu'il s'y était dit car je crois que quelques années plus tard il aurait été en profond désaccord avec les idées de Ferron et qu'il l'aurait sans doute fustigé de la même manière qu'il le fit pour Jacques Godbout ou Pierre Perrault. Je crois que son attachement à Ferron venait de la critique positive et prometteuse qu'il avait fait de *La Mariecomo* [1], le premier roman de Régis Brun, publié au Québec aux Éditions du Jour, une œuvre qui se voulait charnière dans la libération de l'imaginaire acadien du sud-est.

« L'empremier de l'Acadie nouvelle », bannière réalisée par Luc Gauvreau et Irène Ellenberger.

1. Régis Brun, *La Mariecomo* (Montréal, Éditions du Jour, 1974), 129 p.

Ferron termina sa conférence en disant que l'on s'était trompé en installant l'Université de Moncton à Moncton et cela non plus n'aurait pas trouvé preneur chez LeBlanc pour qui Moncton deviendra avec New-York l'une des deux villes saintes de la planète. Selon Ferron il aurait fallu bâtir cette université un peu plus haut, c'est à dire plus au nord. C'était bien entendu avant le mouvement de population auquel l'on assiste à l'heure actuelle, ce déplacement du nord vers Moncton et dont on attend le plus grand bien en ce qui a trait à la francophonie. En fait ce qui risque de se produire, si l'on se fie au mouvement que l'on remarque dans les cours d'école, c'est sans doute le contraire, c'est à dire la domination du chiac — la langue métisse anglais-français identifiée avec la région de Moncton — sur ceux qui se targuent de parler un français un peu trop près de la norme.

Ferron n'était pas un ardent défenseur du chiac, non plus que de l'attitude caméléon qu'adopte ce personnage acadien qui, dans son roman *Les roses sauvages,* parle en anglais pour dissimuler sa gêne et son français approximatif [1]. En ce qui a trait à la littérature, l'on a vu naître ces dernières années un mouvement où le chiac s'identifie désormais à l'Acadie contemporaine au même titre que la langue vernaculaire a pu l'être auparavant comme c'est le cas dans l'œuvre d'Antonine Maillet.

Gérald LeBlanc ayant été très instrumental à ce mouvement, il est certain qu'il aurait eu beaucoup à redire sur les propos de Ferron quand il critique ouvertement les Chiacs pour leur manque d'engagement vis à vis de la francophonie.

## 4. Moncton

Moncton dans le discours de Ferron concentre souvent les clichés du Québécois qui, se retrouvant en dehors de son milieu, se demande pourquoi il n'arrive pas à se faire servir en français, pourquoi il y a tant de francophones aliénés de leur culture, et qui relève le pittoresque du langage et

1. Jacques Ferron, *Les roses sauvages, petit roman suivi d'une lettre d'amour soigneusement présentée* (Montréal, Éditions du jour, coll. Les romanciers du jour, 1971), 184 p.

des coutumes. C'est un discours qui me rappelle souvent cette phrase de Jean-Guy Pilon en voyage en Acadie avec Léonard Forest et André Payette et qui, dans un texte publié dans la revue *Liberté,* décrit Moncton comme étant « une ville laide qui doit bien être l'œuvre de quelqu'un [1] », voulant ainsi dire qu'il est impensable que les gens laissés à eux-mêmes puissent avoir conçu pareille horreur.

Il y a par ailleurs cette propension à voir Moncton comme un objet de curiosité, un lieu où les maisons sont fascinantes ; un lieu où l'on mange de la poutine râpée que Ferron appréciait au point d'en emporter à Montréal pour l'offrir aux membres de sa famille qui ne partageront pas son enthousiasme. Moncton, c'est aussi, à l'époque, un lieu où il y a beaucoup d'anglophones qui ne font aucun effort pour tenir compte des Acadiens qui leur sont voisins ; un lieu où le paysage demeure malgré tout témoin d'un passage obligé ou circonstancié et dont l'aboutissement ne peut être que pessimiste pour l'Acadie mais peut-être également pour le Québec dont il ne semble guère plus rassuré ou rassurant.

Une telle attitude était courante et nous étions alors souvent vus comme la confirmation de la crainte du Québec dans son effort d'émancipation. Les premières critiques québécoises de la nouvelle littérature acadienne qui naissait ici dans les années soixante-dix adoptèrent souvent ce discours paternaliste et néanmoins généreux vis à vis de notre courage et de la persécution dont nous étions l'objet. Relisant les textes de Ferron à plusieurs années de distance je ne peux faire autre que de voir un peu de cette attitude.

## 5. L'ironie

L'ironie est un trait d'expression qui m'a toujours fait l'effet d'une sorte d'élégance dans le désespoir. C'est une stratégie qui me rappelle le discours de Jacques Godbout que j'ai peut-être un peu plus fréquenté que Jacques Ferron. C'est une forme d'exagération que les conteurs connaissent bien et qui sied bien aux psychologues quand ils sondent la déprime de leurs

1. Jean-Guy Pilon, « Journal de bord », *Liberté,* vol. XI, n° 5, 1969, p. 155.

patients. Jusqu'où peut-on aller avant que l'autre ne mobilise son incrédulité ou son agressivité ? L'ironie se veut aussi en ce sens, comme c'est le cas avoué chez Ferron, une sorte de provocation.

Or il est clair, en ce qui concerne sa relation avec l'Acadie, que Ferron a usé de cette stratégie quand il dit par exemple qu'il faudrait ramener la lèpre pour garder les Acadiens francophones ou quand il dit qu'il a toujours remarqué chez les Acadiens un quota de fous plus élevé qu'ailleurs, ce qui avait choqué une journaliste acadienne de Radio-Canada-Moncton à un point tel qu'elle avait quitté la salle en disant qu'elle ne ferait jamais d'entrevue avec un personnage aussi grossier. Il faut dire que sa première visite en Acadie s'était faite en 1966 à l'occasion d'un colloque sur la santé mentale tenu à Moncton et qu'il avait œuvré auprès de patients atteints de maladie mentale, ce qui faisait de lui un spécialiste en la matière et son opinion d'autant plus informée et conséquente.

Cela dit, il y a une ligne très fine entre ironie et mépris, entre déception et désespoir. Chez Ferron il me semble que la distance de l'une à l'autre est parfois mince. Je pense entre autres occasions à cette lettre qu'il écrivit à *La Presse,* le 4 juillet 1960, pour dénoncer l'élection de Louis J. Robichaud au poste de premier ministre du Nouveau-Brunswick avec un pessimisme qui, avec le recul, ne peut que nous laisser avec une certaine amertume quand il dit : « Permettez-moi, monsieur le rédacteur, de considérer la victoire de Robichaud comme une défaite nationale. Et remarquez que j'aimerais bien me tromper [1] ». Ici il n'y a pas d'ironie, il n'y a qu'une sorte de vaste déception à l'idée qu'on ne peut faire autre que de se tromper sur toute la ligne.

### 6. Suzanne Dussault

C'est la personne qui m'avait convaincu de lire Ferron. Elle m'avait dit que la « Lettre d'amour soigneusement présentée » à la fin du roman *Les roses sauvages* était la plus belle chose qu'elle ait jamais lue. Elle avait déménagé de

1. Jacques Ferron, « Une victoire ? Non, une défaite », *La Presse,* 4 juill. 1960 (« La parole est à nos lecteurs »), p. 4. Repris dans Jacques Ferron, *Le contentieux de l'Acadie,* p. 259.

Montréal à Moncton, avait auparavant enseigné la littérature québécoise, travaillait comme monteuse pour le compte de l'ONF et m'avait passé tous ses livres de Ferron en me disant qu'il était avec Réjean Ducharme l'un des deux plus grands écrivains québecois et que tout le reste, Tremblay et Lévy-Beaulieu y compris, n'étaient que des écrivailleux. Il faut dire qu'elle avait toujours des idées claires sur tout, talent qui n'est pas donné à tout le monde.

L'autre jour j'ai retrouvé dans ma bibliothèque certains des livres de Ferron que j'ai oublié de lui rendre. Je me suis souvenu de cet été que j'avais passé avec Jacques Ferron en espérant qu'il me rapprocherait d'elle. Elle est depuis retournée au Québec mais je redécouvre une partie de cette époque dans ces livres qu'elle m'avait prêtés. Comme quoi les étés passent et les écrits restent. Je dois dire que grâce à elle j'ai découvert un auteur dont j'avais beaucoup entendu parlé mais peu lu. Quant à savoir s'il y a lieu de le rapprocher de Réjean Ducharme, il y a là matière à thèse et un sujet sûrement trop vaste pour en débattre ici adéquatement.

## 7. L'arrière-pays et l'empremier

Bien sûr, nous allons ici nous retrouver dans le célèbre duo espace-temps.

Marcel Olscamp dans son livre *Le fils du notaire* [1], est d'avis que les années qu'il passera comme médecin en Gaspésie seront non seulement formatrices mais définitives en ce qui concerne l'œuvre de Jacques Ferron car c'est là qu'il découvrira une humanité pour laquelle il s'engagera à la fois comme médecin mais aussi comme humaniste. C'est aussi ce qu'on retrouve dans son attachement à l'Acadie et c'est sans doute ce qui lui aura inspiré cette parenté d'esprit avec Antonine Maillet qui partage avec lui ce retour aux origines pour le transformer en récits fantastiques et en faire des contes ou des fables à portée universelle.

Pour ce qui est du temps, Ferron sera des plus clairs dans un article « L'empremier de l'Acadie Nouvelle » où il situe cette notion après la

1. Marcel Olscamp, *Le fils du notaire : Jacques Ferron 1921-1949. Genèse intellectuelle d'un écrivain* (Montréal, Fides, 1997), 428 p.

Déportation au moment où les Acadiens sortent de la forêt protectrice pour s'aventurer vers ce qu'il appelle « la reprise du discours acadien [1] ». Encore là il s'appuie sur l'œuvre de Régis Brun et Antonine Maillet où « le présent préside au passé ». Et il conclut en disant : « Il est probable que ce soit la dissolution sociale contemporaine qui donne force à l'anarchie qui régnait sur l'empremier de la nouvelle Acadie et garde leur actualité à ces deux écrivains, même s'ils s'inspirent d'un passé qui pourrait paraître à certains révolu ». C'est encore la meilleure explication que j'aie lue sur la résistance de l'Acadie aux formes d'art qui pourraient la relier au présent.

## 8. Le D^r^ J-Dominique Gauthier

Le D^r^ J.-Dominique Gauthier était un personnage que Jacques Ferron connaissait bien et qui est décédé il y a quelques semaines (en 2006) à l'âge de 96 ans. J'ai décidé de me rendre à ses funérailles en tant que lieutenant-gouverneur car je crois qu'il est important de souligner la contribution de gens qui ont assumé tous les rôles et qui, à ce titre, n'ont pu faire autre que de s'impliquer dans la défense et la gouverne de leurs communautés.

Gauthier avait étudié en Acadie, à l'Université St-Joseph de Memramcook, avait été formé comme médecin à l'Université Laval et était revenu en Acadie pour y fonder sa pratique et pour suivre son épouse qui était acadienne. C'était un lettré, un auteur et un ethnologue qui avait une vaste bibliothèque et qui se couchait à dix heures, non pas pour dormir mais pour lire, comme me le disait son fils médecin à la réception qui a suivi ses funérailles. Un peu comme dans une *wake* irlandaise, on se mit alors à raconter les exploits du docteur Gauthier qui traversait sur la glace en carriole pour aller faire accoucher des femmes sur l'Île Lamèque ou l'Île Miscou, à se rappeler la fois où il a sauté juste avant que les chevaux ne s'enfoncent dans la glace, son amitié avec Félix-Antoine Savard, et Luc Lacourcière que les enfants appelaient familèrement « mon oncle Luc ».

1. Jacques Ferron, « L'empremier de l'Acadie nouvelle », *L'information médicale et paramédicale,* vol. XXX, n^o^ 1, 15 nov. 1977, p. 33. Repris dans *Le contentieux de l'Acadie,* p. 211-213.

En entendant ces histoires je ne pouvais m'empêcher de penser à Ferron, mais au Ferron de la Gaspésie, au Ferron qui serait devenu le Dr Gauthier s'il n'était pas revenu en ville, à Montréal, pour y devenir l'auteur dont nous parlons aujourd'hui.

## 9. Médecin

Il y a une partie importante de l'œuvre de Ferron que l'on pourrait placer sous le thème de la compassion, de son intérêt toujours marqué et frondeur pour les pauvres gens, pour le petit monde qu'il connaissait par sa pratique et dont il se voulait le porte-parole.

Ceci me ramène à deux écrivains pour qui le concept de la province ou de l'arrière-pays demeure des plus importants. Il s'agit de William Carlos Williams et d'Anton Tchekov. J'ai toujours cru qu'il y avait de l'Acadien dans ces deux œuvres. J'ai toujours pensé que Tchekov surtout était resté Acadien même s'il avait changé de nom. Bien sûr nous nageons ici en pleine fiction mais quand je lis ses diatribes sur Moscou, je n'ai qu'à remplacer Moscou par Montréal et je retrouve une analogie qui me remplit d'une nostalgie à la Ferron quand il parle de son village de Louiseville où il y avait deux médecins et où il y avait un chœur de chant de trente chantres et où les gens jouaient du Bach.

Pour ce qui est de William Carlos Williams, lui aussi provincial, la contribution majeure qu'il fit à la littérature américaine en fera le chroniqueur mythologique de la petite ville de Patterson où il avait établi sa pratique. Une œuvre dans la lignée de Faulkner, que Ferron, tout comme Antonine Maillet, aimait particulièrement. Comme elle le dira elle-même : « Je ne suis pas du côté de la clarté, du côté de Mallarmé ou Valéry, mais plutôt de la famille de Faulkner. » Je cite de mémoire d'une entrevue entendue il y a un certain temps déjà.

Autre lien commun dans l'écriture, celui de Rabelais, médecin contesté et contestataire comme le sera le Dr Ferron et qui sera l'inspiration et l'œuvre référentielle d'Antonine Maillet dans sa volonté d'établir un discours acadien authentique et autonome.

Jacques Ferron
Le contentieux de l'Acadie
Édition préparée par Pierre Cantin,
Marie Ferron et Paul Lewis
avec la collaboration de Pierre L'Hérault
Préface de Pierre Perrault
vlb éditeur

## 10. *Les roses sauvages*

Pour ce qui est de l'œuvre de Ferron, il s'agit du livre dont le décor sera celui de l'Acadie contemporaine, celui où il va synthétiser une grande partie de ses idées en ce qui a trait à la santé mentale. Il est assez étrange de voir un roman où la ville qu'on habite devient le décor dans lequel évoluent des personnages et l'on se demande comment il se fait qu'il n'y en ait pas eu beaucoup plus dans la littérature acadienne, un roman qui ouvre sur une plus grande perspective et un univers autre que le nôtre.

J'ai souvent réfléchi à la symbolique du personnage principal, Baron, dont la femme se suicide, qui sera lui-même enfermé dans un hôpital psychiatrique et finira, lui aussi, par se suicider. Baron confie sa fille à un couple d'Acadiens de Cocagne dans le sud-est du Nouveau-Brunswick. Pourquoi en Acadie ? Est-ce un choix arbitraire ou un choix symbolique et si oui quelle en serait la signification et quelle en serait la connotation à l'échelle politique ?

Il y aura plusieurs tentatives au cours des ans pour porter à l'écran ce roman qui semble avoir fasciné des cinéastes de renom. D'abord Francis Mankiewicz qui y travaillera de nombreuses années, puis Hubert Yves Rose qui, dans l'euphorie du cinéma exportable, trouva peut-être que le sujet faisait trop local — soit lui ou les bailleurs de fond — mais quoi qu'il en soit le film ne s'est jamais fait. Pour une raison ou pour une autre je trouvais que ce roman nous appartenait, qu'il traitait d'un sujet fondamental, soit les relations entre l'Acadie et le Québec et, pour tout dire, j'aurais voulu faire ce film, je dis bien *j'aurais voulu* car mon ardeur cinématographique s'est depuis considérablement refroidie. Dommage. Peut-être bien qu'il vaut mieux ne pas dénaturer les livres que l'on aime et leur laisser cette aura de mystère et de fascination qui nous permet de les apprécier plus longtemps sans distraction aucune.

## 11. La mythologie

L'arrière-pays se prête bien à la création d'une mythologie. Je reviens à l'œuvre d'Antonine Maillet dans sa relation à celle de Ferron, dans cette réinvention de l'univers de la part de deux auteurs qui ont voulu retourner à la base, à quelque chose de plus tangible que l'idée réductrice d'une culture trop intellectuelle et/ou livresque. L'œuvre de Ferron et Maillet se veut une glorification de la manifestation originelle et, d'un point de vue scientifique, assurément naïve des grands récits, une sorte de recherche de la pureté un peu à la manière dont le peintre Gauguin s'est enfui à Tahiti à la fin du XIXe siècle pour y retrouver un Paradis terrestre loin de l'enfer de la révolution industrielle qui battait alors son plein.

Il faut voir cependant qu'il y a une différence fondamentale entre Ferron et Maillet au sens où chez Ferron on retrouve souvent la présence d'éléments contemporains permettant à son ironie de donner cours à des situations hilarantes. De la même manière son implication critique lui donne aussi une distance lui permettant d'actualiser certaines situations qui deviennent de ce fait anachroniques. En Acadie, nous n'avons pas eu, sauf à certaines reprises chez Régis Brun, ce genre de recul, ce qui fait que souvent l'on a eu tendance à vouloir recréer une mythologie plutôt close, ce qui a entraîné une certaine rupture générationelle, contrairement au Québec, pour ce qui a trait à Ferron, puisque son œuvre a été endossée par une génération d'écrivains qui ont marqué la littérature québecoise.

## 12. Un écrivain mineur

Dans la très belle présentation de l'exposition à la Bibliothèque nationale du Québec dont il est le conseiller technique, Pierre L'Hérault rappelle que Ferron se voyait comme un écrivain mineur, et L'Hérault de citer la définition que l'auteur fournit à ce sujet dans *Par la porte d'en arrière,* à savoir que « les auteurs mineurs ont beaucoup d'influence et, l'air de rien, nourissent par en dessous ce qui subsiste [1] ».

Cette modestie et cette humilité chez Ferron se retrouvent dans l'intérêt qu'il eut pour le discours mineur et son désaveu du discours majoritaire,

1. Jacques Ferron et Pierre L'Hérault, *Par la porte d'en arrière : entretiens* (Montréal, Lanctôt éditeur, 1997), p. 237.

choix qu'il affirma de manière modeste dans sa relation avec les démunis qu'il plaint souvent mais dont il admire l'originalité, la gouaille, le sens de la ruse ou l'irrespect. Son affirmation sans compromis d'une francophonie élémentraire va se faire particulièrement évidente lors de son séjour en Acadie car dans ses années de guerre à Fredericton, comme dans ses futures visites à Moncton, il fait toujours l'effet d'un personnage intransigeant et critique. C'est du moins l'idée qu'on s'en fait en le lisant.

Les gens qui l'informent et à qui il prête un intérêt sont souvent des gens qui observent la société à distance ou des personnages de rencontre avec qui il va s'associer par dépit, tel cette autochtone à Fredericton durant la guerre ou les chauffeurs de taxi à Moncton lors de son passage en 1966. Cette attitude narquoise, on la retrouve aussi dans ses écrits d'une manière qui semble contraster avec son sens de la politesse et sa bonhommie évidente quand on l'entend dans les entrevues qu'il accordait et où il apparaît toujours courtois et légérement désabusé.

Freud était d'avis qu'en art on projette toujours un manque. Sans doute Ferron compensait-t-il dans son œuvre ce qu'il faisait ailleurs avec une certaine circonspection pour ne pas dire une grande politesse.

## 13. Le parti Rhinocéros

Une des choses les plus drôles qu'il m'ait été donné d'entendre en ce qui concerne Ferron, c'est cette entrevue qu'il accordait à Pierre Paquette qui animait alors une émission d'affaires publiques à Radio-Canada, à propos de la fondation du Parti Rhinocéros. Il faut dire que les deux jouaient le jeu à merveille. Cette entrevue est toujours disponible sur le site web de Radio-Canada [1]. Jouant avec un certain laconisme le jeu du politicien, Ferron y fait preuve d'une ironie bienséante et nous monte à vue un vaste canular qui n'est pas sans rappeler la joie féroce des surréalistes ou l'effort élaboré que l'on retrouve dans certaines traditions populaires dont l'origine remonte aux sociétés tribales.

1. http://archives.cbc.ca/IDC-0-72-1636-11279/arts_culture/jacques_ferron/

En Acadie le parti Rhinocéros eut peu de candidats. Je me souviens que le dramaturge Jules Boudreau sera l'un de seuls à s'y présenter et mon effort pour y inscrire le comédien Ivan Vanhecke s'avéra un échec car je suis arrivé quelques minutes après la fermeture des mises en candidature, mais je considère que cet incident fait aussi partie de cette entreprise absurde et critique.

**14. Oralité**

« L'écriture [est] un circuit solitaire et muet, une boucle hors de la parole, qui vient de la parole et doit retourner à la parole d'une façon ou d'une autre. » (« La folie d'écrire ») [1]

« Dans un pays analphabète, l'écrivain est toujours respecté. » *(Le ciel de Québec)* [2]

En Acadie la culture sera orale durant très longtemps. Les circonstances historiques et économiques qui ont entraîné cette situation sont complexes mais s'expliquent assez bien par l'absence et la rareté de tout ce qui est nécessaire pour produire une littérature écrite. La mémoire prendra alors une proportion telle que durant longtemps l'on aura l'impression qu'elle constitue la seule continuité possible de tous les discours qu'une culture met en place pour se transmettre.

Chez-nous, Antonine Maillet sera la première à faire le passage de l'oral à l'écrit et pour Ferron, c'est en Gaspésie, une terre dont les liens avec l'Acadie sont manifestes, qu'il prendra conscience du conte et de son oralité comme inspiration majeure de son œuvre. Lui-même se dira mauvais conteur, ce qui expliquerait son penchant pour l'écriture. L'entreprise ressemble à celle de Perrault qui dans son film *Pour la suite du monde* retourne à l'Île aux

1. Jacques Ferron, « La folie d'écrire », *L'information médicale et paramédicale,* vol. XXVII, nº 21, 16 sept. 1975, p. 31. Repris dans Jacques Ferron, *La charrette des mots,* textes réunis et présentés par Luc Gauvreau (Notre-Dame-des-Neiges [Québec], Éditions Trois-Pistoles, 2006), p. 88-93 (p. 88 pour cette citation).

2. Jacques Ferron, *Le ciel de Québec* (Montréal, Éditions du Jour, coll. Les romanciers du jour, 1969), p. 181.

Coudres découvrir des personnages pauvres matériellement mais plus grands que nature dans leur dimension spirituelle et leur générosité. Cela fait aussi penser à Gilles Vigneault retrouvant la manière des chantres d'église et sa manière d'actualiser le folklore. Il faut voir aussi qu'il y a une parenté d'esprit et un respect entre ces créateurs qui ont voulu sonder l'âme de la culture québecoise et acadienne et dont l'œuvre a souvent consisté à transcrire avec modestie et originalité, à un moment crucial, une culture qui s'estompait dans un brouillard médiatique qui se levait déjà.

### 15. *Le ciel de Québec*

C'est sans doute le livre de Ferron qui m'a le plus impressionné. Celui dans lequel il met en scène toute une galerie de personnages parmi lesquels on reconnaît Anne Hébert ou Paul-Émile Borduas. Un livre dans lequel il prend ses distances par rapport aux artistes de son temps, affirmant sa marginalité et son humour vis à vis des lubies qui ont marqué chaque époque. J'ai toujours été intrigué par le fait que Ferron était le frère de Marcelle Ferron, l'une des plus célèbres représentantes du mouvement automatiste et assurément l'une des premières femmes au Québec à produire une œuvre picturale d'importance. Le ciel est un terme extrêmement connoté dans une société catholique telle que celle dans laquelle Ferron a grandi, mais c'est aussi une dimension romantique, un appel au dépassement et vue d'en haut, un point d'observation exceptionnel sur le dérisoire d'entreprises telle que celle des automatistes au temps de la grande noirceur.

Il y a quelques jours, sur les conseils de mon ami Roméo Savoie, je suis allé à Montréal, au Musée d'art contemporain, voir l'exposition *Himmel und Erde (Ciel et terre)* du peintre allemand Anselm Kiefer dont l'œuvre monumentale se veut un retour aux éléments fondamentaux d'une nouvelle mythologie basée sur les éléments terrestres, sur l'opposition nature-culture. Après cette visite je suis allé voir la collection permanente du Musée où, face à une fenêtre en coin, l'on peut voir un vitrail abstrait, une œuvre minimale de Marcelle Ferron où les pièces de verre sont tenues au moyen de bordure en plastique au lieu du plomb traditionnel, et je me suis demandé comment il se fait que dans une même famille l'on retrouve cette modernité radicale et ce retour à une vision aussi proche du terroir.

Sous le choc de l'exposition Kiefer je me suis alors dirigé vers la Bibliothèque nationale du Québec, par simple curiosité architecturale mais aussi pour voir une autre exposition, de Robert Wolfe celle-là. En rentrant, j'ai vu qu'on y annonçait également la tenue de cette exposition sur Jacques Ferron dont je vous parlais plus haut. Dans des vitrines de verre je regardais les journaux de l'époque, son écriture manuscrite, les photos où on le voit un peu mal à l'aise et je me disais à quel point cette génération d'écrivains avait un sens social qui s'est perdu et, sans vouloir être nostalgique, je me suis alors souvenu du *Ciel de Québec* et de sa critique d'une modernité qui se voulait le point final et qui a fini par s'éclipser devant des entreprises comme celles de Kiefer qui nous ramène à nouveau à cette exigence dont nous avions oublié les fondements.

Au-dessus de ces expériences de table rase et des jeux incessants de l'avant-garde dans son arrogance à jouer des formes, sans doute ne faut-il jamais oublier que l'essentiel consiste toujours, et c'est la grande leçon que je retire de l'œuvre de Ferron, à raccorder avec un regard critique, humoristique et compatissant nos modestes efforts à une perspective plus vaste, quelque chose que nous pourrions appeler, à défaut d'un terme plus juste, l'humanité en déplacement à travers le temps et l'espace.

## BIBLIOGRAPHIE

BRUN, Régis. *La Mariecomo,* Montréal, Éditions du Jour, 1974, 129 p.

FERRON, Jacques. « Une victoire? Non, une défaite », *La Presse,* 4 juill. 1960, p. 4.

—. *Le ciel de Québec,* Montréal, Éditions du Jour, coll. Les romanciers du jour, 1969, 406 p.

—. *Les roses sauvages, petit roman suivi d'une lettre d'amour soigneusement présentée,* Montréal, Éditions du Jour, coll. Les romanciers du jour, R-75, 1971, 184 p.

—. « L'Acadie de Jacques Ferron – première partie: Quoi ! Vous les laissez s'instruire ? », *Le Maclean,* vol. XII, nº 7, juillet 1972, p. 24-25, 32-33 ; « L'Acadie de Jacques Ferron – deuxième partie : Et les Chiacs ? Les Chiacs n'y étaient pas », *Le Maclean,* vol. XII, nº 8, août 1972, p.18-19, 31-33. Repris dans Jacques Ferron, *Le contentieux de l'Acadie,* p. 123-143.

—. « La folie d'écrire », *L'information médicale et paramédicale,* vol. XXVII, nº 21, 16 sept. 1975, p. 31. Repris dans Jacques Ferron, *La charrette des mots,* textes réunis et présentés par Luc Gauvreau, Notre-Dame-des-Neiges (Québec), Éditions Trois-Pistoles, 2006, p. 88-93.

—. « L'empremier de l'Acadie nouvelle », *L'information médicale et paramédicale,* vol. XXX, nº 1, 15 nov. 1977, p. 33. Repris dans Jacques Ferron, *Le contentieux de l'Acadie,* p. 211-213.

—. *Le contentieux de l'Acadie,* éd. préparée par Pierre Cantin, Marie Ferron et Paul Lewis, en collab. avec Pierre L'Hérault, préf. de Pierre Perrault, avec une « Présentation » de Pierre L'Hérault, Montréal, VLB éditeur, 1991, 288 p.

—, et L'Hérault, Pierre. *Par la porte d'en arrière : entretiens,* avec la collab. de Patrick Poirier et Marcel Olscamp, Montréal, Lanctôt éditeur, 1997, 320 p.

Masson, Alain. « Étranglement, étalement », *La revue de l'Université de Moncton,* vol. VII, nº 2, 1974, p. 165-195.

Olscamp, Marcel. *Le fils du notaire : Jacques Ferron 1921-1949. Genèse intellectuelle d'un écrivain,* Montréal, Fides, 1997, 425 p.

Pilon, Jean-Guy. « Journal de bord. », *Liberté,* vol. XI, nº 5, 1969, p. 155.

Exposition *The Physician Writing: Jacques Ferron, docteur en médecine,* Faculté de médecine de l'Université Dalhousie, avril 2006 (photo Nick Pearce).

## JACQUES FERRON'S ALBERTA, AND MINE [1]

**RAY ELLENWOOD**

I was a rare bird from the West among Jacques Ferron's acquaintance, a fact that certainly stimulated our conversation and correspondence. Even though I'd left Alberta in 1967, and have lived in Toronto since 1972, the prairie remains important in my personal mythology, though not of much interest to anyone I've known except Ferron, who had his own mythology of the West, based on very limited experience but extensive reading. "Let us compare mythologies," wrote the poet, and Ferron and I certainly did, usually facetiously, but often very informatively, at least for myself. Let me give you some examples.

Our correspondence began in 1973, and within months I was holding forth about my grandfather Ellenwood having come to Alberta from Yarmouth Nova Scotia by way of McGill University and Richmond, Quebec (where he taught at St. Francis College and met and married his wife) to Cache Creek B.C., and eventually to Red Deer, Alberta, in 1903. Ferron responded with some of what he called Alberta "pre-history" about Blackfoot Indians and Father Lacombe, the charismatic Oblate missionary who was obviously one of his heroes. In March of 1975 he wrote: "*Ray Ellenwood, nous n'aimons pas trop penser à l'Ouest ; le désastre amérindien a été aussi le nôtre. . . . je découpe dans un livre qui m'est cher ce que nous avons fait de père, notre Lucifer, grand con de Dieu, pitoyable, niais, sot, et pourtant brave homme.*" And he inserted a cut-out page with a picture of Father Lacombe along with the following note:

1. A version of this text was presented at the Jacques Ferron symposium held at the Faculty of Medicine, Dalhousie University, April 2006. It has been subsequently published as "Jacques Ferron's Alberta, and Mine," in *Dalhousie Medical Journal,* vol. XXXIV, nº 2, Fall 2006, issue entitled *Celebrating the Physician Writer: Texts from the Jacques Ferron Symposium, April 25, 2006* (eds. Betty Bednarski and Derek Roberts), pp. 67-71.

> *Il a cru d'abord que les Amérindiens subsisteraient, ensuite qu'ils devraient s'accommoder de l'Européen puis il s'est voué aux Ruthènes puis il aurait bien aimé sauver nos métis sans trop y croire. Sa mère était quelque peu sauvagesse; il a fini, n'ayant plus que Dieu, et le Révérend Ellenwood est devenu farmer.*

The caption of the picture reads, "*Le Père Lacombe, âgé de 88 ans, va, une dernière fois, prêcher à Ste-Marie de Calgary (13 mars 1913).*" In very obvious contrast, pasted on the back of the envelope was a photograph of a cowboy, identified as Buck Steele, dressed all in black on a rearing white horse. Just as I assume Ferron was identifying himself somewhat with Lacombe, I have no doubt that the cowboy is his satiric image of myself and my clan. In the same spirit, five years later in an *historiette* dated 1980, he described a cartoonish Ellenwood from Alberta. This was when the dispute raged over the use of French by air traffic controllers.

> *Le français n'est qu'une langue profane tandis que l'anglais, grâce à la bible du roi Jacques, est une langue liturgique, sinon sacrée. Un fermier de l'Alberta, admirable de simplicité, Samuel Ellenwood (que son nom soit béni), s'en est prévalu lors d'une audience de la Commission BB ; fervent de sa langue, n'en voulant point d'autre, il a dit:* "What is good for God, is good for me." ("La bible" 8)

My response to such nefarious slander was to take the high road with honest historical fact, giving an account, for example, of a small force of soldiers from Montréal who stamped their image on a suffering Alberta landscape. This happened during the North-West Rebellion of 1885, when General Middleton, who was imported from India to put down the insurrection, decided that the *Soixante-cinquième carabiniers de Montréal* could not be trusted to fight valiantly against the French-speaking and Catholic Métis in Saskatchewan, so he sent them on to Bannerman's Crossing, near Red Deer, Alberta, to fortify a small hotel and keep out of trouble for a few weeks. I objected to the fact that the fort, recently reconstituted, has been named Fort Normandeau after the Lieutenant in charge, a *Québécois de passage* if ever there was one. I must say that Ferron expressed sympathy with my point of view in that rather absurd instance, but he may not have been so enthusiastic when I commented on Father Lacombe's attempts to establish an exclusive Métis reserve in Saint-Paul, north of Edmonton. When the initiative did not go well, Lacombe eventually acquiesced with a scheme to advertise for white, French-speaking settlers from Quebec. According to George Stanley, this tactic was more divisive than helpful, and by 1909, most of the original métis settlers had left, "carrying with them a resentment against the French-Canadians and against their white clergy that has never died out" (Stanley 106). This was not altogether in keeping with Ferron's somewhat rosy image of Father Lacombe, nor with his tendency to see analogies between the fates of French-Canadians and Amerindians.

I could give more examples of similar exchanges, some mordant, some quite sentimental, but the main point is that Jacques Ferron provoked me to educate myself concerning my native province, particularly about the history of the North-West Rebellion. In the late seventies, I was still trying to get a handle on *Le ciel de Québec.* My translation of the book would not be published until 1983, and the information Ferron provided, in the interval, was crucial. Most important was a little book published by Les Éditions Bois-Brûlés in Winnipeg, entitled *L'espace de Louis Goulet,* a memoir of a métis buffalo hunter and trader who became embroiled in the 1885 rebellion at Frog Lake, was a prisoner of Big Bear for some months, and was later arrested and charged with treason in Battleford, Saskatchewan, by Francis Dickens, son of Charles. In 1978, Ferron sent me this book, which he called *"le fameux livre sur les Prairies – quand elles étaient françaises."* It was this book by Guillaume Charette, and the research I did in translating it (with important help from Ferron), that really got me interested in the history of the North West, preparing the way for my eventual work on *Le ciel de Québec.*

The more interested I grew, and the more I learned, the more I became curious about Ferron's own take on the West and its history. Whence came his rather surprising fascination? It is well known that he seldom left the

*Jacques le Rhino: Portrait of Jacques Ferron* (encaustic on board, 112 x 94 cm, 1992) by Ontario artist Milton Jewell. See pages 295-309.

Montreal area. I knew he had traveled by train to and from Vernon, B.C., where he was sent by the Canadian Army for a few months in the summer of 1945. Until recently, I was aware of no evidence to suggest he ever really set foot on the sacred soil of my native province, but now, since the publication of his correspondence with his father, I can quote the following: *"Après être demeuré sept jours et huit nuits dans un wagon, comme Jonas, je suis revenu sur la terre ferme, à Calgary, ville outrageusement anglaise où pour me faire comprendre je dois gesticuler comme un sourd-muet"* (*Papiers intimes* 232). The brevity of his stay can hardly excuse an alarming lack of geographical knowledge shown in *Le ciel de Québec* where we are told that, from Edmonton, *"[j]our après jour, les montagnes étaient restées à vue"* (*Ciel* 123). I protested that no such statement could appear under my name as a translator born in that city and so, in *The Penniless Redeemer*, the setting is changed from Edmonton to Calgary (with the author's consent). Some might argue that if readers will accept that a Mandan chief, dead for 100 years, could suddenly appear in 1937 riding down the main street of Edmonton on a magnificent white horse, then they might accept a glimpse of the mountains from Jasper Avenue. But we Albertans, and we translators, are sticklers for facts.

To return to Ferron's fascination with Alberta, however, new information has come to light as a result of the researches of Marcel Olscamp. In *Le fils du notaire*, Olscamp's study of Ferron's early years, we learn about two important influences coming from the west. The first was Father Robert Bernier, originally from Saint-Boniface, Manitoba, and a teacher of literature at Brébeuf College in Montreal when Ferron was a student there. Bernier not only inspired Ferron to read the best modern French literature, he also provided a caustic response to the right-wing, insular nationalism of Lionel Groulx. A second inspirational westerner was Jean-Baptiste Boulanger, a brilliant student from Edmonton who came to Brébeuf when Ferron was there (*Fils* 186-193). He was the son of one Dr. Joseph Boulanger, who was born in Montréal but decided to settle in Edmonton, where he became an active polemicist for French culture in the community,

President of the Saint-Jean-Baptiste Society, and founder of the periodical *Le Canadien français*. This admirable man has a cameo appearance in *Le ciel de Québec* as one of the *"anciens et notables"* of Edmonton, specifically described as the one *"qui parlait la langue des cris"* (142).

There are a couple of other incidents in Ferron's life in which the West had an impact, directly or indirectly. At some time in the late thirties, his eccentric father bought forty unbroken horses and had them shipped by train from western Canada to Louiseville, the rather sleepy town where he lived, near Trois-Rivières. They were driven to pasture from the station through the town, the intention being to auction them off at a profit. As a business venture it was a failure, but the event certainly caught the imagination of the Ferron children, since it appears in both *Le ciel de Québec* and in Madeleine Ferron's novel, *Le baron écarlate.*[1] I am not sure where those actual horses came from. In *Le ciel de Québec,* they are shipped from Edmonton.

But most important of all was that single trip west to Vernon, where Ferron had an obviously powerful experience which he transposed later, and more than once, to Alberta. The best known instance is in the tale "La vache morte du canyon" (1953), where a young cow dies of thirst. The setting is west of Calgary:

> *Au-dessus du canyon . . . . le soleil du matin au soir ne clignait pas d'un œil; à la longue il fit chaud . . . . La petite vache fut bientôt dans l'embarras; des qu'elle faisait un pas, des milliers de sauterelles s'envolaient et de leur crépitement prévenaient les herbes, qui fuyaient plus loin . . . . Au-dessus des sauterelles tournaient des faucons. . . .* (*Contes* 80)

Twelve years later, in a text entitled "D'un amour inquiétant," Ferron disclosed the source of the drought motif, recalling that, while trying to amuse himself in Vernon, he had gone in search of an Indian village indicated on a map and found:

1. In *Le fils du notaire,* p. 140, Marcel Olscamp quotes Jacques Ferron's younger brother, Paul, describing the incident.

> *Deux soleils, vingt faucons, des milliers de sauterelles, les cris aigus, les bruissements fauves de la sécheresse . . . . Mais qu'est-ce qui m'attendait en bas? Un crâne de vache, quelques poutres calcinées, un étang desséché: les vestiges de l'Indian village.* (60)

This same passage was repeated verbatim five years later, in 1970, when Ferron reworked "D'un amour inquiétant" into "Le bel héritage" (*Escarmouches* I 83-89). But the manipulation of this memory has an even longer history. Marcel Olscamp has found in the Ferron archives early sketches for an unpublished poem describing a cow that dies of thirst and is surprised to see its own skeleton preceding it (*Fils* 287). Meditating on this idea, Ferron seems to have combined it with other, more immediate cultural concerns so that, by the time of "La vache morte," a bleached skull seen in British Columbia has become the ghost of a cow bleating for Quebec in the foothills of Alberta.

"La vache morte" might read like a traditional folk tale in that its hero, François Laterrière, fits the ancient prototype of the simple-minded younger son who sets out to make his fortune. But François is loaded down with a whole baggage pertaining specifically to his country of origin. And in the course of the story, standard clichés of how the West was won are turned on their heads in a bitterly farcical vision of the Quebec diaspora, of desperate attempts to maintain a semblance of heritage, and of the role all of this plays in the destruction of indigenous peoples, lands, and customs. Behind the deserted house in the canyon lies the ghost of the deserted Indian village in Vernon. Eglantine, daughter of the Tchiffe, Eglantine (whose name, or so Ferron told me, is the correct name for the wild rose, emblem of Alberta) becomes the innocent victim of François Laterrière's mania for the ways of the "old country." A series of scenes reminiscent of ancient mythology (recognitions, premonitions, violent deaths, echos of Europa, Theseus and the Minotaur) eventually lead to the death of Eglantine and a total destruction of our hero's dream, but the story is not over, as François Laterrière becomes Frank Laterreur, bare-handed matador of the Calgary Stampede, a cowboy with neither horse nor lasso. He is now an epitome of both innocence and experience, French and English, gentleness and violence. And central to the story is the motif of the journey away from home and the return, or attempted return. It is central in this set of texts, a motif that imitates, of course, Ferron's own trip to the West and back. Is it possible that Ferron left for Vernon still carrying with him the pan-Franco-Canadian optimism of his Brébeuf days? Does this Voltairian tale[1] satirize his own loss of innocence?

In "D'un amour inquiétant" and "Le bel héritage" we are not only told about the grasshoppers, falcons, and bleached cow bones, but those details are set in the context of an *"amour inquiétant"* and a *"passion des sauvages"* that represent Ferron's life-long interest in things Amerindian, things which always vanished, like the village in B.C., before he could know them, until, on another army-sponsored journey, he offered a lift to a young Indian woman near Fredericton and developed his whole theory of social manicheism, discovering the Magouas so central to *Le ciel de Québec* and other texts.

But it is in *Le ciel de Québec* (1969), especially, that all these streams come together in a kind of Alberta/Quebec dialectic. There is the drought, which we see first in Edmonton and then hear about in a report sent to Dr. Cotnoir, in which all the familiar details of heat, grasshoppers and falcons are repeated (p.146 in 1979 edition). And that drought becomes the cause of Cotnoir's decision to accept a fateful shipment of wild horses from Alberta which eventually stampede through the town of Sainte-Catherine-de-Portneuf. But before taking us to Alberta, Ferron establishes, in Quebec city and the surrounding country, including the village of the Chiquettes, his Manichean universe. The Chiquettes are the local métis traces of the *"chasseurs chassés"* – the Amerindians.

And once again, a central motif is the journey out west and back home. Frank-Anacharcis Scot journies as a missionary to the Eskimos in the far

1. See France Foriel, "De Thunder-Ten-Tronkh au Farouest" for this evocation of Voltaire.

north-west, causes chaos, misunderstanding and near death, loses his *"belle-âme"* and returns home a changed man, ready for a dose of clap, Quebec citizenship, and a job in helping the Chiquettes build their new cathedral. Henry Scott, the old métis born on the plains, retraces his father's footsteps and travels with Frank and the herd of horses back to the "old country," but his voyage also brings disaster and, like François Laterrière, he finds no place for himself in Quebec. But two Scot(t)s insist on frenchifying their names (Henry Scott becomes Sicotte and Frank becomes François) thereby associating themselves with the non-English and the Magouas in opposition to police chiefs and Anglican churchmen.

Under Quebec skies as Ferron describes them in this fantastic book, things are far from perfect, but there is no killing drought in Chiquetteville, and people from up on the hill and from the other side of the tracks are willing to come and help consecrate a new parish in the village of the Magouas. In Alberta, by contrast, the ghost of a Mandan chief rides his horse down main street, a sign, that the drought striking the country[1] is a kind of retribution for the disappearance of a whole nation, a hundred years earlier. *Le ciel de Québec,* unlike "La vache morte," is at least optimistic to the extent that Frank-Anacharcis is capable of being Quebeckized and Chiquetized.

None of this explains why the West, and particularly Alberta, in these texts becomes so much the locus of despair for Ferron, the place where francophone and Amerindian culture seem doomed to die together, whereas they both may have some chance of survival in Quebec. Perhaps it is the simple historical fact that métis culture followed the same route as François Laterrière, in stages from Quebec to Manitoba to Saskatchewan to Alberta, which was the end of the road. Perhaps it's nothing more complicated than Ferron's dislike of Alberta politics, including the export to

1. With some historical inaccuracy, by the way, since central and northern Alberta were not badly hit by the drought, which is why many desperate Saskatchewan farmers migrated to the Peace River country.

Quebec of Social Credit. But I find very persuasive Marcel Olscamp's suggestion that it may have something to do with a strong enthusiasm, and then a change of heart, concerning Father Bernier and Jean-Baptiste Boulanger, who provided Ferron, early on, with living arguments against the insularity of Lionel Groulx. Something happened, perhaps nothing more than the actual experience of traveling west himself in unhappy circumstances and stepping down for a few alienated hours in Calgary, so that, as Olscamp goes on to explain:

> *le souvenir des Bernier et Boulanger contribua, quelque vingt ans plus tard, à une prise de conscience inverse du même Ferron, qui crut voir rétrospectivement, dans la presence à Brébeuf de ces êtres exceptionnels, un symptôme de l'échec de l'Amérique française et un repli sur le Québec de ce que le Canada francophone avait produit de meilleur.* (*Fils* 193)

Of course, I had no sense of this when I first began translating and corresponding with Ferron. I had blithely retraced some of my grandfather's steps without thinking much about the implications, a complacency that might explain the exasperation in a note Ferron wrote to me in response to some sort of newspaper clipping I had sent him:

> *Ce que vous pouvez être provincial, et vieille fille de l'Alberta, avec vos découpures de journaux ! . . . Au fait, Monsieur Ellenwood, qu'attendez-vous pour retourner à Calgary ? Votre carte de la Saint-Jean-Baptiste ? Un mot, et je vous l'envoie. Votre grand-père n'aura été qu'un vagabond presbytérien, un nomade comme tant de héros de l'Ancien Testament ; il ne savait sans doute pas qu'il vous traçait une Voie de Précurseur. . . .*[1]

Maybe there's some truth in that.

1. An undated letter, probably written in January, 1982.

## BIBLIOGRAPHY

CHARETTE, Guillaume. *L'espace de Louis Goulet.* Winnipeg: Éditions Bois-Brûlés, 1976, 203 pp.

—. *Vanishing Spaces: Memoirs of Louis Goulet.* Trans. Ray Ellenwood. Winnipeg: Éditions Bois-Brûlés and Manitoba Métis Federation Press, 1980, 177 pp.

FERRON, Jacques. "La bible, l'anglais liturgique et le français profane." *L'information médicale et paramédicale,* 32.7 (19 février 1980), p. 8.

—. "Le bel héritage." First published in *L'information médicale et paramédicale* 22.6 (1970), pp. 18-9, and collected in *Escarmouches: la longue passe,* t. I, Montréal: Léméac, 1975, pp. 83-9.

—. *Le ciel de Québec.* Montréal: VLB Éditeur, 1979 (©1969, Éditions du jour), 408 pp.

—. "The Dead Cow in the Canyon." Trans. Betty Bednarski. *Selected Tales of Jacques Ferron.* Toronto: House of Anansi Press, 1984, pp. 102-37.

—. "D'un amour inquiétant." *Parti pris* 2.7 (mars 1965): 60-63.

—. *Papiers intimes.* Édition préparée et commentée par Ginette Michaud et Patrick Poirier. Montréal: Lanctôt Éditeur, 1997, 444 pp.

—. *The Penniless Redeemer.* Trans. Ray Ellenwood. Toronto: Exile Editions, 1984, 342 pp.

—. "La vache morte du canyon." *Contes.* Édition critique par Jean-Marcel Paquette. Montréal: Les Presses de l'Université de Montréal, 1998, pp. 68-100.

FERRON, Madeleine. *Le baron écarlate.* Montréal: Éditions H.M.H., 1971, 175 pp.

FORIEL, France. "De Thunder-Ten-Tronkh au Farouest," *Études canadiennes / Canadian Studies* 18 (juin/June 1985), pp. 27-43.

Olscamp, Marcel. *Le fils du notaire: Jacques Ferron 1921-1949.* Montréal: Éditions Fides, 1997, 320 pp.

STANLEY, George. "Alberta's Half-breed Reserve, Saint-Paul-des-Métis, 1896-1909." *The Other Natives the / les Métis,* vol. 2. Ed. Antoine S. LUSSIER and D. Bruce SEALEY, Winnipeg: Manitoba Métis Federation Press and Éditions Bois-Brûlés,1978, pp. 75-107.

# FERRON ET LE REJET DES FRANCOPHONES HORS QUÉBEC [1]

**Yves Frenette**

Il y a chez Ferron un rejet des francophones hors Québec. Le présent texte vise à jeter de la lumière sur ce rejet par une relecture à la fois de l'excellente biographie que lui a consacrée Marcel Olscamp et de divers documents et textes émanant de Ferron lui-même, entre autres, ses riches entretiens avec Pierre L'Hérault [2].

J'aborde ces sources en historien, laissant aux littéraires la tâche de traiter de la question à même l'ensemble de l'œuvre de Ferron. Par exemple, dans la foulée des travaux de Luc Gauvreau, une analyse systématique des noms de personnes et de lieux liés à l'Amérique française pourrait révéler de nouvelles perspectives [3]. Par ailleurs, une étude complète devrait comprendre une mise en parallèle des représentations ferroniennes de l'Amérique française avec celles que l'écrivain se fait du Canada anglais et du Québec, ainsi qu'avec ses prises de position politiques.

L'évolution de la pensée de Ferron en ce qui a trait à la francophonie hors Québec est difficile à cerner, la documentation étant rare et l'écrivain ayant

1. Présenté d'abord au colloque de Glendon en janvier 2006, ce texte a bénéficié des conseils de Betty Bednarski et de Luc Gauvreau. Je les en remercie.

2. Marcel Olscamp, *Le fils du notaire : Jacques Ferron 1921-1949* (Montréal, Fides, 1997) ; Jacques Ferron, *Le contentieux de l'Acadie,* édition préparée par Pierre Cantin, Marie Ferron et Paul Lewis, avec la collab. de Pierre L'Hérault, préface de Pierre Perrault (Montréal, VLB éditeur, 1991) ; Jacques Ferron, *Escarmouches : la longue passe,* 2 t. (Montréal, Leméac, 1975) ; Jacques Ferron et Pierre L'Hérault, *Par la porte d'en arrière : entretiens* (Montréal, Lanctôt éditeur, 1982). Pour établir le contexte historique, j'ai eu recours à mes propres travaux, plus particulièrement *Brève histoire des Canadiens français* (Montréal, Boréal, 1998).

3. Voir le site web Jacques Ferron écrivain : http://www.ecrivain.net/ferron/.

fait des réflexions a posteriori. Je divise ma brève étude en quatre parties : l'enfance en Mauricie, 1921-1933 ; les années estudiantines, 1933-1945 ; la genèse d'une conscience néo-nationaliste, 1945-1971 ; l'adoucissement, 1971-1985.

## L'enfance en Mauricie, 1921-1933

Comme l'a si bien écrit Olscamp à propos de l'enfance de Ferron :

> Bien que Ferron n'ait pas nécessairement falsifié ses souvenirs, il n'en reste pas moins que, passé maître dans l'art de l'ambiguïté, il a parfois laissé planer un mystère sur des pans entiers de sa jeunesse ; il faut donc tenter d'expliquer certaines omissions et certains silences presque aussi révélateurs que les récits eux-mêmes [1].

Cette observation est particulièrement pertinente pour ses premières représentations de l'Amérique française.

Les localités à l'ouest de Trois-Rivières sont depuis leur fondation partie prenante de la pénétration française du continent. Aux XVII^e^ et XVIII^e^ siècles, ce sont d'abord des lieux pourvoyeurs de coureurs des bois puis d'engagés de la traite des fourrures qui parcourent l'Amérique à la recherche de pelleteries et aussi de femmes autochtones. Certains ne reviennent pas, certains reviennent, certains reviennent et repartent. C'est le cas de Jean-Babtiste Lagimodière, de Maskinongé, qui, après avoir vécu quelques années avec une Amérindienne, rentre dans sa paroisse natale et y épouse Marie-Anne Gaboury, avant de repartir avec elle pour le Dakota et le Manitoba. Établis à Saint-Boniface, ce sont les grands-parents maternels de Louis Riel.

Les récits de voyageur ont sans doute alimenté l'imaginaire du jeune Jacques qui, plus tard, évoquera souvent dans son œuvre les grandes plaines de l'Ouest et la figure légendaire de Louis Riel [2]. Quand Ferron vint au monde, en 1921, cela faisait soixante-quinze ans que les migrations vers le

1. Olscamp, *Le fils du notaire,* p. 17.

2. Il y a plus de trente occurrences de ce nom dans l'« Index des noms propres » compilé par Luc Gauvreau : Jacques Ferron écrivain : http://www.ecrivain.net/ferron/.

pays de la fourrure avaient pris fin. Toutefois, elles avaient été remplacées par d'autres courants migratoires de cultivateurs, d'ouvriers agricoles, de bûcherons et de journaliers vers la Nouvelle-Angleterre, le Midwest, l'Ontario et les provinces des Prairies. Beaucoup partirent, beaucoup revinrent, beaucoup revinrent et repartirent, beaucoup revinrent, repartirent et revinrent [1]. Ainsi, les premiers travailleurs de l'Associated Textile de Louiseville, qui ouvrit ses portes en 1929, avaient appris leur métier au sud de la frontière. Dans la famille même de Ferron, l'arrière-grand-père Georges Caron et le grand-oncle Hector avaient amassé une fortune en prêtant de l'argent aux cultivateurs. Quand ces derniers ne pouvaient pas rembourser leur emprunt, ils prenaient la route des « États ». Le grand-oncle Claude Ferron avait aussi pris le train vers le Sud et il s'était installé à Lowell. À la génération suivante, sa fille Vicky tenait une maison de chambres. C'est là que les oncles de Jacques résidaient quand ils allaient « *weaver* » dans le centre textile du Massachusetts [2].

L'enfant Ferron était donc conscient de l'existence d'un Canada français dépassant les frontières du Québec ; il était conscient aussi du va-et-vient entre son coin de pays et les États-Unis, et de la présence au sud du 45^e^ parallèle de communautés franco-américaines. Il reste que sa lignée paternelle et sa lignée maternelle, celle des Caron, appartenaient, depuis leur établissement dans la région de Louiseville pendant la deuxième moitié du XVIII^e^ siècle, à la branche sédentaire de l'arbre généalogique. Paysanne pendant plusieurs générations, cette branche assurait la reproduction familiale en recourant à d'autres stratégies que la migration de longue distance.

Et l'Acadie dans l'imaginaire du petit Jacques ? Dans sa prime enfance, il n'était probablement pas au courant de l'établissement de déportés acadiens sur la rive-nord du Saint-Laurent après 1755. Son baptême acadien

1. Bruno Ramirez a fait une étude de l'émigration vers la Nouvelle-Angleterre dans le comté de Berthier : *Par monts et par vaux : migrants canadiens-français et italiens dans l'économie nord-atlantique, 1860-1914* (Montréal, Boréal, 1991, 204 p.).

2. Ferron et L'Hérault, *Par la porte d'en arrière,* p. 39.

eut plutôt lieu au Jardin d'enfance de Trois-Rivières, en 1932-1933, lorsqu'il copia un passage du roman *Au Cap Blomidon* d'Alonié de Lestres, alias Lionel Groulx. Il s'agit d'une œuvre à thèse, parue en 1932, qui raconte la reconquête de l'Acadie par un Canadien français revenu récupérer la terre dont ses ancêtres ont été chassés [1].

## Les années estudiantines, 1933-1945

Même si c'est au collège que Ferron rencontre pour la première fois des Canadiens français des autres provinces et des Acadiens [2], il n'est pas clair quel rôle joue son passage à Brébeuf et à l'Université Laval dans sa conception de la francophonie, contrairement à ce qu'en dit Marcel Olscamp [3].

Les jésuites, comme les autres communautés religieuses, sont des acteurs de premier plan dans le réseau institutionnel pancanadien-français. En Ontario et dans les provinces des Prairies, ils fournissent des prêtres qui se vouent pour la plupart à l'enseignement dans des institutions comme le Collège Sacré-Cœur de Sudbury, le Collège Saint-Boniface et le Collège Saint-Jean d'Edmonton. Entre le Québec et la diaspora, des jésuites se meuvent d'établissement en établissement, au gré des besoins. Mais l'échange est inégal : on rapatrie au Québec les meilleurs professeurs et on envoie aux oubliettes diasporiques les têtes fortes, les excentriques, ceux par qui le scandale arrive [4].

Les jésuites sont donc au cœur du Canada français. En même temps, ceux du Québec développent à partir de la Première Guerre mondiale une

1. Alonié de Lestres, *Au Cap Blomidon* (Montréal, Granger Frères, 1932).

2. Lorsque Ferron arrive à Brébeuf, l'institution est toute jeune, ayant été fondée en 1928. Cela et le fait que sa clientèle provient surtout de la moyenne bourgeoisie de Montréal expliquent pourquoi on n'y trouve pas d'élèves franco-américains, comme c'est le cas dans les vieux collèges classiques de province, notamment ceux de Trois-Rivières, Saint-Hyacinthe et Nicolet.

3. Olscamp, *Le fils du notaire,* p. 186-198.

4. Le plus bel exemple est celui de Fernand Dorais, qui arrive à Sudbury en 1970 et qui va être un animateur de la renaissance franco-ontarienne du nord de l'Ontario.

conception sociale plutôt que nationale de leur ministère. Inquiets de l'influence des doctrines subversives, le socialisme, le communisme, le féminisme, ils répondent à l'appel de Rome et font de la question ouvrière un aspect central de leur action, ce qui en amènera certains à promouvoir le corporatisme pendant la Grande Dépression. Les prêtres sont accompagnés par des intellectuels laïques qui gravitent autour de l'École des hautes études commerciales. Ces membres de l'intelligentsia dénoncent l'emprise du capital étranger et l'exclusion des Canadiens français du monde des affaires. Ils prescrivent comme remède un rôle plus interventionniste du gouvernement provincial dans l'économie. En s'intéressant aux questions sociales et économiques, les nationalistes commencent à redessiner les contours de la Nation, qui correspondent de plus en plus aux frontières du Québec.

Est-ce que l'élève Ferron subit à Brébeuf ces influences pancanadiennes-françaises et ces influences québécoises, qui coexistent et commencent à diverger, mais sans encore s'affronter ? Sûrement. Cependant, la vocation humaniste du collège, le fait qu'on y trouve des professeurs abreuvés à la culture française hexagonale et que Jacques lui-même semble prendre pendant ces années la voie de l'individualisme, m'amènent à penser qu'il est assez indifférent à ces questions à cette époque. Faut-il croire Ferron quand il écrit à Jean Marcel en 1967 : « Je passai alors à une bourgeoisie sans doute cultivée mais fort dédaigneuse de son pays [1] » ? Et faut-il aussi croire Pierre Trottier, qui qualifie ses condisciples brébeuvois d'« esthètes [2] ». Je serais porté à dire oui.

Il faudrait fouiller la question des relations qu'a entretenues Ferron avec son professeur franco-manitobain Robert Bernier et avec ses condisciples originaires de l'Ouest canadien. Nul doute qu'il trouve un maître à penser dans ce jésuite érudit, éloquent et passionné, à peine plus âgé que ses élèves. Mais il me semble justement que ce sont les qualités intellectuelles

1. Cité dans Olscamp, *Le fils du notaire,* p. 168.

2. Cité dans Olscamp, *ibid.,* p. 182.

du père Bernier qui séduisent Ferron et non pas nécessairement son nationalisme pancanadien-français, comme l'avance Marcel Olscamp. Dans le même sens, l'étroitesse d'esprit dont Bernier et ses disciples, y compris Ferron, accusent Groulx est certes liée aux idées politiques du chanoine, mais Olscamp a tort de voir en Groulx un nationaliste québécois plutôt que pancanadien-français. Cette interprétation du parcours intellectuel de Groulx se manifeste beaucoup plus tard, dans les années cinquante et surtout soixante. Dans l'entre-deux-guerres, Groulx devient le chantre principal du Canada français, à mesure de l'effacement d'Henri Bourassa qui, lui, rétrécit ses intérêts au Québec en se tournant vers la question sociale [1].

Il faut se méfier à la fois de Ferron et de son condisciple brébeuvois Pierre Elliott Trudeau qui, bien plus tard, vont faire usage du souvenir de Bernier pour « inventer » leurs pays respectifs, le Québec et le Canada. En février 1972, dans une entrevue au *Magazine Maclean,* Trudeau dira : « Le père Bernier a été l'homme le plus cultivé que j'aie rencontré et ça confirme ce que je dis toujours. On peut être un sacré bon Canadien français ailleurs qu'au Québec [2]. » Pour sa part, Ferron rétorquera dans la même revue quelques mois plus tard :

> Trudeau est mal informé ou de mauvaise foi : Bernier est arrivé de Saint-Boniface avec la culture d'un cheval pinto qui serait passé par le séminaire de Trois-Rivières ; c'est son ami Pierre Baillargeon qui lui a déniaisé l'esprit [3].

1. Sur la conception groulxiste de l'Amérique française, voir Michel Bock, *Quand la nation débordait les frontières : les minorités françaises dans la pensée de Lionel Groulx* (Montréal, Éditions Hurtubise HMH, Les Cahiers du Québec n° 142, coll. Histoire, 2004).

2. Cité par Ann Charney dans « Un homme du passé pour l'avenir ? », *Le Maclean,* vol. XII, n° 2, févr. 1972, p. 7-12.

3. Ferron, « L'Acadie de Jacques Ferron. Deuxième partie : « Et les Chiacs ? Les Chiacs n'y étaient pas », *Le Maclean,* vol. XII, n° 8, août 1972, p. 19. Repris dans *Le contentieux de l'Acadie,* p. 141.

Il semblerait que ce soit seulement vers la fin des années cinquante que l'écrivain commence à dater sa conversion néo-nationaliste de son passage au Collège Brébeuf et qu'il y associe la cohabitation avec Bernier et ses jeunes confrères originaires des provinces des Prairies. En 1963, dans un article paru dans *La revue socialiste,* il écrit ceci :

> Je suis sorti du collège, je ne connaissais de mon pays que les plantes qui fleurissent des derniers jours d'avril au milieu de mai. [...] J'avais appris à goûter Paul Valéry. [...] Mais ce qui m'a le plus frappé, grâce à quoi j'ai compris que les frontières de mon pays étaient sur l'Outaouais, ce fut la rencontre dans ce collège de tout ce que l'Ouest avait produit de mieux, les Bernier, les Dubuc, les Boulanger, rescapés d'une grande défaite, de la perte d'une deuxième province française, et qui se sont tous fixés dans le Québec[1].

En 1982, il exprimera cette idée à nouveau, à Pierre L'Hérault :

> Alors, j'ai très bien compris qu'il n'y avait de salut pour nous que dans la province et que le bilinguisme [...] ne pouvait pas nous servir. C'est à la suite de ça que je me suis pour ainsi dire replié sur le Québec, acceptant d'être Québécois, acceptant difficilement d'être Québécois après avoir été Canadien[2].

## La genèse d'une conscience néo-nationaliste, 1945-1971

En réalité, c'est après avoir terminé ses études de médecine que Ferron semble avoir développé une conscience néo-nationaliste, plus précisément à la suite de son service militaire de 1946, à Vernon en Colombie-Britannique, à Borden en Ontario et au camp Utopia, ainsi qu'à Frédéricton au Nouveau-Brunswick. Comme l'indique Olscamp, ce sont là ses seules incursions au Canada anglais. Elles le marquent vivement. En 1953, l'écrivain en herbe publie dans la revue *Amérique française* un conte, « La vache morte du canyon », l'histoire d'une vache qui meurt sans s'en apercevoir à

1. Ferron, « La table est mise pour les crapauds », *La revue socialiste,* n° 7, hiv. 1963-1964, p. 48. Repris dans *Escarmouches,* 1, p. 57, 59.

2. Olscamp, *Le fils du notaire,* p. 193.

Calgary et dont le fantôme hantera les vestiges de l'habitation d'un colon originaire du rang Trompe-Souris, à Saint-Justin de Maskinongé [1]. C'est la première fois que Ferron annonce par écrit la mort du Canada français et le repli nécessaire sur le Québec, profitant de l'occasion pour se moquer du chroniqueur de droite Robert Rumilly, qui devient dans le conte « le fameux historien, Ramulot », représentant du « Comité pour la Survivance de l'Agonie Française en Amérique [2] ».

En prenant ce tournant, Ferron représente bien les intellectuels de sa génération qui se convertissent au nationalisme, mais pas à la mode de Lionel Groulx. Ce sont plutôt des néo-nationalistes qui abandonnent le catholicisme, la dualité culturelle et les francophones à l'extérieur du Québec, en continuité avec certains de leurs prédécesseurs des années vingt et trente. Il est illusoire, croient-ils, d'assurer la survie des minorités assujetties à la volonté de la majorité. Pour Ferron, la défaite des Canadiens français a commencé avec la pendaison de Riel en 1885 et a abouti à la crise de la conscription en 1917. Il écrit en 1960 dans son texte d'adieu au P.S.D. :

> Nous avons été obligés de retraiter, laissant derrière nous des minorités qui n'ont aucun avenir, dont le sort sera celui des Français de la Louisiane et de la Nouvelle-Angleterre. Qu'elles s'anglicisent, c'est le mieux qu'elles ont à faire. Elles n'ont pas attendu, d'ailleurs, notre permission. Si une lutte se continue en leur faveur dans le Québec, elle est le fait de quelques Mérovingiens, de retardataires et d'arriérés mentaux ; elle est aussi le fait de l'Église catholique dont la duplicité dans cette affaire est grande [3].

Pour les néo-nationalistes, deux nations s'affrontent : les Canadiens anglais répartis dans tout le pays et qui détiennent le pouvoir économique ;

1. Ferron, « La vache morte du canyon », *Amérique française,* vol. XI, n° 1, janv.-févr. 1953, p. 3-13 ; n° 2, mars-avr. 1953, p. 21-29 ; n° 3, mai-juin 1953, p. 16-32. Repris dans *Contes,* édition intégrale (Montréal, HMH, 1968), p. 74-98.

2. Ferron, *Contes,* édition intégrale, p. 94.

3. Ferron, « Adieu au P.S.D. », *La revue socialiste,* n° 4, été 1960, p. 7-14. Repris dans *Escarmouches,* 1, p. 29.

de l'autre côté, les francophones, concentrés au Québec. Dans ce combat à finir, il n'y a pas de place dans l'arène pour les groupes immigrants, qui brouillent les cartes. Il n'y a pas de place non plus pour les minorités francophones, puisque l'affrontement s'effectue entre le Québec français et le Canada anglais. C'est dans cette optique que Ferron ne considère pas l'élection de Louis Robichaud au poste de premier ministre du Nouveau-Brunswick, en 1960, comme une victoire. Il écrit dans une lettre ouverte au quotidien *La Presse* :

> Je crois que les Acadiens auraient plus d'avantages à se rattacher à nous qu'à rester sous un régime anglais, même si à la tête de ce régime anglais il y a désormais un nommé Robichaud. Le succès de celui-ci les venge tout au plus de la défaite de Durelle. Les peuples humiliés se contentent de peu [1].

Ces considérations sont importantes pour apprécier le séjour de Ferron à Moncton à l'automne 1966 comme correspondant de *L'information médicale et paramédicale* chargé de couvrir la Ninth Annual Conference on Mental Retardation. Jusque là, Ferron n'a pas connu beaucoup d'Acadiens : un seul à Brébeuf, probablement quelques-uns au collège Saint-Laurent, où il a étudié en 1936-1937 à la suite d'une expulsion de Brébeuf[2], et à la faculté de Médecine de l'Université Laval. À Frédéricton, où l'amène son service militaire, il aurait connu trois soldats acadiens classés M3, c'est-à-dire que l'armée canadienne les considérait comme « idiots», ce qui symboliserait pour lui la condition inférieure des Acadiens face aux Anglais. Enfin, il

1. Ferron, « Robichaud à la rescousse de Durelle », *La Presse,* 2 sept. 1960, p. 4 (La parole est à nos lecteurs). Repris dans Jacques Ferron, *Les lettres aux journaux,* colligées et annotées par Pierre Cantin, Marie Ferron et Paul Lewis, préf. de Robert Millet, Montréal, VLB éditeur, 1985, p. 141-142 ; repris dans *Le contentieux de l'Acadie,* p. 263-264. L'écrivain fait ici allusion à la défaite du boxeur acadien Yvon Durelle aux mains d'Archie Moore dans un combat pour le titre de champion du monde mi-lourd, au Forum de Montréal, le 10 décembre 1959.

2. Le Collège Saint-Laurent était dirigé par les pères de Sainte-Croix, qui étaient présents en Acadie depuis 1864.

aurait rencontré dans la petite bourgade de Denver, en face de Frédéricton, « un Acadien en rupture d'armée, amant d'une rouquine de quinze ou seize ans qui habitait avec deux négresses dans une sorte de maison abandonnée[1] ». Toutefois, l'écrivain a beaucoup fréquenté l'Acadie par la lecture et en connaît très bien l'histoire et la géographie, la Déportation bien sûr mais aussi les caractéristiques des trois grandes régions acadiennes du Nouveau-Brunswick : le Nord-Est brayon, presque canadien-français, presque québécois, sur lequel il va écrire de belles pages ; la péninsule du nord, proche de cette Gaspésie où il a vécu pendant deux ans ; le Sud-Est, royaume des Chiacs, qui ont fait de Moncton leur capitale. Comme bien des intellectuels canadiens-français avant lui, y compris Groulx, Ferron est fasciné par l'Acadie, sa riche culture, ses traditions, la ténacité de sa population. Cela se manifeste notamment dans ses comptes rendus d'œuvres d'auteurs acadiens comme Antonine Maillet et Régis Brun.

En même temps, et il le dit haut et fort, Ferron trouve les Acadiens « attardés », notamment au point de vue religieux, et dans leurs attitudes politiques. Comment oublier qu'il se rend à Moncton pour assister à un congrès médical qui porte sur les arriérés mentaux ? Intellectuellement, il comprend d'où vient aux Acadiens le sens du compromis politique, formé dès la conquête anglaise en 1713. Mais le militant néo-nationaliste ne peut l'accepter. Son attitude est illustrée dans la citation suivante :

> Les Acadiens sont doux et tenaces ; ils ne revendiquent rien, ils attendent ; l'infériorité leur semble encore naturelle et de la sorte ne les afflige pas ; ils restent enjoués et polis. Ce ne sont pas des frères mais des cousins attardés que nous pouvons rejoindre par le passé : il y a une cinquantaine d'années, nous étions des manières d'Acadiens et eux, ils n'étaient rien[2].

---

1. Ferron, « Le bel héritage », *L'information médicale et paramédicale,* vol. XXII, n° 6, 20 janv. 1970, p. 47. Déjà paru en majeure partie dans « D'un amour inquiétant », *Parti pris,* mars 1965, p. 60-63. Repris dans *Escarmouches,* 1, p. 88.

2. Ferron, « Enfin les arriérés ! », *L'information médicale et paramédicale,* vol. XIX, n° 5, 17 janv. 1967, p. 26. Repris dans *Le contentieux de l'Acadie,* p. 58.

Ferron ne croit pas à Moncton comme capitale de l'Acadie et encore moins à une université de langue française dans la petite ville. Encore si cette institution était située dans la péninsule acadienne plutôt que dans le Sud-Est ! L'écrivain raconte aussi avoir rencontré deux étudiants qui lui ont déclaré ne pas être acadiens mais canadiens-français ; il y reconnaît une volonté d'abandonner l'esprit de compromis, mais, encore une fois, l'Acadie est en retard, puisque le Québec est en voie de délaisser l'appellation vieillotte de « Canadiens français » pour celle de « Québécois ».

Ce premier séjour acadien est l'occasion pour Ferron d'évoquer la parenté québécoise en Nouvelle-Angleterre : Lee Oswald, l'assassin de Kennedy, dont la mère est canadienne-française ; le général Curtis LeMay, relevé de ses fonctions pendant la guerre du Vietnam ; l'écrivain « beat » Jack Kerouac qui, à la fin de sa vie, appuie ladite guerre. Trois Franco-Américains qui sont décrits de façon négative. Quant aux Franco-Ontariens, ils sont « minables » et ils « s'abrutissent dans d'invraisemblables écoles bilingues [1] ».

## L'adoucissement, 1971-1985

En 1971, Ferron situe une partie de l'action de son roman *Les roses sauvages* en Acadie [2]. Si le voyage de 1966 lui sert de matière, l'écrivain nuance le ton négatif de la série de textes qu'il avait publiés dans *L'information médicale et paramédicale* sous le titre « Le contentieux de l'Acadie [3] ». Bien sûr, le genre romanesque se prête à la nuance, mais Ferron fait essentiellement la même chose en 1972, atténuant ses jugements dans deux textes

1. Ferron, « Bilan provisoire », *L'information médicale et paramédicale,* vol. XIX, nº 19, 15 août 1967, p. 26. Repris dans *Le contentieux de l'Acadie,* p. 106.

2. Jacques Ferron, *Les roses sauvages, petit roman suivi d'une lettre d'amour soigneusement présentée* (Montréal, Éditions du Jour, coll. Les romanciers du Jour, R-71, 1971).

3. Cette série de vingt-et-un textes, parue dans *L'information médicale et paramédicale* du 18 oct. 1966 au 15 août 1967, sera reprise en 1991 dans le livre *Le contentieux de l'Acadie,* p. 31-120.

publiés dans le *Magazine Maclean* [1]. Sans changer d'opinion sur l'avenir de l'Acadie, Ferron ne peut ignorer la renaissance qui s'y fait jour. Il semble aussi avoir été influencé favorablement par des vacances de deux semaines passées en 1968 à Shippagan, lieu qui fera désormais partie de sa cartographie [2]. Sa vision de l'Acadie s'imprègne de douceur. Et l'on ne peut s'empêcher de demander, avec Herménégilde Chiasson [3], quel sens donner au fait qu'un personnage québécois en détresse, le jeune veuf montréalais des *Roses sauvages,* confie sa petite fille à une famille acadienne du sud-est du Nouveau-Brunswick, pour qu'elle puisse s'épanouir.

À l'invitation de Pierre L'Hérault, Ferron accepte de rencontrer des auditoires acadiens à l'Université de Moncton en novembre 1972 et en 1974. Dans sa conférence de 1972 et dans la période de questions qui suit, il se fait provocateur, à son habitude, mais il montre beaucoup de respect envers des gens outrés de ses positions. Pour la première fois, il mentionne que la famille Ferron comprend une branche acadienne qui toutefois, et pour lui c'est très révélateur, ne reconnaît pas son ascendance québécoise [4].

Pendant la dernière partie de sa vie, l'Acadie, Lowell et d'autres lieux et personnages de l'Amérique française réapparaîtront à l'occasion dans

1 Ferron, « L'Acadie de Jacques Ferron. Première partie, Quoi ? Vous les laissez s'instruire ! » ; Deuxième partie, « Et les Chiacs ? Les Chiacs n'y étaient pas », *Le Maclean,* vol. XII, n° 7, juill. 1972, p. 24-25, 32-33 ; vol. XX, n° 8, août 1972, p. 18-19, 31-33. Repris dans *Le contentieux de l'Acadie,* p. 123-146.

2. Il y a plus de vingt occurrences de ce lieu dans l'« Index des noms propres » compilé par Luc Gauvreau : Jacques Ferron écrivain : http://www.ecrivain.net/ferron/.

3. Herménégilde Chiasson, « 15 esquisses pour un portrait virtuel de Jacques Ferron », *Dalhousie Medical Journal,* vol. XXXIV, n° 2, aut. 2006, numéro intitulé *Celebrating the Physician Writer: Texts from the Jacques Ferron Symposium, April 25, 2006* (s. la dir. de Betty Bednarski et Derek Roberts), p. 56. Passage repris dans la version légèrement modifiée du même texte qui paraît dans le présent volume, ci-dessus p. 99-116.

4. Ferron, « L'Acadie de Jacques Ferron, ou Moncton revisité (transcription de la conférence de Jacques Ferron, 27 novembre 1972, Moncton) », *Le contentieux de l'Acadie,* p. 162-162. L'écrivain reviendra à l'occasion sur ce thème, notamment dans l'historiette « La branche cadette », en 1979 : *Le contentieux de l'Acadie,* p. 235-238.

l'œuvre de Ferron. Dans la série d'entretiens que l'écrivain accorda à Pierre L'Hérault en 1982, il parle abondamment de ses condisciples brébeuvois originaires de l'Ouest canadien, de Louisbourg, de la déportation, des Ferran de l'Île Lamèque. Et il aurait aimé, dit-il, explorer la Nouvelle-Angleterre « parce qu'une partie de ma parenté est allée à Lowell [1] ». En même temps, pour l'amant de la langue française qu'il était, la ville du Massachusetts représentait une aberration. Contrairement au langage riche et coloré des Gaspésiens, des Beaucerons, des Brayons, des Acadiens de la péninsule ou des ruraux de son enfance dans le comté de Maskinongé, le joual qu'on parlait en Nouvelle-Angleterre, tout comme le chiac, était laid, culturellement suicidaire parce que conduisant directement à l'assimilation linguistique [2]. Pour le néo-nationaliste Ferron, la langue française constituait l'élément primordial de la nouvelle identité québécoise. Sans elle, pas de culture, pas de peuple québécois.

Et, comme les francophones des États-Unis et du reste du Canada, à l'exception peut-être de certaines parties de l'Acadie du Nouveau-Brunswick, avaient malencontreusement pris la voie du bilinguisme « joualisant » qui mènerait indubitablement à l'unilinguisme anglais, ils n'avaient pas d'avenir. D'où leur rejet par Ferron, qui, tout en les abandonnant sur le plan politique, s'était pourtant approprié l'Amérique française par l'imaginaire, en l'intégrant à sa fiction, à sa cartographie mentale. Lowell, Moncton, Gravelbourg, le père Lacombe, Louis Riel, et combien d'autres lieux et personnages, ne symbolisaient-ils pas pour lui un rêve et son échec, l'impossibilité d'une quête continentale ? Quête indissociable d'un pouvoir clérical qu'il condamnait, et du destin de petites gens dont il se sentait solidaire et qu'il affectionnait.

Les francophones hors Québec avaient un riche passé, mais ils n'avaient pas d'avenir, sauf peut-être en pays brayon et dans la péninsule acadienne. Il fallait les abandonner. L'Amérique française, elle, continuait à se déployer

1. Ferron et L'Hérault, *Par la porte d'en arrière*, p. 249.

2. *Id., ibid.*, p. 149.

dans l'imaginaire de l'écrivain, abreuvant et le projet nationaliste québécois et l'œuvre. D'où une certaine ambiguïté... toute ferronienne.

## BIBLIOGRAPHIE


BOCK, Michel. *Quand la nation débordait les frontières : les minorités françaises dans la pensée de Lionel Groulx,* Montréal, Éditions Hurtubise HMH, Les Cahiers du Québec n° 142, coll. Histoire, 2004, 456 p.

CHARNEY, Ann. « Un homme du passé pour l'avenir ? », *Le Maclean,* vol. XII, n° 2, févr. 1972, p. 7-12.

FERRON, Jacques. *Escarmouches : la longue passe,* 2 t., Montréal, Leméac, 1975, 392 p. et 228 p.

—. « Adieu au P.S.D. », *La revue socialiste,* n° 4, été 1960, p. 7-14. Repris dans *Escarmouches,* 1, p. 23-39.

—. « La table est mise pour les crapauds », *La revue socialiste,* n° 7, hiv. 1963-1964, p. 48. Repris dans *Escarmouches,* 1, p. 57-60.

—. « Le bel héritage », *L'information médicale et paramédicale,* vol. XXII, n° 6, 20 janv. 1970, p. 47. Déjà paru en majeure partie dans « D'un amour inquiétant », *Parti pris,* mars 1965, p. 60-63. Repris dans *Escarmouches,* 1, p. 83-89.

—. *Les roses sauvages, petit roman suivi d'une lettre d'amour soigneusement présentée,* Montréal, Éditions du Jour, coll. Les romanciers du Jour, R-71, 1971, 177 p.

—. *Le contentieux de l'Acadie,* édition préparée par Pierre CANTIN, Marie FERRON et Paul LEWIS, avec la collab. de Pierre L'HÉRAULT, préf. de Pierre PERRAULT, Montréal, VLB éditeur, 1991, 271 p.

—. « Enfin, les arriérés ! », *L'information médicale et paramédicale,* vol. XIX, n° 5, 17 janv. 1967, p. 26. Repris dans *Le contentieux de l'Acadie,* p. 58-61.

— « Bilan provisoire », *L'information médicale et paramédicale,* vol. XIX, n° 19, 15 août 1967, p. 26. Repris dans *Le contentieux de l'Acadie,* p. 105-107.

—. « L'Acadie de Jacques Ferron. Première partie, « Quoi ? Vous les laissez s'instruire ! » ; Deuxième partie, Et les Chiacs ? Les Chiacs n'y étaient pas », *Le Maclean,* vol. XII, n° 7,juill. 1972, p. 24-25, 32-33; vol. XX, n° 8, août 1972, p. 18-19, 31-33. Repris dans *Le contentieux de l'Acadie,* p. 123-146.

—. « La branche cadette », *L'information médicale et paramédicale,* vol. XXXI, n° 12, 1er mai 1979, p. 16. Repris dans *Le contentieux de l'Acadie,* p. 235-238.

—. « Robichaud à la rescousse de Durelle », *La Presse,* 2 sept. 1960, p. 4 (La parole est à nos lecteurs). Repris dans Jacques FERRON, *Les lettres aux journaux,* colligées et annotées par Pierre CANTIN, Marie FERRON et Paul LEWIS, préf. de Robert MILLET, Montréal, VLB éditeur, 1985, p. 141-142 ; repris dans *Le contentieux de l'Acadie,* p. 263-264.

—. « L'Acadie de Jacques Ferron ou Moncton revisité », transcription de la conférence de Jacques Ferron, 27 nov. 1972, Moncton, *Le contentieux de l'Acadie,* p. 159-183.

—, et L'HÉRAULT, Pierre. *Par la porte d'en arrière : entretiens,* Montréal, Lanctôt éditeur, 1982, 320 p.

FRENETTE, Yves. *Brève histoire des Canadiens français,* Montréal, Boréal, 1998, 209 p.

Jacques Ferron écrivain : http://www.ecrivain.net/ferron/

LESTRES, Alonié DE (pseudonyme de Lionel GROULX). *Au Cap Blomidon,* Montréal, Granger Frères, 1932, 239 p.

OLSCAMP, Marcel. *Le fils du notaire : Jacques Ferron 1921-1949,* Montréal, Fides, 1997, 425 p.

RAMIREZ, Bruno. *Par monts et par vaux : migrants canadiens-français et italiens dans l'économie nord-atlantique, 1860-1914,* Montréal, Boréal, 1991, 204 p.

# LES DÉDICATAIRES CANADIENS-ANGLAIS DE JACQUES FERRON : LE CAS DE PETER DWYER

SUSAN MURPHY

Le roman *Le salut de l'Irlande (Le salut),* qui paraît aux Éditions du Jour le 10 décembre 1970, est dédié « À Monsieur Peter Dwyer ». Le feuilleton dont ce roman constitue la réécriture, et que Ferron avait fait publier dans *L'information médicale et paramédicale* (dorénavant *IMP*) entre le 15 février 1966 et le 4 avril 1967 sous la rubrique « Le salut de l'Irlande [1] », n'avait pourtant pas de dédicace. Comment interpréter cette décision de dédier à un Canadien anglais un livre publié en plein milieu de la Crise d'octobre et qui, de l'aveu de son auteur, « a un petit fumet séditieux [2] » ? Pour comprendre la signification de cet élément paratextuel du roman, il faut tenir compte de certaines données biographiques du dédicataire et de ses rapports — réels et imaginaires — avec l'auteur, ainsi que des circonstances sociopolitiques et personnelles entourant le remodelage de la chronique. Une analyse de ces facteurs dans le cadre des différences entre les deux versions du texte et des références au dédicataire dans d'autres écrits et dans la correspondance privée de Ferron permet de faire émerger cette dédicace comme un principe important de lisibilité du roman.

## Le feuilleton

La procédure de fabrication d'un livre à partir de textes déjà publiés est récurrente chez Ferron, qui l'explique ainsi dans une lettre à Julien Bigras :

1. Vingt-huit tranches paraissent pendant cette période (à chaque quinzaine), avec des sous-titres annonçant le contenu. *L'information médicale et paramédicale,* vol. XVIII, nº 7, 15 févr. 1966, à vol. XIX, nº 10, 4 avr. 1967.

2. Lettre inédite du 10 nov. 1970 de Jacques Ferron à Jean Marcel. — Je remercie Jean Marcel de m'avoir aimablement permis de consulter et de citer sa correspondance avec Jacques Ferron.

« Vous me parlez du *Pas de Gamelin.* Il ne faut pas trop se fier au journal. Le journal m'a toujours servi à brouillonner. Ensuite, je reprends » (1988, 82). Signalons cependant que dans le cas du *Salut,* l'auteur avait abandonné de façon explicite la première version avant qu'elle ne soit achevée. Le dernier fragment du feuilleton, marqué « (fin) » mais intitulé « Bilan provisoire », n'en dénoue pas l'intrigue. En guise de fin l'auteur expose, dans un écrit de nature métatextuelle, le « dessein » de son « roman » et les raisons pour lesquelles il renonce, pour le moment, à le mener à terme :

> J'avais eu le dessein d'un roman alerte, troussé en quelques chapitres, où l'on aurait vu Conney Haffigan, cadet d'un agent de l'honorable John Sullivan, devenir patriote québecquois, effelquois, partipriste et riniste, nonobstant ses cinq frères dans les différentes polices du pays. Il le serait devenu sur l'ordre de son père, après que celui-ci aurait assisté, en mai 1963, le jour dû bombardement de Westmount, à la projection d'un film sur la sculpture de Françoise Sullivan, ex-signataire de Refus Global, ex-danseuse et surtout fille de l'honorable John. À cette séance le consul américain ne peut se rendre, empêché par l'embouteillage. CDA Haffigan, devant cette manifestation de force réussie grâce à la singulière faiblesse d'une grande ville comme Montréal qu'un rien peut paralyser, ressent alors profondément son ambivalence irlandaise, et, déjà fort de cinq fils policemen, se rebalance par une dychotomie de bon aloi et propre à contenter la part fénienne de son âme en annonçant à son cadet qu'il sauvera l'Irlande.
>
> — Comment, father ?
>
> — En devenant effelquois, Conney.
>
> Ce dessein allait, me semble-t-il, dans le sens de ma revendication québecquoisante qui consistera à la fin à proclamer tout simplement que notre pays, tel que défini par ses frontières, c'est le monde entier. Nous étions déjà la France et l'Amérique amérindienne. Et voilà, grâce au petit Conney Haffigan, nous devenions l'Irlande. Il ne me restait plus, par un impérialisme décent, [qu']à annexer l'Écosse, puis l'Angleterre.

Cependant, l'auteur avoue son échec :

> Hélas ! Je n'en ai pas fini avec l'Irlande. Je dois même avouer que mon roman n'a pas rencontré mon dessein, qu'après plus d'un an de feuilleton, je ne fais que commencer [...]. Des personnages imprévus se sont présentés [...]. Et chacun sait qu'en zigzaguant on ne va pas droit au but. [...] Dans cette conjoncture romanesque je n'arriverai pas à la fameuse projection de films de mai 1963, à l'École des Beaux-Arts, avant 1970. Et j'aurai depuis longtemps commencé de recevoir des lettres d'injures des lecteurs de l'Information Médicale. C'est pourquoi je mets fin à ma chronique abusive dès aujourd'hui, quitte à la continuer plus discrètement pour deux raisons, la première, qu'il me la faut dédier au Docteur Leblond, la deuxième, c'est que je n'en démords pas : le Québec a le devoir de sauver l'Irlande (vol. XIX, n<sup>o</sup> 10, 1967, 28-29).

En dépit de cette phrase finale, il semblerait que Ferron n'avait pas l'intention de continuer le texte, du moins d'après ce qu'il écrit à Jean Marcel en 1969 :

> Je n'ai jamais pensé finir le Salut de l'Irlande. C'était au départ une œuvre future : Linda, devenue Madame Hamilton, n'était pas encore morte tragiquement. Je ne savais pas que mon vieil oncle Émile avait été clerc de John Sullivan, le père de Françoise. Il me reste beaucoup de choses à apprendre : pourquoi les Irlandais cherchent à se faire enterrer la tête au nord ? Le journal de Frère Marie-Victorin m'était inconnu. Il paraît dans le « Frère Éducateur [1] ».

Que ce soit les événements d'octobre qui incitent l'auteur à reprendre sa « chronique abusive » ne laisse alors aucun doute [2]. Dans une lettre du

1. Lettre inédite à Jean Marcel du 26 févr. 1969.

2. À la lumière des raisons données en 1967 pour l'abandon du texte, l'année de sa réécriture semble ironique. Jean Marcel écrit en déc. 1970 que le premier texte constituait déjà en 1966 « une sorte de préfiguration » des événements d'octobre 1970 (« Post-scriptum pour sauver l'Irlande », *Livres et auteurs québécois,* Québec, Presses de l'Université Laval, 1970, p. 15 ; repris dans Jean Marcel, *Jacques Ferron malgré lui,* Montréal, Éditions Parti pris, coll. Frères chasseurs, 1978 [© 1970], p. 179).

27 octobre 1970, Ferron écrit à Jean Marcel, qui lui avait fait part des rumeurs à Québec au sujet de l'arrestation du docteur-écrivain :

> J'ai été perquisitionné au tout début. Cela m'a sauvé de l'arrestation. Vendredi dernier, les forces de l'ordre sont venues par trois fois à St-Jean-de-Dieu : j'y aurais séquestré le pauvre Cross. Il y a dans toute cette affaire une machination de police dont je possède quelques notions. Cette machination, l'intelligence branch de la gendarmerie royale cherche à la cacher aux autres polices. J'en connais juste assez pour ne pas être interrogé. Si j'en connaissais plus je ne serais que bon à tuer. La semaine dernière j'ai refait le *Salut de l'Irlande* qui paraîtra au début de décembre [1].

C'est donc après l'enlèvement le 5 octobre 1970 du diplomate britannique James Cross et celui le 10 octobre du vice-premier ministre du gouvernement du Québec Pierre Laporte par des membres du Front de Libération du Québec, après la proclamation de la loi des mesures de guerre le vendredi 16 octobre et les rafles qui suivirent [2], après la mort de Pierre Laporte le 17 octobre, mais avant la libération de James Cross le 4 décembre 1970 [3], que Ferron « refait » — en une semaine, selon cette lettre — et sous l'état d'exception, sa « chronique abusive ». Dix-huit jours après la parution du *Salut,* Ferron est appelé à jouer le rôle d'intermédiaire entre la police et les ravisseurs de Laporte, les frères Rose et Francis Simard, qu'il connaît ; la reddition et l'emprisonnement de ces derniers le 28 décembre 1970 marquent la fin de la Crise.

---

1. Lettre inédite de Jacques Ferron à Jean Marcel datée du 27 oct. 1970.
2. « Au-delà de 500 citoyens seront écroués incommunicado à la suite de ce "Vendredi Noir" et des jours qui suivront. » Il y aura plus de 4 600 perquisitions avec saisies et 31 700 perquisitions lors des ratissages des rues (Louis Fournier, *FLQ. Histoire d'un mouvement clandestin,* Montréal, Québec/Amérique, 1982, p. 340).
3. Dans une lettre inédite du 25 nov. 1970 à Jean Marcel, Ferron écrit avoir lu les dernières épreuves du *Salut.*

## Du feuilleton au roman de 1970

Le roman de 1970 diffère de la chronique par la manière dont l'intrigue « interminable » de cette dernière se voit élaguée, réorientée, et propulsée vers une nouvelle fin [1]. Comme prévu dans le dernier fragment feuilletonesque, l'auteur intègre à ce récit assumé par le jeune héros Connie [2] Haffigan l'incident de la « fameuse projection de films de mai 1963 », suite à laquelle son père lui annonce que lui, Connie, sauvera l'Irlande en devenant « Effelquois ». Mais cet incident n'est pas le point culminant du roman tel que l'avait envisagé Ferron dans la tranche ultime de la chronique, comme le montre bien la façon dont il est incorporé au récit premier du livre, d'abord par prolepse et ensuite par analepse [3]. La scène qui dote le roman de 1970 d'une signification nouvelle par rapport au feuilleton est celle, ajoutée, par laquelle il s'achève. Bien que l'auteur ait prévu dans le dernier fragment de faire « redescendre » les frères de Conney, laissés « montés dans le ciel rouge [4] », rien ne laissait

1. Pour une comparaison exhaustive des deux textes voir Jean R. Côté, « Genèse du texte et problèmes de narratologie : le cas du *Salut de l'Irlande* de Jacques Ferron », thèse de doctorat, Québec, Université Laval, 1991, 420 f.

2. Dans le roman le prénom du protagoniste devient « Connie », le nombre de ses frères est réduit de cinq (Micke, Pat, Tim, Buck, Jack) à trois (Mike, Tim et Buck), et le nom du major Below devient « Bellow ».

3. Voici la prolepse : « Qu'est-ce que l'Irlande ? demandai-je à CDA Haffigan. Il ne le savait pas encore lui-même, du moins dans le sens où il avait voulu m'en parler. Les événements allaient l'instruire, en particulier ceux qui surviendront le jour où il [CDA Haffigan] se rendra [...] à la projection d'un film sur Françoise O'Sullivan [...]. Or ce jour sera celui des bombes dans Westmount et, par entraînement politique, il en reviendra beaucoup plus frappé par la portée de la dynamite que par les sculptures de la jeune Françoise » (p. 74-75). L'analepse se situe à la p. 196 : « Je me rappelai alors qu'après son retour de l'école des Beaux-Arts, impressionné par l'efficacité de quelques petites bombes mises à la poste de Westmount, il m'avait annoncé que je ne suivrais pas mes frères dans les gendarmerie : – Connie, tu seras Effelquois. »

4. « Les cinq policemen de la famille Haffigan sont montés dans le ciel rouge ; il faudra les en redescendre et Dieu sait qu'ils en auront long à dire alors, surtout l'intègre et naïf Micke, de la Gendarmerie royale » (« Bilan provisoire », *IMP,* vol. XIX, nº 10, 4 avr. 1967, p. 29).

croire que cette redescente serait l'épisode critique et ultime du roman à venir. Ce sens nouveau, préparé tout au long du texte réécrit, est d'ailleurs déjà annoncé par la dédicace à Peter Dwyer.

Comparons la scène finale des deux versions. Celle du feuilleton (dans son fragment pénultième [1]) voit Conney, son père et le renard partir dans une « bonne vieille Olds » pour une tournée des cimetières : CDA est à la recherche de « la plus belle croix celtique » pour la tombe de sa femme défunte. Ce fragment continue le récit des événements d'une même nuit qui avait été amorcé dans le vingt-deuxième épisode, « Trois fois qui en deviennent quatre [2]. » Conney, rentré à l'improviste chez lui (plutôt qu'au Collège où il est pensionnaire) la nuit de ses ébats amoureux hors du commun avec sa petite amie, est surpris de trouver la demeure familiale illuminée comme pour une fête. Son père, veuf depuis quelque temps, a été informé des prouesses sexuelles de son fils par le renard mythique des Haffigan (devenu indicateur), et tient à lui offrir cette étrange fête sans hôtes. Conney croit que CDA, qui apparaît en robe de chambre, une croix dans les mains et d'autres « de tous les modèles » par terre, est tout simplement fou. Son père lui ayant promis d'expliquer cette collection le lendemain, Conney se couche et fait un rêve dans lequel il se voit au milieu d'un pré, avec ses cinq frères, « tous bottés et ceinturés, en uniforme [3] ». Le Frère Thadéus les ayant exhortés à monter l'échelle blanche qui leur « permettra d'arriver au ciel », Conney s'y précipite à la suite de ses frères, mais, voyant le Frère Thadéus leur faire signe de redescendre, et se rendant compte qu'il est trop tard pour en avertir ses frères, il en tombe. Conney s'éveille alors pour « une deuxième fois » sous le secouement de son père, qui, le renard dans ses bras, veut qu'il l'accompagne

1. « Olds 98, vision panoramique », « *Le salut de l'Irlande* XXVII », *IMP,* vol. XIX, n° 9, 21 mars 1967, p. 28-29.

2. « Trois fois qui en deviennent quatre », « *Le salut de l'Irlande* XXII », *IMP,* vol. XIX, n° 4, 3 janv. 1967, p. 19 et 24.

3. Ce rêve est raconté dans la vingt-sixième tranche, « Le ciel rouge », *IMP,* vol. XIX, n° 8, 7 mars 1967, p. 28-29.

à la recherche d'une croix celtique pour la tombe de « M'man ». À la question de Conney à savoir s'il ne fallait pas monter délivrer ses frères « qui se sont trompés de ciel », CDA répond, « Une autre fois. Allons ouste, lève-toi. » Les derniers mots du récit de Conney décrivent alors leur départ : « Maintenant la bonne vieille Olds 98 panoramic se détacha du trottoir, prend la rue et nous filons vers Wotton ».

Dans le roman, le rêve de Connie survient non pendant la nuit de la fête étrange, mais pendant celle qui suit les funérailles de sa mère, événement reporté par rapport au feuilleton[1]. En outre, les six pages qui suivent son réveil (p. 216-222) sont des ajouts. CDA, portant cette fois « un habit de chasseur » avec, dans les bras, non le renard mais « la crosse à son épaule, les deux canons sur son avant-bras droit, un vieux fusil douze à deux coups », le convoque pour une mission radicalement différente, le salut de l'Irlande. À la suggestion qu'il faudrait délivrer ses frères montés au ciel rouge, CDA répond :

> Tais-toi, petit imbécile ! Oublierais-tu que je t'ai déclaré Effelquois et qu'il t'incombe désormais de sauver l'Irlande ? [...] Laisse tes frères se débrouiller là où ils sont, au ciel ou en enfer, peu importe. Ne sont-ils pas armés, bottés comme les bourreaux du Christ? Qu'ils y restent et que je n'entende plus parler d'eux! (p. 216)

Connie suit son père et le renard vers le bosquet de ses amours. L'air de la nuit est soudain « tout ébranlé » et Connie est entouré d'une odeur d'explosion. À ce moment, un grand canot de rivière (dont les avironneurs comptent Papineau et Rédempteur Fauché[2]) se pose « doucement » près d'eux, suivi de « toute la chasse, du corps de cavalerie et de la meute » (p. 218). CDA

1. Les amours avec sa petite amie Doreen et la fête sont racontés au chapitre VIII, p. 189-197. Cette fois, CDA explique à Connie sa collection de croix : « Toutes des croix celtiques qui te serviront, ô mon glorieux fils, à sauver l'Irlande, car c'est par elles que tu vaincras, et par la dynamite » (p. 196).

2. Personnage du *Ciel de Québec* s'inspirant d'un simple homme de main impliqué dans un réseau de faillites frauduleuses et d'incendies criminels à Québec dans les années 1960.

ayant pris sa place dans le canot à l'invitation du grand veneur de la chasse, nul autre que le major Bellow, le renard s'élance dans l'air, suivi aussitôt de la chasse à courre et du grand canot. Connie, laissé seul, le vieux douze de son père dans la main, se rend compte que, orphelin et désormais adulte, « être responsable » (p. 220), il lui incombe de sauver l'Irlande. Sur ces entrefaites un hélicoptère descend et « une meute de militaires, casqués et la mitraille au poing » (p. 221) en sort et l'encercle. Reconnaissant ses trois frères parmi eux, Connie, d'abord soulagé qu'ils aient réussi à s'évader du ciel rouge, leur crie qu'il « n'avai[t] encore rien fait de mal et qu'[il] voulai[t] tout simplement sauver l'Irlande, leur pays comme le [s]ien » (p. 221). La scène s'achève avec la « jubilation » du héros menotté : « Je souris à mes frères, à leur stupide hélicoptère, je souris à mon pays, au-delà de la nuit. » (p. 222)

La fin qui n'en est pas une du feuilleton se trouve ainsi remplacée par une scène qui dénoue une intrigue élaguée et recentrée. La thématique de la lutte pour le salut du pays qui divise des familles et oppose des frères trouve son zénith dans cet épisode ultime où les frères de Connie, mystérieusement au courant de ses activités nocturnes, l'arrêtent. Cette scène traduit l'interprétation de l'auteur de la nouvelle conjoncture politique : selon Ferron, le FLQ de 1970 n'est plus la bande de jeunes gens idéalistes qu'il était en 1966, mais bien une organisation infiltrée par la police qui l'aurait manipulée afin de provoquer une vaste entreprise de « terrorisation » sociale qui discréditerait le mouvement indépendantiste[1]. Cette interprétation est confirmée par un échange épistolaire avec Jean Marcel. Ce dernier ayant suggéré un « raccord »

Ferron transforme « Faucher » en « Fauché ». Voir la note « Rédempteur Faucher » dans Jacques Ferron, *Le ciel de Québec*, éd. préparée par Pierre Cantin, avec la collab. de Marie Ferron et Gaëtane Voyer, préf. de Luc Gauvreau (Montréal, Lanctôt, 1999 [©1969]), p. 450.

1. Pour une discussion de la perspective de Ferron sur la crise d'octobre, voir Pádraig Ò Gormaile, « La représentation de la crise d'octobre », dans Brigitte Faivre-Duboz et Patrick Poirier (éds), *Jacques Ferron : le palimpseste infini* (Montréal, Lanctôt, coll. Cahiers Jacques-Ferron, 8-9, p. 68-82), et Pádraig Ò Gormaile, « The events of October, 1970. Jacques Ferron's perspective », *Paper VI of The Research Seminar of the Department of French...* Galway, 13 nov. 2003, 31 p. : http://www.nuigalway.ie/french/documents/Seminar_POG.pdf

avec *La nuit* par l'ajout de quelques lignes précisant que ce fut Connie que François Ménard avait aperçu sur son chemin de retour, Ferron répond :

> Francis Simard, déjà impatient, est passé ensuite à l'action directe. Les frères Rose en avaient fait leur parti depuis longtemps. Tous trois sont fils du peuple, gens de la première génération. (Je ne connais pas Lortie.) Il se peut que ce soit les pauvres gens de *La nuit,* ceux qui barbouillaient les STOP. En 70, ils étaient rendus pas mal plus loin et les hélicoptères ne sont pas descendus du ciel pour leur enlever leur peinture. Je ne crois pas que votre raccord soit possible. Vous êtes trop absolu, cher Jean Marcel. Vous ne tenez guère compte des circonstances.
>
> Le FLQ de 1970 est bien différent. La police politique y a mis la main pour en faire une entreprise de terrorisation et un moyen de "manipulation fasciste". La bande à Rose jouissait de la protection de la police. Même Rémi-Paul avait pris parti pour la "Maison du pêcheur". Et à l'intérieur de la bande il y avait un nommé Maltais, soi-disant Micmac, dit "L'Indien" qui à mon opinion était à l'emploi de la police.
>
> Mon livre a un petit fumet séditieux. Si je fais le raccord, il le perd un peu et je bénéficie de la prescription. Je n'y tiens pas. À mon opinion il faut passer à l'attaque et réparer les dégas *[sic]* de la terrorisation de Trudeau-Tête-de-Mort. Je ne crains pas un procès, mais je doute qu'on me le fasse : je sais assez de choses pour qu'on m'ignore et pas assez pour qu'on me trucide [1].

## La dédicace du roman de 1970

Quant au rôle de la dédicace dans le livre de 1970, notons d'abord que l'auteur, dans le dernier fragment du feuilleton, envisageait de dédier son roman futur au docteur Wilfrid Leblond, sans doute parce que ce médecin aux ascendants irlandais avait fait paraître un article dans l'*IMP* critiquant la devise « Castle for Ever » attribué à CDA Haffigan [2]. Pourquoi le remplacer

1. Lettre inédite de Jacques Ferron à Jean Marcel du 10 nov. 1970.

2. Le slogan constitue le titre du premier épisode du feuilleton. Dans son article (http://www.ecrivain.net/ferron/salut_irlande/Notes/Leblond_Castle.htm), Leblond soutient

par Peter Dwyer ? Les origines irlandaises que partagent les deux hommes ne sauraient expliquer le changement. Les raisons de la dédicace deviennent plus claires, cependant, à la lumière de certaines données biographiques de Dwyer et des allusions faites à ce dernier (ou à son patronyme) dans d'autres écrits de Ferron. Une analyse de ces facteurs permet de constater que la dédicace fait partie intégrante du projet littéraire du roman de 1970, mais d'une autre manière que celle qui a été suggérée jusqu'à maintenant.

Dans « La représentation de la crise d'octobre chez Jacques Ferron », Pádraig Ò Gormaile explique le choix ainsi : « Dédié à Peter Dwyer, ancien espion britannique que Ferron estimait être toujours à la solde de la GRC, *Le salut de l'Irlande* s'ouvre sous le signe de l'espionnage [1] ». Dans un article ultérieur, il ajoute, «Tous les frères de cet homme [Dwyer], qu'on croyait un ancien nationaliste irlandais, auraient été dans l'armée, tout comme ceux de Connie Haffigan [2]. » Je n'ai pu cependant trouver aucun fondement à la suggestion que Dwyer fût un nationaliste irlandais — ou que l'on croyait qu'il le fût — ni à celle qu'il aurait eu des frères qui auraient été dans l'armée. Ce serait plutôt le manque d'un sentiment de nationalisme irlandais qui serait, entre autres, signalé par la dédicace. En outre, comme on le verra, la présumée immigration au Québec de la famille irlandaise de Dwyer, dans l'imaginaire de Ferron, le charge de toute une problématique historique qui, conjuguée avec son passé d'espion britannique et son emploi au Conseil des Arts du Canada en 1970, fait de lui le représentant de l'ennemi lors de la Crise d'octobre.

Qui fut Peter Dwyer ? D'après la biographie et la nécrologie, documents publiés en communiqués de presse par le Conseil des Arts du Canada à l'occasion de sa nomination au Conseil (avril 1958) et à celle de son décès (le

---

qu'un Irlandais ne nommerait jamais sa demeure un « *castle* » mot qui, symbolisant le pouvoir opprimant de l'Anglais, est aussi « odieux » pour un Irlandais que l'est le mot *Bastille* pour un Français.

1. Pádraig Ò Gormaile, « La représentation de la crise d'octobre… », dans Brigitte Faivre-Duboz et Patrick Poirier, *Jacques Ferron : le palimpseste infini*, p. 72.

2. Pádraig Ò Gormaile, « The events of October, 1970. Jacques Ferron's perspective », 13 nov. 2003, p. 3. Je traduis. Aucune source n'est donnée pour ces affirmations.

31 décembre 1972), la famille de ce dernier, de descendance irlandaise, était établie en Angleterre depuis au moins le XIX$^{e}$ siècle. Peter Dwyer est né à Londres le 17 juin 1914 dans une famille très impliquée dans les domaines de la musique et du théâtre : son grand-père fut chanteur d'opéra et chef d'orchestre et sa grand-mère membre de la compagnie du Royal Opera House, Covent Garden. Dwyer fait ses études à l'Université d'Oxford et à Paris, où il apprend le français. Étudiant en lettres, il est rédacteur en chef du journal estudiantin et écrit une pièce de théâtre. En 1939, Dwyer devient membre du Foreign Service britannique et effectue des missions en France, en Amérique latine et aux États-Unis pendant la Deuxième Guerre mondiale. Ces services rendus à la Grande-Bretagne dès le début de la guerre tendent donc à démentir l'allégation que Dwyer aurait été un nationaliste irlandais. Naïm Kattan, qui travaillait pour Dwyer au Conseil des Arts du Canada à partir de 1967 et en fut un très bon ami, affirme d'ailleurs que Dwyer était un patriote britannique [1].

Après la guerre, Dwyer décide de quitter le service secret britannique pour des raisons familiales [2] et d'immigrer au Canada, pays dont il devient citoyen en 1955. Employé d'abord au Conseil national de recherches Canada et ensuite au Bureau du Conseil privé, Dwyer entre en fonction au Conseil des Arts du Canada à titre de conseiller artistique le 1$^{er}$ avril 1958 [3]. Directeur associé de 1965 à 1969 et membre du comité consultatif pour les arts d'interprétation de la corporation canadienne de l'Exposition universelle de 1967, Dwyer devient le directeur du Conseil des Arts en 1969, poste dont il doit démissionner en avril 1971 pour des raisons de santé. Il meurt, à l'âge de 58 ans, le 31 décembre 1972. Dans une notice nécrologique intitulée « Arts lose lifelong champion » qui paraît dans *Quill and Quire* au moment du

1. Rappelons à ce sujet la neutralité de l'Irlande pendant la Deuxième Guerre mondiale. Kattan, qui fut souvent invité chez les Dwyer, affirme n'avoir jamais entendu parler des frères de Dwyer (entretien Kattan-Murphy du 7 mai 2007).

2. Entretien Kattan-Murphy du 7 mai 2007.

3. Laurent Mailhot et Benoît Melançon, *Le Conseil des Arts du Canada 1957-1982* (Montréal, Leméac, 1982), p. 39.

décès de Dwyer, Kildare Dobbs écrit que Dwyer, qui avait une connaissance et une appréciation sans pareil des pièces de Shakespeare qu'il semblait connaître par cœur, montrait en même temps un vif intérêt pour tous les écrivains, artistes et musiciens en émergence. Pendant sa carrière au Conseil des Arts, Dwyer s'est fait une réputation en raison de son grand esprit, de sa passion pour tous les arts, et de son appréciation pour l'apport culturel du Québec à ce qu'il appelait la « dualité » canadienne [1]. Les collègues au Conseil de cet homme très discret doivent attendre la publication, en 1968, du livre *My Silent War* de l'agent double Kim Philby, pour apprendre l'existence de son passé exotique au service des renseignements britanniques. Dans ce livre Philby, qui remplaça Dwyer dans le bureau britannique à Washington, D.C., révèle que c'est Dwyer qui a su identifier Klaus Emil Fuchs, l'espion « atomique », comme la source des informations données à l'URSS pendant la guerre sur les recherches nucléaires du « Manhattan Projet » à Los Alamos [2]. Au moment de la refacture du « Salut » en octobre 1970, le passé de Dwyer comme « espion » notoire de Sa Majesté britannique était donc connu du grand public.

Quant aux rapports « réels » entre Ferron et Dwyer, ils ne suffisent pas pour expliquer la dédicace. Selon l'historiette « Les chiens du général [3] », texte sur lequel je reviendrai plus loin, les deux hommes se seraient rencontrés et se

1. Laurent Mailhot et Benoît Melançon, *Le Conseil des Arts du Canada 1957-1982*, p. 18. Voir aussi n. 18, p.74-75 : « Il [Dwyer] composa lui-même quelques chansons et poèmes, des pièces de théâtre, des émissions radiophoniques, et tint pendant quelque temps la chronique de télévision du *Ottawa Citizen* (sous le pseudonyme de Janus) » et, à la p. 83 : « À l'aise dans plusieurs langues et dans plusieurs milieux, l'ex-espion britannique change facilement de vêtements et de masques. Un vrai gentleman ! » Sur la vie de Dwyer et de son rôle au Conseil des Arts, v. aussi Robert Fulford, « The Canada Council at Twenty Five », *Saturday Night*, mars 1982, p. 36-39 et 41-42.

2. Article de l'*Edmonton Journal* du 2 janv. 1973 intitulé « Famed spy-catcher Peter Dwyer dies ». Voir aussi Mailhot et Melançon, *Le Conseil des Arts du Canada 1957-1982*, p. 74.

3. Jacques Ferron, « Les chiens du général », *IMP,* vol. xxv, n° 21, 18 sept. 1973, p. 29, repris dans Jacques Ferron, *Escarmouches. La longue passe* (Montréal, Leméac, 1975), t. 2, p. 195-198.

seraient parlé une seule fois, lors de la cérémonie de la remise des prix du Gouverneur général en 1963. Quand le *Salut* paraît, Dwyer, étonné et mystifié par la dédicace, demande à Naïm Kattan (qui connaît Ferron) de lire le roman afin de la lui expliquer, s'il le pouvait. Après sa lecture, Kattan lui avoue qu'il ne comprend pas plus que lui ; pour Kattan, il s'agirait tout simplement d'une de ces plaisanteries pour lesquelles Ferron est renommé [1]. D'autres références faites par Ferron à Dwyer ou à Peter Dwyer [2] révèlent cependant des aspects du dédicataire qui, ayant enclenché l'imaginaire ferronien, non seulement expliquent la dédicace mais en font une clef pour la lecture du roman.

La première référence à « Peter Dwyer » se trouve dans une lettre inédite à Jean Marcel du 2 novembre 1970. Après avoir lu le manuscrit du *Salut,* Marcel suggère non seulement que l'auteur fasse le raccord avec *La nuit* mais aussi que le livre soit dédié à Claude Ryan [3]. Répondant « Je ne sais trop comment faire le raccord avec l'Effelquois de *La Nuit* », Ferron ajoute, en postscriptum, « Le livre est dédié à Peter Dwyer [4]. » À la question subséquente de Marcel sur l'identité du dédicataire, Ferron répond : « Peter Dwyer est l'éminence grise du Conseil des Arts et, espion notoire de Sa Majesté, il travaille sans doute encore pour l'Intelligence branch de la gendarmerie royale. De plus, il descend des Dwyer de Saint-Malachie [5]. » D'après cette réponse, quatre facteurs auraient motivé la dédicace : le rôle de Peter Dwyer au Conseil des Arts du Canada, son passé comme espion britannique, son présumé service comme espion pour la GRC en 1970, et son appartenance à une famille irlandaise établie au Québec [6].

1. Entretien Kattan-Murphy du 7 mai 2007.

2. Le site web consacré à Jacques Ferron donne cinq références dans l'œuvre pour le nom « Dwyer » et onze pour le nom « Peter Dwyer », dont six dans sa correspondance privée.

3. Lettre inédite (non datée) de Jean Marcel à Jacques Ferron. En outre, Jean Marcel prie Ferron de lui confier la tâche de corriger les épreuves du roman.

4. Lettre inédite de Jacques Ferron à Jean Marcel du 2 nov. 1970.

5. Lettre inédite de Jacques Ferron à Jean Marcel du 10 nov. 1970.

6. Le dernier élément ressort également d'un entretien entre Ferron et Pierre L'Hérault. Remarquant qu'il lui faut chercher des détails caractéristiques et des choses

Mes recherches montrent que Ferron s'est trompé sur ce dernier point, que nous appellerons l'« irlandicité québécoise » de Dwyer. Il est cependant un élément de la plus haute importance pour l'imaginaire ferronien, comme en témoignent non seulement les deux versions du *Salut,* mais aussi le grand nombre de références aux Irlandais établis au Québec ailleurs dans son œuvre, notamment dans *Le ciel de Québec* [1]. Nous considérerons d'abord une de ces autres références afin d'approfondir la signification de cet élément commun aux deux *Salut,* pour aborder ensuite les trois autres facteurs mentionnés dans la lettre à Jean Marcel.

## L'irlandicité québécoise de Dwyer

Dans l'historiette « L'embrouillamini ethnique [2] », le patronyme « Dwyer » apparaît dans le contexte fictif d'une discussion sur l'immigration au Québec. Ce texte, qui constitue une amplification et une amalgamation de deux scènes du *Ciel de Québec,* prend la forme d'une conversation entre Mgr Camille Roy et Dugald Scot, évêque anglican de Québec [3]. Citant

assez curieuses, Ferron donne l'exemple d'un récit de naufrage qu'il a lu, dans lequel un Irlandais à bord supplie son entourage de l'enterrer la tête au nord. Ayant appris que le responsable du meurtre de la personne dont il s'est inspiré pour son personnage Rédempteur Fauché enterrait toujours ses victimes la tête au nord, Ferron raconte : « Quand je suis allé à Ottawa chercher mon Prix du Gouverneur général, j'avais demandé à Peter Dwyer — les Dwyer sont des Irlandais du Québec—ce que ça pouvait signifier d'être enterré la tête au nord. Je n'ai pas eu de réponse, mais je pense que ça veut dire qu'on meurt dans la bonne direction, en pensant à Dieu. » (Jacques Ferron et Pierre l'Hérault, *Par la porte d'en arrière. Entretiens,* avec la collab. de Patrick Poirier et Marcel Olscamp, Montréal, Lanctôt, 1997, p. 246-247)

1. Ce roman foisonne de personnages d'origine irlandaise et de remarques au sujet du rôle des Irlandais au Québec. Au chapitre XXXI, mention est faite d'un chemin « tracé par le voyer Joseph Dwyer » dans la concession de Ballyporreen, ouverte par les Irlandais (Jacques Ferron, *Le ciel de Québec,* p. 360).

2. *IMP,* vol. XXII, n° 11, 21 avr. 1970, p. 45, repris dans Jacques Ferron, *Escarmouches 2,* p. 124-130.

3. Voir les conversations qu'entretient Mgr Camille avec Dugald Scot (Jacques Ferron,

d'un carnet quarante patronymes, dont « Duyer », qu'il a trouvés inscrits en anglais sur les pierres tombales au cimetière de Sainte-Catherine (appelée non plus « de-Fossambault » mais « de-Portneuf »), Mgr Camille explique ensuite à l'évêque anglican sa curiosité pour cette paroisse, la plus ancienne des Laurentides, dont les pionniers (de même que pour plusieurs autres) furent des Irlandais :

> En 1839, dans toutes ces paroisses, il n'y avait encore que des Irlandais. Mais les Canadiens ne tardèrent pas à monter [...]. Dès 1851, la langue anglaise n'est plus majoritaire qu'à Sainte-Catherine. Le français apparaît sur les pierres tombales ; David Garneau, époux de Jane Goodwin [...]. C'est en français que sont inscrits les noms de Joseph Genesse et de J.D. Guilmet, ce dernier appelé à avoir une descendance de Guillemette. Aujourd'hui il n'y a plus guère à Sainte-Catherine-de-Portneuf que des Rochette, des Drolet, des Hamel, des Cantin, des Beaumont. Des pionniers, plus de traces que dans le cimetière. Après avoir initié les Canadiens aux paroisses des Laurentides, les Irlandais les avaient entraînés à leur suite en Nouvelle-Angleterre. Nous leur devons beaucoup ; c'est par eux que nous avons pu passer d'un régime à l'autre et non seulement nous adapter à votre domination mais encore en tirer profit. (p. 127-128)

Trouvant que Mgr Camille « avait de l'Irlandais une notion imprécise », l'évêque anglican dit avoir hanté, lui aussi, les cimetières et y avoir trouvé des MacDonald « sûrement damnés » car ils se sont laissés enterrer sous le nom « irlandaisé » de « McDonald ». Il en déduit « que tout émigrant de Grande-Bretagne, qu'il fut irlandais, anglais, écossais ou gallois, devait passer, avant d'accéder à votre ciel français et catholique, par le purgatoire irlandais ». Mgr Camille concède le point, citant un rapport publié à Toronto en 1858 affirmant que « les Irlandais tiennent encore à Sainte-Catherine : ils ont deux écoles et les Canadiens n'en ont aucune. Par contre, à Saint-Raymond,

*Le ciel de Québec,* ch. XVIII, p. 169-172) et avec le fils de ce dernier, Frank-Anacharcis Scot (Jacques Ferron, *Le ciel de Québec,* ch. XXVIII, p. 329-330).

ils en ont trois, toutes bien tenues, alors que les Irlandais protestants en ont autant, mais dans un état déclaré lamentable », puis ajoutant « Il est bien possible que parmi de tels Irlandais il y ait eu quelques Écossais ». Citant pour sa part lord Shelburne [1], Scot dit avoir « l'impression que cette racaille pionnière se souciait assez peu de ses origines, qu'elle fût du pays de Galles, d'Écosse, d'Irlande ou d'Angleterre [...]. Ne s'est-elle pas empressée de tout oublier du passé à l'exemple de vos premiers colons ? » (p. 129)

Le choix d'interlocuteurs de dénomination religieuse et de groupe ethnique différents permet d'exposer non seulement la complexité des rapports au Québec entre Anglais, Irlandais, Écossais et Canadiens-français résultant des différences de langue et de confession mais aussi de montrer les perspectives différentes des représentants de l'Église catholique de langue française et de l'Église anglicane sur ces groupes et sur l'évolution de la société canadienne-française depuis la Conquête. Les deux reconnaissent le rôle primordial des Irlandais au Québec et distinguent entre les Irlandais protestants et catholiques. Du point de vue du prélat québécois et catholique, bien que les immigrants irlandais catholiques aient aidé les Canadiens français à résister à la « domination » britannique et anglophone en renforçant le pouvoir de l'Église catholique et en s'intégrant par le mariage à la société canadienne-française, ces mêmes immigrants ont eu un effet nocif en entraînant les Canadiens en Nouvelle-Angleterre (p. 127). L'évêque anglican quelque peu élitiste, qui se considère l'héritier de la civilisation britannique, voit d'un mauvais œil l'assimilation des immigrants à la société francophone et catholique et déplore la « refrancisation » de la ville de Québec conquise si chèrement par Wolfe [2].

1. « En 1766, Lord Shelburne écrit des émigrants que la plupart sont venus à la suite de l'armée, soldats licenciés, palefreniers, aventuriers, gens de peu d'éducation : "Je déclare qu'ils constituent en général la plus immorale collection d'individus que j'aie jamais connue." » (p. 129).

2. Les deux hommes s'accordent pour attribuer la refrancisation de Québec et des alentours « au creusage du lac Saint-Pierre qui fera de Montréal le port de tête de l'estuaire du Saint-Laurent », « juste au moment où la ville était en train de devenir anglaise. En

Les deux versions du *Salut,* à leur tour, donnent une représentation des différentes facettes du dilemme identitaire de l'immigrant irlandais au Québec, cette fois du point de vue d'un narrateur qui, descendant de ces derniers du côté paternel mais Québécois du côté maternel, a sa propre problématique. CDA Haffigan, de la première génération des immigrés irlandais née au Québec, quoique intégré jusqu'à un certain point à la société québécoise par son mariage avec une Canadienne française et par sa religion, n'en ressent pas moins ce que l'auteur de la chronique appelle son « ambivalence irlandaise [1] ». Fils de pauvres immigrants irlandais, CDA est fier de pouvoir se porter acquéreur de la maison des Clough, de riches Anglo-Irlandais [2] censés être arrivés au Québec dans le même bateau que ses parents, de pauvres immigrés catholiques qui fuyaient la Grande Famine. Le fait que l'auteur tient à ces deux détails — qui nuisent d'ailleurs à la vraisemblance de l'histoire — montre l'importance de l'Histoire pour le projet romanesque [3]. Par là est signalée une première division, une première ambivalence

1861, avec ses 13 000 Irlandais, ses 10 000 Anglo-Écossais, elle l'était à 40 % ». Dugald Scot dit « avec emphase : Montcalm a déclaré : "Je meurs content car je ne verrai pas entrer les Anglais à Québec", et moi je déclare à mon tour : "Je ne tiens pas du tout à mourir, car je les ai vus sortir !" » (p. 130).

1. « Bilan provisoire », *IMP,* vol. XIX, n° 10, p. 29.

2. J'utilise le terme « anglo-irlandais » ici dans un sens large qui inclut les Irlandais d'origine écossaise. Le nom de ce personnage suggère que sa famille, d'origine écossaise, serait parmi celles qui se sont installées en Ulster au XVII^e^ siècle. Il y a un village du nom de « Clough » en Irlande du Nord. Plus de la moitié des immigrants irlandais au Canada étaient protestants, mais deux-tiers de ceux venus au Québec étaient catholiques. Voir Cecil J. Houston et William J. Smyth, *Irish Emigration and Canadian Settlement: Patterns, Links, and Letters* (Toronto, University of Toronto Press, 1990), p. 339 et 228.

3. Sir Gordon Clough est censé être venu au Québec pour bâtir le pont Victoria (*Salut,* p. 60). Ce pont ayant été construit entre 1854 et 1859, il serait arrivé forcément avant 1854. La période de la Famine s'étend de 1845 à 1851. Les parents de CDA seraient donc nés avant 1850 ; si sa mère avait 4 ans en 1851, elle en aurait eu 50 en 1897. À supposer que CDA naît en 1887 (quand elle a 40 ans), il en aurait 48 à la naissance de son aîné (en 1935), 60 à celle de Connie (1947) et 75 au début du récit premier (1962).

jacques ferron
le salut de l'irlande
roman
collection: les romanciers du jour

Jacques Ferron
Le ciel de Québec
roman
vlb éditeur

des Irlandais au Québec, le clivage entre l'élite anglo-irlandaise protestante et les pauvres immigrés catholiques. Le retour au milieu du XIX^e^ siècle sert aussi à évoquer la ressemblance entre ces derniers, qui fuient un pays aux prises avec un désastre naturel aggravé par l'indifférence de l'occupant britannique, et les Canadiens français, qui souffrent eux aussi sous un régime d'union imposé par la Grande-Bretagne, le Canada-Uni (1841-1867). Cette immigration pauvre évoque l'image de l'Irlande la malheureuse, symbole d'un peuple catholique indigène, réprimé par le colonisateur anglican, pays avec lequel le Québec sympathise et s'identifie.

Si, pour CDA, l'Irlande et le Québec se ressemblent dans leur « humiliation », le roman met en évidence des différences entre les deux pays et entre la situation de l'Irlandais immigré au Québec et celle du Québécois. Les Irlandais, colonisés depuis des siècles, ont réussi à garder leur foi catholique mais non pas leur langue. De ce point de vue, l'Irlande représente l'exemple à ne pas suivre pour le Québec, la voie à l'assimilation par la langue et par la chasse à l'argent et au pouvoir. C'est précisément le fait que le Québec fait partie de l'Amérique du nord britannique qui permet l'immigration irlandaise au XIX^e^ siècle. L'immigrant catholique, arrivé dans un pays britannique mais que les Québécois considèrent le leur, se voit alors confronté par le choix entre l'assimilation à la société de la minorité dominante qui parle sa langue mais qui est britannique et protestante, ou à celle de la majorité dominée, catholique et francophone. Les Canadiens français, quant à eux, perçoivent des menaces de la part de ces immigrants. Menace à la langue française, s'ils s'intègrent à la société anglophone, doublée d'une menace à l'Église et aux institutions ecclésiastiques québécoises s'ils insistent pour fonder leurs propres églises, écoles et hôpitaux catholiques de langue anglaise. De plus, ces immigrants irlandais pauvres vont concurrencer les ouvriers canadiens-français sur le marché du travail.

Cette histoire irlandaise, l'histoire d'un peuple colonisé qui a réussi à garder sa religion et sa fierté mais qui a perdu sa langue, celle d'un peuple obligé de quitter son pays et de compromettre son identité dans un pays d'accueil, régi lui aussi par le même « colonisateur », hante CDA dans les deux versions du texte. Le narrateur/héros, fils de cet « Irlandais » et d'une mère canadienne-française, est capable de passer d'une langue à l'autre et d'une société à l'autre grâce à son double héritage. Le roman montre cependant qu'en raison de l'incompatibilité fondamentale entre les aspirations des sociétés anglophone et francophone, Connie doit choisir l'une ou l'autre. Élève d'abord au « Catholic High School », il sera envoyé par son père (pensant par là plaire au député libéral) au Collège des frères des Écoles Chrétiennes, où le frère Thadéus l'initie à l'idée du pays de Québec. Bien que la version de 1966-1967 eût prévu l'initiation de Conney au monde politique des adultes, elle n'y parvient pas : la scène où le père lui confiera la mission de sauver l'Irlande en devenant Effelquois s'y voit continuellement différée jusqu'à ce que l'auteur y renonce. La scène finale du roman, par contre, montre l'acceptation par Connie de la mission paternelle vengeresse en présence de ses frères rendus « de l'autre bord », signalant ainsi sa prise de position et sa continuation de la lutte héréditaire.

## Peter Dwyer, « éminence grise du Conseil des Arts du Canada », et « espion »

Un texte qui paraît dans *Le Magazine Maclean* au mois de décembre 1970, et qui est donc contemporain du *Salut,* éclaire la signification du premier et du deuxième aspect de Dwyer décrits par Ferron dans sa lettre à Jean Marcel. Dans « Les Belles-lettres putassières », Ferron condamne les auteurs qui « vendent » leur âme en acceptant des bourses du Conseil des Arts. Le fait qu'il reste quand même des âmes « libres bien malgré elles », écrit Ferron, serait attribuable au peu d'argent dont dispose le Conseil, ajoutant que « toute l'astuce de Peter Dwyer, ex-espion de Sa Majesté, ne comble pas le déficit [1] ». Selon cette référence, le subventionnement des arts au Québec serait devenu un outil dans la guerre menée par le fédéral contre l'indépendance du pays. Le poste de Dwyer au Conseil des Arts serait donc une

1. *Le Magazine Maclean,* vol. X, n° 12, déc. 1970, p. 50 ; repris dans Jacques Ferron, *Escarmouches 2,* p. 147-151.

continuation de son ancien travail d'espion britannique, son astuce s'employant maintenant à l'achat, au moyen des bourses du Conseil, des artistes québécois. Par conséquent, la dédicace à Dwyer d'une œuvre d'art dont l'intrigue dépeint le processus par lequel un Irlando-Québécois devient « Effelquois » apparaît comme provocatrice : elle semble signaler, entre autres, que l'activité politique de Dwyer au Conseil est connue et qu'elle ne réussit pas ; du moins il y a un auteur qui a su résister à l'appel de l'or. Il serait permis aussi d'y lire un reproche à cet Irlando-Québécois qu'est pour Ferron son dédicataire, qui, à la différence de CDA et de Connie, a choisi de servir les intérêts fédéraux au lieu de ceux du Québec.

La référence la plus détaillée à Peter Dwyer dans les écrits ferroniens est néanmoins celle de l'historiette « Les chiens du général », qui paraît neuf mois après la mort de Dwyer. Ce texte, dont le début rappelle une notice nécrologique [1], est une sorte d'hommage au défunt : Ferron y brosse un portrait admiratif non dénué d'ironie d'un homme qui, « indicateur », « agent secret », savait plaire aux dames. On y trouve exprimés, en plus des trois premiers facteurs identifiés dans la lettre à Jean Marcel, une motivation plus proprement littéraire pour la dédicace : la fascination qu'avait Dwyer pour *Hamlet.* « Peter Dwyer relisait *Hamlet* chaque année. Il s'y complaisait parce qu'on n'a guère, dans le répertoire occidental, plus haute et belle tragédie, et aussi, je croirais, parce que cette œuvre, malgré toute l'habitude qu'il en avait, ne cessait pas de l'intriguer, voire de l'inquiéter. » Racontant ensuite qu'il a connu « monsieur Dwyer en 1963 », lorsqu'il était allé « chercher un des prix du Gouverneur Général », Ferron décrit cette rencontre en détail : « Après avoir fait le tour des dames [...] [Dwyer] vint me trouver et me demanda tout de go ce que je pensais d'*Hamlet.* Je l'avais lu comme tout le monde et n'en pensais pas plus que quiconque, ce qui ne me donnait pas grand-chose à répondre » (*Escarmouches 2,* p. 196). Ferron se sert d'une manœuvre de détournement : « – *Hamlet ?* Parlons du *Misanthrope,* voulez-

1. « Feu Peter Dwyer, longtemps agent secret, finit sa carrière au Conseil des Arts. Il avait du charme et de la culture. », Jacques Ferron, *Escarmouches 2,* p. 195.

vous. » Après avoir rapporté l'interprétation de cette dernière pièce qu'il a donnée à Dwyer, Ferron décrit d'abord la réaction de ce dernier et ensuite ses propres pensées provoquées par la mort de Dwyer :

> En somme, votre *Misanthrope* est une comédie bien française, bien frivole, celle de deux amours-propres qui restent saufs en éludant le cœur et ses passions. Tandis que dans *Hamlet,* rien n'est éludé... [Ferron répond :] – Et tous les personnages meurent. La conversation n'alla pas bien plus loin et je n'ai jamais revu Peter Dwyer. Ce que je lui avais dit du *Misanthrope* n'était pas tellement bête [...] mais je ne l'avais pas moins attiré sur mon terrain au lieu de rester sur le sien comme il aurait été plus poli de le faire et de lui parler d'*Hamlet* comme il me l'avait demandé. Sa mort a réveillé mes regrets. J'ai voulu honorer sa mémoire en relisant avec attention cette pièce et quelques autres de Shakespeare. Et que lui en dirais-je aujourd'hui ? Bien des choses, mais ceci en particulier : que de toute évidence la folie du prince est feinte et lui sert de stratagème pour venger la mort de son père comme celui-ci abusivement le lui a demandé ; et que la tragédie dans *Hamlet,* comme dans *Le Roi Lear,* serait que toute folie, même feinte, est contagieuse et qu'il y a toujours une Ophélie abusée, couronnée de fleurs, pour en être troublée définitivement. (*Escarmouches 2,* p. 197)

D'après ce texte, Ferron a été frappé en 1963 par l'obsession qu'avait Dwyer pour la tragédie d'*Hamlet* au point où il relit en 1973 cette pièce pour « honorer » la mémoire de celui qui fut son dédicataire en 1970. Ce n'est donc pas un hasard si l'auteur lui a dédié un roman dont le thème fondamental est celui, hamlettien, de la vengeance exigée (abusivement ?) par le père. Dans le cadre de l'interprétation ferronienne des événements d'octobre 1970, il nous serait alors permis de comprendre que, par la dédicace, Ferron voulait indiquer à Dwyer (qui serait censé se souvenir de sa question sur *Hamlet* posée à Ferron lors de leur unique rencontre) qu'il était au courant de la folie « feinte » causée par les « machinations » de la Gendarmerie royale, organisation que, d'après Ferron, Dwyer aurait servie depuis son poste au Conseil des Arts.

Mettant en évidence les qualités de Dwyer qui ont intrigué et séduit Ferron, ce texte éclaire de façon rétrospective la dédicace du *Salut.* L'auteur trouve en Peter Dwyer, homme charmant, cultivé, et astucieux, « inquiété » lui aussi par *Hamlet,* un interlocuteur — mieux, un ennemi — digne de lui, un représentant de l'Autre avec qui il peut entrer en lice car ils partagent les mêmes valeurs. Le personnage de Dwyer construit dans ce texte comporte d'ailleurs des ressemblances avec celui de *La nuit* modelé sur Frank Scott. Tout comme Frank Archibald Campbell, autre « oxbridgien » raffiné, littéraire et bilingue qui se voue à la cause de l'unité canadienne, Dwyer a été — et serait toujours, selon Ferron — « flic ». C'est un métier qu'apprécie d'ailleurs Ferron, qui écrit à Jean Marcel :

> Je n'ai pas de mépris pour la haute police qui, à mon opinion, peut réunir des esprits distingués, des légistes, des universitaires ; et, advenant le pays, je ne détesterais pas en faire partie. C'est peut-être cela qui m'a séduit dans Frank Scott, lequel, ayant lu *La nuit,* m'a déjà dit que j'étais bien informé. Scott est un homme d'autorité et, tel un chef de Vickinck *[sic],* dans les moments où il y a de l'action, on le rencontre avec une sorte d'état-major dont ferait partie, par exemple, Monsieur Richmond * [1].

(L'astérisque de la dernière phrase citée renvoie à une phrase en marge de la lettre où Ferron écrit « Cameron et Dwyer du Conseil des Arts sont d'anciens agents de l'Intelligence service... ».)

## Conclusion

Les deux versions du *Salut de l'Irlande,* comme on l'a vu, ont à leur base une comparaison entre l'Irlande et le Québec. Cette analogie n'est pas nouvelle : les similitudes et dissimilitudes entre la situation de ces deux pays

1. Lettre inédite de Ferron à Jean Marcel du 27 mars 1971. Selon Jean Marcel, le mot « Vickinck » désigne « Viking » (lettre de Jean Marcel du 27 sept. 2007). « Monsieur Richmond » est John Richmond, journaliste au *Montreal Star* que Ferron rencontrait régulièrement lors des lancements aux Éditions du Jour.

britanniques malgré eux ont été objet de controverse dans le discours public au Québec tout au long du XIX^e siècle et en particulier pendant les années 1820 et 1830, période pendant laquelle les Canadiens du Bas Canada sentaient la menace d'une union législative avec le Haut Canada similaire à celle que vivait alors l'Irlande avec la Grande-Bretagne [1]. La métaphore de l'Irlande pour le Québec qu'expriment les deux textes pourrait cependant sembler curieuse dans le cadre d'un roman dont l'intrigue se passe dans les années soixante : non seulement l'Irlande est-elle complètement indépendante de la Grande-Bretagne depuis 1948 [2], mais le Québec — qui jouissait, depuis l'Acte de Québec (1774) de privilèges inconnus en Irlande jusqu'en 1912 — possède sa propre assemblée « nationale » depuis 1867. Ce serait cependant oublier l'importance primordiale de la mémoire chez Ferron, pour qui l'Histoire est ce qui donne sens au présent. Le Québec, sans être un pays du point de vue du droit international, en est quand même un dans la conscience de son peuple en raison de son passé. Oublier cette histoire signifierait à la fois la perte de l'existence imaginaire du pays et de la possibilité qu'un pays « réel » se réalise un jour, comme c'était le cas pour l'Irlande.

D'autre part, si le sud de l'Irlande, après des luttes sanglantes, a pu accéder à l'indépendance, l'Irlande du Nord et le Québec n'en sont pas encore là. C'est en effet l'Irlande du Nord, territoire disputé entre une population indigène catholique et des « étrangers » protestants venus après la conquête

1. Mary Haslam, « Ireland and Canada 1822-1839: Rapprochement and Ambiguity », communication présentée au colloque de l'American Council for Québec Studies à Cambridge (Mass.), oct. 2006.

2. Le traité de déc. 1921, par lequel la Grande-Bretagne a reconnu l'État libre de l'Irlande (comprenant les vingt-six comtés du Sud), jugé insuffisant par maints républicains, fut suivi d'une guerre civile. Une constitution républicaine (créant l'Éire) fut votée en 1937, et l'annonce officielle de la sortie de l'Éire du Commonwealth fut faite à Ottawa, en 1949, par le Taoiseach, en visite au Canada. Voir Gabriel Doherty, « Modern Ireland », dans Sean Duffy (s. la dir. de), *Atlas of Irish History* (Dublin, Gill & MacMillan, 2000), p. 114-118, et Patrick Gormally, « *Le salut de l'Irlande* by Jacques Ferron: A Prophetic text », *International Journal of Canadian Studies / Revue internationale d'études canadiennes* 5, Spring/print. 1992, p. 125, n. 2.

par l'Angleterre, qui offre une situation semblable à celle que vit le Québec des années 1950 et 1960. De plus, au moment de la rédaction du roman en octobre 1970, l'Irlande du Nord est en pleine crise, elle aussi : en réponse à une résurgence de violence dans la province, l'armée britannique l'a occupée, mais les « troubles » ne font qu'empirer.

Cette étude de la dédicace « À monsieur Peter Dwyer » signale un nouvel angle de lecture du roman de 1970. La question du rôle et de la responsabilité des immigrés irlandais dans la société québécoise contemporaine, déjà mise en cause dans la première version du *Salut* par l'emploi des personnages d'origine irlandaise dans le contexte de l'essor du sentiment nationaliste au Québec des années 1960, se voit accentuée et problématisée dans le deuxième texte. Le fait que Peter Dwyer serait — de l'avis de Ferron —, tout comme CDA Haffigan, un descendant d'immigrants irlandais établis au Québec, semble faire de lui l'emblème de ceux de ce groupe qui choisissent de s'intégrer à la société anglophone et britannique. Les événements d'octobre 1970 qui incitent la rédaction de cette forme définitive de la chronique abandonnée et qui en forment le cadre politiquement chargé de sa parution donnent à la dédicace, intimement liée à l'œuvre qu'elle préface, l'allure d'une provocation. Non seulement Dwyer a-t-il fait le choix opposé à celui de CDA Haffigan, il collaborerait avec l'ennemi héréditaire, la Couronne britannique. D'une part, donc, l'auteur par cette dédicace reprocherait à Dwyer ce choix. D'autre part, Ferron fait signe à quelqu'un, qu'il considère doublement double (de par ses origines et de par son emploi, où il fait double jeu), qu'il n'est pas dupe. L'association que fait Ferron entre son dédicataire et *Hamlet* enrichit, elle aussi, la lecture du roman. Connie devient Effelquois parce que son père, devenu fou, le lui commande pour venger ses ancêtres irlandais dominés par les Anglais. Le seul moyen de le faire serait de soutenir ceux qui résistent aujourd'hui à cette même domination. Si l'extrait de l'historiette « Les chiens du général » permet de mieux comprendre la dédicace du *Salut,* cet effet d'illumination est réciproque. La méditation de Ferron après la mort de Dwyer sur ce qu'il lui dirait « aujourd'hui » de *Hamlet* a des connotations des plus sombres quand elle est lue sous l'optique du *Salut* et des circonstances donnant lieu à sa rédaction. Sous les traits de cette Ophélie « abusée, couronnée de fleurs », « troublée définitivement » par cette « folie qui, même feinte, est contagieuse », apparaît le Québec.

## BIBLIOGRAPHIE

CONSEIL DES ARTS DU CANADA. Communiqués de presse du 8 févr. 1958 (« The Canada Council appoints Mr. Peter M. Dwyer », du 23 juin 1972 (« Appointed to the Order of Canada, as a recipient of the Medal of Service, Dwyer, Dr. Peter ») et du 2 janv. 1973 (« Peter Dwyer »).

CÔTÉ, Jean R. « Genèse du texte et problèmes de narratologie : le cas du *Salut de l'Irlande* de Jacques Ferron », thèse de doctorat, Québec, Université Laval, 1991, 420 f.

DOBBS, Kildare. « Arts lose lifelong champion », *Quill & Quire,* janv. 1973.

DUFFY, Sean (s. la dir. de). *Atlas of Irish History,* Dublin, Gill & MacMillan, 2000 [© 1997],144 p.

FERRON, Jacques. « Le salut de l'Irlande », *L'information médicale et paramédicale,* vol. XVIII, nº 7, 15 févr. 1966 à vol. XIX, nº 10, 4 avril 1967.

—. *Le ciel du Québec,* éd. préparée par Pierre CANTIN, avec la collab. de Marie FERRON et Gaëtane VOYER, préf. de Luc GAUVREAU, Montréal, Lanctôt, 1999 [© 1969], 496 p.

—. Lettres inédites à Jean Marcel du 26 févr. 1969, du 27 oct. 1970, des 2 et 10 nov. 1970.

—. *Le salut de l'Irlande,* Montréal, Éditions du Jour, coll. Les romanciers du jour, 1970, 222 p.

—. *Escarmouches. La longue passe,* Montréal, Leméac, coll. Indépendances, 1975, t. 1, 392 p., t. 2, 228 p.

—. *Chroniques littéraires 1961-1981,* éd. préparée par Luc GAUVREAU, préf. de Ginette MICHAUD, Montréal, Lanctôt, coll. Cahiers Jacques-Ferron, 14, 2006, 642 p.

—, et BIGRAS, Julien. *Le désarroi. Correspondance,* Montréal, VLB Éditeur, 1988, 178 p.

—, et L'HÉRAULT, Pierre. *Par la porte d'en arrière. Entretiens,* avec la collab. de Patrick POIRIER et Marcel OLSCAMP, Outremont, Lanctôt, 1997, 320 p.

FOURNIER, Louis. *FLQ. Histoire d'un mouvement clandestin,* Montréal, Québec/Amérique, 1982, 510 p.

FULFORD, Robert. « The Canada Council at Twenty Five », *Saturday Night,* mars 1982, p. 34-45.

GORMALLY, Patrick. *Voir* Ò GORMAILE, Pádraig.

HASLAM, Mary. « Ireland and Canada 1822-1839: Rapprochement and Ambiguity », communication présentée au colloque de l'American Council for Québec Studies à Cambridge (Mass.), oct. 2006, 18 p.

HOUSTON, Cecil J., et SMYTH, William J. *Irish Emigration and Canadian Settlement: Patterns, Links, and Letters,* Toronto, University of Toronto Press, 1990, 370 p.

LEBLOND, Wilfrid. « "Castle for Ever". Façon équivoque de dire "Salut à l'Irlande" », *Information médicale et paramédicale*, 1966, article reproduit sur le site : http://www.ecrivain.net/ferron/salut_irlande/Notes/Leblond_Castle.htm

MAILHOT, Laurent et Melançon, Benoît. *Le Conseil des Arts du Canada 1957-1982,* Montréal, Leméac, 1982, 400 p.

MARCEL, Jean. « Postscriptum pour sauver l'Irlande », *Livres et auteurs québécois 1970,* Montréal, Éditions Jumonville, 1970, p. 15-17 ; repris dans *Jacques Ferron malgré lui,* éd. rev. et augm. (Montréal, Éditions Parti pris, coll. Frères chasseurs, 1978 [© 1970], 288 p.), p. 179-185.

—. Lettre inédite non-datée (fin oct. ou début nov. 1970) à Jacques Ferron.

Ò GORMAILE, Pádraig (GORMALLY, Patrick). « *Le salut de l'Irlande* by Jacques Ferron: A Prophetic text », *International Journal of Canadian Studies / Revue internationale d'études canadiennes,* nº 5, Spring/print. 1992, p. 113-127.

—. « La représentation de la crise d'octobre chez Jacques Ferron », dans Brigitte FAIVRE-DUBOZ et Patrick POIRIER (s. la dir. de), *Jacques Ferron : le palimpseste infini,* Montréal, Lanctôt, coll. Cahiers Jacques-Ferron, 8-9, 2002, p. 68-82.

—. « The events of October, 1970. Jacques Ferron's perspective », *Paper VI of The Research Seminar of the Department of French in conjunction with the Centre for the Study of Human Settlement & Historic Change,* National University of Ireland, Galway, 13 nov. 2003, 31 p. : http://www.nuigalway.ie/french/documents/Seminar_POG.pdf

Une des bannières de l'exposition *The Physician Writing: Jacques Ferron, docteur en médecine*, Faculté de médecine de l'Université Dalhousie, avril 2006 (photo Leszek Bednarski).

## *LE DON JUAN CHRÉTIEN* AU PÉNITENCIER DE MILLHAVEN
## OU
## *FOOLS RUSH IN WHERE ANGELS FEAR TO TREAD* [1]

ANNETTE HAYWARD

Certains ferroniens seront peut-être surpris d'apprendre que la « première mondiale » de la pièce *Le Don Juan chrétien* de Jacques Ferron eut lieu le 7 mars 1975 à Kingston, Ontario (Canada).

Eh oui... En plein cœur de « l'Ontario quétaine », dans la même ville où, quatre ans plus tôt, Ferron est venu servir de témoin au mariage de son ami Gérard Bessette (voir ill. ci-après, p. 175). En effet, l'Université Queen's, comme bien d'autres universités « hors Québec », a probablement contribué plus qu'on ne le soupçonne parfois à la réception de l'œuvre de cet auteur [2].

Mais revenons à cette histoire du *Don Juan chrétien.* Montée sous forme d'un spectacle de marionnettes par des étudiant-e-s de 1^er^ cycle au Département d'études françaises de l'Université Queen's, la pièce avait été si bien

1. Une première version de ce texte a été présentée au colloque de Glendon (Université York, Toronto) le 19 janvier 2006.

2. En plus de la folle aventure décrite ici, signalons les articles rédigés sur son œuvre théâtrale par mon collègue Pierre Gobin, ainsi que les textes de Ferron que M. Gobin et moi avons si fréquemment mis au programme de nos cours (en particulier *Les grands soleils, L'amélanchier,* et surtout *La nuit,* enseigné au 2^e^-3^e^ cycle et même pendant plusieurs années en Français 100). C'est à Queen's que Guy Monette a fait sa thèse de doctorat sur « L'œuvre de Jacques Ferron et l'abandonnisme : essai de psychocritique », sous la direction de Gérard Bessette, et que Marcel Olscamp, déjà reconnu dans le domaine des études ferroniennes, a été engagé pendant quelques années comme étudiant post-doctoral. En outre, Susan Murphy, après avoir fait une excellente thèse de maîtrise à Queen's sur *La nuit* sous la direction de Lucie Joubert, y termine actuellement sa thèse de doctorat sur « Le Canada anglais de Jacques Ferron », sous ma direction et celle de Stéphane Inkel, spécialiste du roman québécois depuis la Révolution tranquille, et qui a déjà publié un article sur *Le Saint-Élias.* Même le présent article, en fin de compte, constitue une preuve de plus de l'estime dont jouit l'œuvre de Ferron « hors Québec ».

reçue par le public universitaire que nous avons décidé de « partir en tournée » et de la présenter devant des prisonniers au pénitencier à sécurité maximum de Millhaven, qui se trouve à une trentaine de kilomètres de la ville de Kingston. La description de cette aventure, reconstruite par un processus parfois quasi proustien, sera suivie d'un certain nombre de réflexions au sujet de la pièce ainsi que d'un témoignage de Jane Short, une des étudiantes qui a participé à cet événement alors qu'elle était en deuxième année à Queen's [1].

**Pourquoi Millhaven ?**

En 1973, au moment où j'arrivais à l'Université Queen's en tant que jeune professeure à contrat, le chef du département de l'époque, G.W. Ireland, venait de fonder un Cercle culturel francophone à la prison de Millhaven. Il demanda aux trois jeunes professeurs nouvellement engagés ainsi qu'aux étudiants de 2^e^-3^e^ cycle de l'époque si nous accepterions d'y participer. L'idée, je dois l'avouer, m'intriguait. Mais j'avais terriblement peur, la première fois que j'ai franchi les multiples portes et barrières qui nous permettaient d'accéder à cette prison à « sécurité maximum »!

Avec les prisonniers, qui (en dehors de ces visites) vivaient souvent une sorte d'enfer à l'intérieur des murs, nous discutions et nous faisions des ateliers sur la littérature (plusieurs rêvaient de revivre le succès de *Papillon*), dont un sur la chanson québécoise (ils ont beaucoup aimé les chansons de Robert Charlebois). Comme le dit Jane dans ses souvenirs, ils étaient comme chacun d'entre nous, des gens tout à fait ordinaires, du moins en apparence.

C'est donc dans ce cadre que nous avons décidé de monter notre représentation du *Don Juan chrétien* de Jacques Ferron, vu le succès qu'elle avait remporté auprès des membres du Département d'études françaises de l'Université. À l'époque, cela ne me semblait pas si étrange...

1. Cette ancienne étudiante est connue aujourd'hui sous le nom de Jane Koustas. Professeure à l'Université Brock, elle est fort appréciée pour ses travaux dans le domaine de la traduction et de la littérature québécoise (voir son texte ci-après, p. 209-210).

Photo prise lors de la réception suivant le mariage de Gérard Bessette avec Irène Bakowski, Kingston (Ontario), 1971.
*De g. à dr.*, Jacques Ferron, Madeleine Lavallée-Ferron, Gérard Bessette, Irène Bakowski et probablement les parents de la mariée.

## Pourquoi *Le Don Juan chrétien* ?

Qu'est-ce qui a motivé le choix du *Don Juan chrétien ?* Il y avait sûrement des raisons esthétiques et littéraires, mais il y avait aussi des raisons pragmatiques. Tout d'abord, il s'agit d'une pièce drôle, ce qui n'est jamais mauvais dans une représentation théâtrale d'amateurs. C'est aussi une œuvre en français standard ou international, ce qui rendait l'aventure plus faisable pour nos étudiant-e-s.

Même si j'étais déjà une admiratrice de l'œuvre de Ferron en arrivant à Kingston, il est fort probable que le choix de cette pièce en particulier ait été proposé par un jeune professeur du Collège militaire du nom de Guy Monette qui, à l'époque, venait de commencer son doctorat au Département d'études françaises de Queen's. Son aide, tout au long de cette aventure, a été extrêmement précieuse. Il s'est chargé, entre autres, d'effectuer un certain nombre de coupures mineures qui ont contribué à mon avis au dynamisme de la représentation.

## Pourquoi un spectacle de marionnettes ?

Nous avons également opté pour un spectacle de marionnettes pour des raisons surtout pragmatiques. Il m'est avis, après coup, que c'était un choix génial, mais à l'époque, je ne sais pas à quel point nous avions réfléchi à toutes les implications d'une telle démarche [1]. Ce qui est certain, c'est que la pièce ayant été enregistrée sur bande magnétique, les étudiants n'avaient pas besoin de mémoriser les répliques. Cette option permettait aussi la participation de plus d'étudiants, car certains faisaient les voix alors que d'autres

1. Il se peut que j'exagère notre naïveté de l'époque puisque j'ai retrouvé, dans une chemise contenant l'annonce du spectacle et une photocopie de la pièce avec les coupures mentionnées ci-dessus annotées, une feuille polycopiée reproduisant un texte de Susan Hall sur l'usage des marionnettes à travers l'histoire qui dit entre autres, « *Puppetry and the savage god of comedy have been linked throughout the twentieth century theatre, especially in the work of the Dadaists and the Absurdists.* » Je n'ai pas réussi à retracer la source de ce texte.

manipulaient les marionnettes. Quant aux têtes des marionnettes, nous les avons faites ensemble à partir d'une méthode très simple, en utilisant du papier déchiré et de la colle fabriquée avec de l'eau et de la farine. Le reste est venu dans le plaisir du partage et de l'aventure, lors de rencontres plus ou moins hebdomadaires dans mon appartement rue King, souvent sous forme de « vin et fromage ». Chaque marionnettiste peignait sa marionnette ou fabriquait son costume pendant qu'on discutait de la pièce, du choix de la musique — c'est Barb Sampson, je me souviens, qui proposa le début de l'Ouverture de Guillaume Tell comme introduction au spectacle, ce qui, vu la présence du cheval, était des plus indiqué— ou du décor —la simplicité incarnée, un simple panneau—, et tout cela en bavardant au sujet de la vie universitaire, de littérature, de politique, etc. Je ne me souviens plus quel étudiant a trouvé la tête de cheval à bâton, mais celle-ci se mariait à merveille avec les marionnettes, nous permettant d'accomplir avec panache (imagination à l'appui) toutes les chevauchées exigées par la pièce.

Même si tout cela s'est passé il y a plus de trente ans, j'en garde le souvenir d'une aventure extraordinaire et me souviens parfaitement des étudiants et étudiantes qui y ont participé, et que je tiens à mentionner ici :

Majda Skerl (Martine – voix et personnage)
Jane Short / Koustas (Jérôme – le personnage)
Roxanne Murrell (Don Juan – le personnage)
Barbara Sampson (Madame Salvarson – la voix et le curé – le personnage)
Elzabeth Aimers (Madame Salverson – le personnage)
Judith Blackburn-Johnson (le Sénateur – le personnage)
Rob Baxter (le Sénateur – la voix)
Peter Haines (Don Juan – la voix)
Anthony Wood (Jérôme – la voix)

Mais avant de discuter plus avant du *Don Juan chrétien,* il est bon de revenir sur le mythe de Don Juan dont il est tributaire, et que Ferron devait sûrement bien connaître.

## Le mythe de Don Juan

Même si la légende de Don Juan découle paraît-il d'une histoire réelle, ce personnage est rapidement devenu un véritable mythe qui a inspiré de nombreux créateurs, écrivains, musiciens et cinéastes [1]. Le premier à lui donner son nom et à le représenter sur scène fut Tirso de Molina, moine espagnol qui a écrit *El burlador de Sevilla y el convidado de piedra*, une pièce dont la date de la première représentation est incertaine, mais qui fut publiée entre 1620 et 1625. Repris de nombreuses fois, ce texte passera à la *Commedia dell'arte* avant d'arriver à Molière qui en fera une adaptation célèbre en 1665. Ce personnage rusé qui défie la morale et l'ordre public en séduisant de multiples femmes correspond de toute évidence à quelque chose de fondamental chez l'homme, comme en témoigne le fait qu'il ait inspiré par la suite des auteurs aussi importants que Mozart *(Don Giovanni)*, Baudelaire, Liszt, Strauss, Mérimée, Byron, George Bernard Shaw, Alexandre Dumas, et Henry de Montherlant, pour ne nommer que ceux-là [2]. Il est clair néanmoins que c'est *Dom Juan ou le Festin de Pierre* de Molière qui est à l'origine de l'intertextualité la plus importante dans la pièce de Ferron.

Chez Molière, comme chez d'autres, Dom Juan est la figure même du transgresseur des mœurs : il séduit toutes les femmes — qu'il s'agisse d'une fiancée ou même d'une religieuse comme Dona Elvire, qu'il vient d'épouser peu avant le début de la pièce — pour ensuite les délaisser au profit d'une autre proie. Ce faisant, il transgresse aussi les règles, fort importantes à l'époque, imposées par sa naissance, sa noblesse, son père.

Il y a également chez Molière la transgression de l'ordre divin. Libre pen-

1. Plus d'une cinquantaine d'œuvres (pièces, opéras, poèmes, romans, films, bandes dessinées, etc.), ont été écrites autour de cette figure mythique, si l'on se fie aux renseignements recueillis à partir de divers sites internet au moment où ce texte a été rédigé.

2. Il est intrigant de noter que la pièce d'Henry de Montherlant, *Don Juan ou la Mort qui fait le trottoir* (Paris, Gallimard, 1958), drame plutôt sombre, est contemporaine de la première version de la pièce de Ferron, *Le cheval de Don Juan* (Montréal, Éditions d'Orphée, 1957).

seur, Dom Juan croit seulement au monde logique, scientifique. Il refuse à maintes reprises de se repentir, gardant une attitude d'athée qui va à l'encontre de tous les codes sociaux de son époque. Même menacé de mort et de la vengeance de Dieu, il reste intraitable.

C'est là une thématique que Ferron reprend et renverse — avec son ironie coutumière — dans le *Don Juan chrétien.* Et pour que le public puisse s'en rendre pleinement compte, la première « parade » offre même un résumé de la pièce de Molière, dont une représentation est prévue, le soir même, à la salle paroissiale :

> LE CURÉ : Don Juan, c'est le héros de la pièce ! un grand escogriffe qui ne peut voir femme sans prendre feu.
> LE SÉNATEUR : Eh ! mon révérend, vous ne vous gênez pas !
> LE CURÉ : Le théâtre n'est pas la réalité.
> LE SÉNATEUR : C'est une belle façon quand même d'introduire un étalon dans votre salle.
> LE CURÉ : Sénateur, il faut être moderne ! D'ailleurs vous pensez bien que le Don Juan se brûle à son jeu et que Dieu l'achève en le foudroyant. Une pièce très morale et qui se joue dans les paroisses depuis des siècles. Moderne, mais de bonne tradition [1].

### *Le Don Juan chrétien*

En quoi consiste alors ce *Don Juan chrétien, comédie en deux actes, précédé chacun d'une parade par-devant le rideau* ?

Le curé ayant fait venir une troupe de théâtre pour jouer le *Dom Juan* de Molière à la salle paroissiale, Don Juan *[sic]* — un acteur italien moustachu — est parti s'occuper des femmes des environs. Il en a toute une liste, dont il semble s'occuper par esprit de charité – ou, pourrait-on presque dire, par

1. Jacques Ferron, « *Le Don Juan chrétien.* Comédie en deux actes, précédé chacun d'une parade par-devant le rideau », Théâtre I (Montréal, Hexagone, coll. Typo, 1990 [©1968]), p. 236-237. Dorénavant tout renvoi à cette pièce se fera dans le texte, entre parenthèses, accompagné de l'abréviation *DJC.*

devoir chrétien. Lors des deux « parades » qui précèdent chacun des deux actes de la pièce, le curé, qui court partout à la recherche de son acteur, rencontre le Sénateur, ce qui donne lieu à un dialogue assez loufoque, mais fort utile pour situer le public. Quant à Don Juan, arrivé à la résidence du Sénateur, il réussit à voler un baiser passionné à la servante Martine, qui l'avait pris pour Jérôme, le valet. Ladite Martine l'oriente ensuite vers Mme Salvarson, la femme du Sénateur, qui souffre beaucoup de la négligence de son mari, car ce dernier ne pense plus qu'à son cheval Arthur. Ensuite, Martine arrive à convaincre Jérôme, son amoureux, de s'équiper de moustaches postiches pour qu'il puisse la chatouiller en l'embrassant comme l'avait fait Don Juan.

Entre-temps, le Sénateur subit un grand chagrin d'amour parce que, lorsqu'il s'était habillé en habit de cérémonie pour présenter Arthur à sa femme, le cheval ne l'avait pas reconnu. Jérôme lui ayant expliqué que dans la perspective d'un cheval, on ne peut pas changer de peau, le sénateur change de nouveau d'habit de sorte que lui et Arthur se raccommodent. Toutefois, le sénateur, un peu désillusionné, découvre alors qu'il a repris goût aux femmes. Il décide donc d'aller retrouver Mme Salvarson, tout en restant déterminé à introduire Arthur dans la chambre conjugale. Lorsque Arthur refuse de monter à l'étage, c'est Don Juan lui-même qui, quoique impuissant pour passer à l'acte avec Mme Salvarson, réussit à maîtriser ou à séduire le brave cheval. Il lui fait si bien monter les escaliers que, triomphant, il ambitionne de continuer son chemin jusqu'au ciel. Il est aux anges, entre autres, parce que le Sénateur, qui le prenait toujours pour Jérôme, accepte enfin de le reconnaître comme étant Don Juan.

Sur ces entrefaites arrive le curé, qui récupère Don Juan. Celui-ci, bien soulagé au fond, accepte de revenir à la salle paroissiale pour jouer dans la pièce de Molière — à condition qu'on lui permette de jouer son rôle à cheval !

Et le curé, à qui Ferron donne pour une fois le dernier mot, de dire : « À cheval, pourquoi pas ? C'est d'ailleurs le grand défaut de Molière : il ne met pas de chevaux dans ses pièces... Allons, assez parlementé : la salle doit commencer à s'impatienter. » (*DJC*, p. 363)

## *Le Don Juan chrétien,* un oxymore ?

Mais pourquoi « Le Don Juan chrétien » ? N'est-ce pas un oxymore ? Si l'on se fie à la pièce de Molière, en tout cas, Don Juan serait un mécréant de premier ordre, un athée qui refuse la foi même devant des manifestations surnaturelles et la menace très claire de la vengeance de Dieu [1]. Alors, celui qui se mérite l'épithète de « chrétien » chez Ferron correspond-il au comédien italien incarnant le rôle de Don Juan et qui se fait un devoir de courir les femmes, même s'il semble souffrir d'impuissance, quitte à accepter finalement de retourner jouer dans la salle paroissiale ? Peut-être. Mais il y a aussi l'autre Don Juan, celui qui s'affuble d'une moustache pour faire plaisir à Martine. Pour évoquer la saveur de la pièce et illustrer le rôle de ce faux Don Juan, voici une petite scène à ce propos :

SCÈNE SIXIÈME

JÉRÔME : Vous les vouliez : eh bien ! les voici !

MARTINE : Qu'elles sont belles et bien roulées ! Ah! mon Don Juan !

JÉRÔME : Votre Don Juan ? Y pensez-vous, Mademoiselle ! En deux temps, deux mouvements, j'aurais conquis la plus niaise des pucelles.

MARTINE : Ah oui ! Ah oui ! Entre vos bras, ô Don Juan, je suis la plus fondante, la plus niaise des...

JÉRÔME : Des qui ?

MARTINE : C'est que...

JÉRÔME : C'est que quoi ?

MARTINE : C'est que je suis celle qui fut pucelle et qui ne l'est plus.

JÉRÔME : Alors, mademoiselle, vous ne m'intéressez pas : je ne suis pas regrattier. Il y a trop de primeurs de par le vaste monde pour... Mais vous n'avez pas honte ?

1. Il est vrai que d'autres versions littéraires de cette histoire explorent l'idée d'un Don Juan chrétien qui, devant les manifestations du transcendantal, se repent et se convertit. Un exemple particulièrement frappant de cette tendance serait *Saint Don Juan* de Joseph Delteil (Paris, Grasset, 1930).

MARTINE : Oui, j'ai honte, Monsieur. Mais soyez bon : rendez-moi ce que vous m'avez pris.

JÉRÔME : Moi ? Tiens, j'avais oublié ! Vous savez, j'en passe tant !

MARTINE : Voulez-vous que je vous arrache les moustaches ? Alors ne recommencez plus et rappelez-vous bien que vous êtes Don Juan pour moi seule.

JÉRÔME : Voilà, Mademoiselle, une version nouvelle et fort originale.

MARTINE : Tout change par les temps qui courent. Le monde se refait. Au vieux Don Juan un nouveau succède : c'est mon mari.

JÉRÔME : C'est bien la peine alors de porter des moustaches !

MARTINE : Même le Sénateur fait peau neuve !

JÉRÔME : Serait-il devenu cheval ?

MARTINE : Il prétend redevenir homme. Pour célébrer l'événement savez-vous ce qu'il a décidé ?

JÉRÔME : De manger son cheval ?

MARTINE : De transformer sa maison en écurie.

JÉRÔME : C'est encore une idée de cheval.

MARTINE : Mais plus d'équitation pour lui.

JÉRÔME : Que fera-t-il ?

MARTINE : L'amour à Madame. C'est sur elle, paraît-il, qu'il retrouvera son empreinte.

JÉRÔME : Je crains fort que la place ne soit prise... À moins qu'elle ne prenne de Don Juan des leçons de fidélité. Je viens de l'apercevoir au jardin avec lui. Elle était fort émue.

MARTINE : Mon ami, vous le savez bien : elle est toujours émue. Avec Don Juan, elle en sera quitte pour l'émotion. C'est un citoyen qui n'accroche pas, mais pas du tout !

JÉRÔME : Quel avantage trouve-t-il à son rôle ?

MARTINE : Je me le demande.

JÉRÔME : Il aurait besoin d'un remplaçant.

MARTINE : Vous l'êtes déjà.

JÉRÔME : Mais pour vous seule ! Je me trouve un peu mesquin.

MARTINE : Allez, ne craignez rien : avec moi aucune de vos générosités ne sera perdue.

JÉRÔME : Où m'entraînez-vous ?
MARTINE : Au jardin, Don Juan, pour la leçon de fidélité.
*(Pendant qu'ils sortent, Madame et Don Juan d'entrer.)* (*DJC*, p. 336-339)

Signalons en passant que ces fameuses moustaches de Jérôme, qu'il fallait coller et décoller selon le besoin, avaient parfois tendance à tomber à des moments inappropriés. Jane, la marionnettiste qui faisait jouer Jérôme avec beaucoup de verve et d'enthousiasme, les récupérait alors avec beaucoup d'aplomb, au grand plaisir du public. Elle avait aussi appris à Jérôme à se frotter les moustaches avec les deux mains afin de les garder collées aussi longtemps que possible.

Puis, à la fin de la pièce, alors que le Don Juan italien se détourne définitivement des femmes, s'étant découvert une vocation de « maquignon », et que le Sénateur finit par comprendre le quiproquo entre Don Juan et Jérôme, Ferron revient sur le thème du double :

LE SÉNATEUR : Il y a donc deux Don Juan, toi et l'autre, toi qui es à Martine, l'autre qui serait au Curé.
JÉRÔME : Moi, je ne suis qu'une version de l'original, version revue, corrigée, expurgée et chrétienne, encore que je ne puisse pas être mis entre toutes les mains. (*DJC*, p. 354 [1])

Y aurait-il en fin de compte deux « Don Juan chrétien » dans cette pièce ? Jérôme, un Don Juan tout au service de sa femme, et l'autre, l'acteur Don Juan, qui a failli monter au ciel à cheval (plutôt que de descendre en enfer comme chez Molière), et qui accepte finalement de retourner à la salle paroissiale jouer dans la pièce de Molière ? On serait tenté de répondre affirmativement, mais deux raisons nous en empêchent. La première est que

1. C'est en partie pour faire allusion à cette réplique de Jérôme que nous avons annoncé le spectacle du 7 mars 1975 comme une représentation de « *Le Don Juan chrétien,* version revue et corrigée ».

l'acteur accepte de jouer son rôle non par charité chrétienne mais parce que le curé le menace [1] ; la seconde est qu'une des principales visées de cette pièce est précisément la déconstruction du mythe de Don Juan. Martine s'y emploie magistralement, d'ailleurs, dans la première scène de l'acte II, accusant l'acteur entre autres d'être cruel et de ne laisser derrière lui que des femmes frustrées, au point que Don Juan, complètement démasqué, dira : « [J]e ne suis qu'un mythe, un mythe dont la présence dans l'histoire servira à comprendre la condition des femmes jusqu'à cette génération. [...] Vous êtes de la nouvelle génération. Je ne peux pas vous demander de m'aimer. Accordez-moi un peu de pitié. » (*DJC,* p. 315) [2]. Puis il ajoute plus loin, en un superbe jeu d'autoréférentialité et de métathéâtralité, « Le théâtre me sauvera peut-être. » (*DJC,* p. 316)

Le Don Juan chrétien, donc, c'est Jérôme, comme il le dit lui-même, ci-dessus : un Don Juan séducteur et amoureux, mais qui, en accord avec le credo chrétien, ne séduit qu'une seule femme. Autrement dit, comme l'annonçait l'oxymore du titre, un Don Juan qui n'en est pas vraiment un.

## Mais qu'en est-il du *Cheval de Don Juan* ?

Il existe pourtant une première version du *Don Juan chrétien,* à savoir *Le Cheval de Don Juan,* publiée aux Éditions d'Orphée le 15 septembre 1957 à 317 exemplaires. Nous aurions pu faire jouer cette version-là plutôt que celle

1. Voici en effet le dénouement de la pièce : « DON JUAN : En tout cas, plus de femmes pour moi. / LE CURÉ : Tu voudrais sans doute que je te prête ma soutane ! Ça s'en allait parmi les nymphes, les satyres et les tritons, et ça se retourne curé ! Si tu ne veux pas jouer, tu t'expliqueras à l'assistance, et tu verras ce que tu verras ! Ce sera Molière ou moi. Oui, figure-toi, je suis aussi un auteur dramatique. Ma pièce s'intitule *La passion de saint Étienne lapidé par la foule.* Pour t'achever tu iras au boxon de la veuve Scott... Alors qu'est-ce que tu choisis, mon mignon ? Tu restes dans ton répertoire ou tu viens dans le mien ? [...] / DON JUAN : Je jouerai Don Juan, mais à une condition. / LE CURÉ : Laquelle, mon fils ? / DON JUAN : Je le jouerai à cheval. » (*DJC,* p. 362-363)

2. Cette scène annonce donc ce qu'on appellera la libération de la femme dans les années soixante.

de 1968 [1]. En fouillant dans ses souvenirs de 1975, d'ailleurs, Monette s'était même demandé si ce n'était pas le cas. Pourtant, lorsqu'on compare les deux versions de cette œuvre, on découvre des différences parfois étonnantes, dont certaines qui justifient pleinement, à mon avis, notre choix du *Don Juan chrétien* [2]. La première était une pièce en trois actes plutôt qu'une « comédie en deux actes, précédé chacun d'une parade par-devant le rideau ». Elle était beaucoup moins réaliste, et ne comportait aucune mention d'un curé ni d'une représentation de la pièce *Dom Juan* de Molière. Du coup, le personnage de Don Juan n'était plus un acteur essayant de vivre son rôle, mais un fou qui se prenait pour Don Juan — un Don Juan vieilli, plutôt impuissant, mais Don Juan quand même. L'aspect « théâtre dans le théâtre », si réussi dans la deuxième version, disparaît donc à toutes fins pratiques [3], ainsi que

1. Les renvois au *Cheval de Don Juan* se feront dorénavant dans le texte, entre parenthèses, accompagnés de l'abréviation *CDJ.* Signalons que cette première version fut représentée par une troupe d'amateurs à Longueuil, Rimouski et Lévis, et « qu'elle suscita une réaction passionnée dans cette dernière ville alors qu'on la présentait à l'occasion d'un concours national annuel » (Jacques de Roussan, *Jacques Ferron, quatre itinéraires* [Montréal, Presses de l'Université du Québec, 1971], p. 78).

2. Ferron serait d'ailleurs d'accord, si l'on en juge par l'extrait suivant d'une lettre à André Major datée du 21 déc. 1965 : « Si Marcel veut parler de moi, qu'il sache que je reprends tout mon théâtre. *Le cheval de Don Juan* était une ineptie. Je l'ai refait sous le titre nouveau : *Le Don Juan chrétien.* Ce n'est pas fameux, mais c'est mieux que la première version » (Jacques Ferron et André Major, *« Nous ferons nos comptes plus tard. » Correspondance (1962-1983)* [Montréal, Lanctôt Éditeur, coll. Cahiers Jacques-Ferron, 12, 2004], p. 78).

3. Il reste, comme le souligne Gilbert David, que le style ou « la parole » utilisée dans les deux versions, empreinte comme elle l'est « de plusieurs codes théâtraux », crée une « fictionnalisation [qui] a comme premier effet de désigner le théâtre lui-même comme théâtre et [...] jeu avec les conventions », ce qui crée un « effet d'étrangeté » (Gilbert David, « Comment Don Juan est devenu chrétien ou quand Jacques Ferron cavale avec le mythe donjuanesque. Remarques sur la comédie d'une comédie », dans Brigitte Faivre-Duboz et Patrick Poirier (s. la dir. de), *Jacques Ferron : le palimpseste infini,* Montréal, Lanctôt , coll. Cahiers Jacques-Ferron, 8-9, 2002, p. 211).

l'intertextualité avec la pièce de Molière. Les deux parades — si amusantes — où le curé court follement à travers champs et se laisse diriger vers le boxon de la veuve Scott par le Sénateur, disparaissent aussi. C'est néanmoins la différence que cela entraîne dans le dénouement de la pièce qui est la plus importante, car dans *Le cheval de Don Juan,* l'œuvre se termine avec Don Juan à cheval qui monte triomphalement au ciel, la didascalie précisant qu'il traverse alors le plafond [1].

Cela ajoute évidemment au symbolisme sexuel de la pièce, l'apothéose du Don Juan à cheval qui monte à la chambre conjugale et puis au ciel étant assez facilement comparable à une extase d'ordre sexuel. Néanmoins, le nouveau dénouement où c'est ironiquement le curé qui empêche Don Juan de monter au ciel [2] et lui ordonne de reprendre son rôle dans le *Dom Juan* de Molière, quitte à le faire à cheval, est beaucoup plus représentable et, toutes proportions gardées, plus réaliste.

Le remaniement de la pièce est donc considérable, et dans l'ensemble extrêmement positif. La réécriture des scènes est souvent assez importante, surtout dans la première moitié de l'œuvre où de nombreuses répliques ont été resserrées, ce qui réduit beaucoup le va-et-vient des répliques entre les différents personnages [3]. Certaines scènes ou parties de scènes sont supprimées, d'autres ajoutées. Un des changements discutables concerne cependant le début de l'acte I. Dans la première version, Jérôme entre en scène dans une glissade qu'il fait pour embrasser sa belle Martine en train de cirer le plancher, ce qui l'amène à s'exclamer par la suite : « Quelle glissade ! J'aurais pu me rompre la vertèbre, me luxer la rotule, me casser l'astragale :

1. Comme on le voit, cette première version participe du merveilleux ou du fantastique qui caractérise souvent les contes de Ferron.

2. Ce symbolisme du curé comme « douanier » de la frontière entre la terre et le ciel est certainement voulu puisque, dans la première parade, le Sénateur (un peu fou) qui voit le Curé courir dans les champs finit par en conclure qu'il vient de passer au ciel. Au curé qui court après lui pour demander s'il a vu Don Juan, le Sénateur répond : « Pourquoi, diantre, ne m'avez-vous pas arrêté à la frontière ? » (*DJC,* p. 234)

3. Le résultat est parfois plus réussi que d'autres, cependant.

je m'en tire avec un baiser. La chance me sourit. » (*CDJ,* p. 15) Dans *Le Don Juan chrétien,* la réplique est beaucoup moins fantaisiste : « Quelle glissade ! J'aurais pu m'y rompre : j'attrape un baiser. Ô chance, tu me souris ! » (*DJC,* p. 243) Un tel changement peut paraître anodin, voire souhaitable du point de vue réaliste, sauf que plus tard dans la pièce, lorsque Madame Salvarson croit attraper Jérôme en train de faire la cour à Martine et, son extrême frustration aidant, s'en montre jalouse, « l'astragale » supprimé refera surface de façon alors peu logique dans une des scènes les plus drôles de la pièce :

> MADAME : [...] À propos, Martine, que vous avait-il chuchoté ?
> [...]
> MARTINE : Il venait de parler... Je n'ose.
> MADAME : Osez.
> MARTINE : De son astragale.
> JÉRÔME : Elle ment.
> MADAME : Taisez-vous ! Son astragale ! A-t-on idée ? Ah ! sainte mère de Dieu, Vierge des vierges ! Son astragale ! Ah ! Jésus ! Vous avez osé, impudent, misérable ! Allez, filez, disparaissez ! Vous ne voyez donc pas que vous me rendez malade !
> *(Jérôme sort.)* [...]
> MADAME : Son astragale ! Dans ma maison ! Quelle honte ! Savez-vous au moins ce que c'est un astragale, ma pauvre enfant ? Oui, vous le savez. Moi, je l'imagine, et rien qu'à l'imaginer je frémis, je me sens mal... Non, je me sens bien... Oui, je me sens mal... C'est ça, je ne me sens plus ! Un astragale, Seigneur, un astragale !
> MARTINE : Quelle sensibilité que la vôtre, Madame !
> MADAME : Énorme ! Si vous saviez toutes les sensations qu'elle me donne ! Des sensations énormes... Mais dites-moi, Martine : un astragale, qu'est-ce au juste ?
> MARTINE : Un os du talon.
> MADAME : Ce n'est pas celui que je pensais. Tout le monde se trompe, c'est certain ; j'ai quand même été injuste pour ce garçon... (*DJC,* p. 255-257)

Il s'agit d'une scène, même sans le passage de la première version qui la justifiait mieux, qui a fait la joie et des étudiant-e-s qui montaient la pièce et des spectateurs. La frustration sexuelle de Madame, comme on le voit, mène à toutes sortes de quiproquos et de sous-entendus, comme l'illustre bien, d'ailleurs, la suite de cette même scène. Mais Madame Salvarson est bonne joueuse et s'amuse par la suite à appeler Jérôme « Sieur de l'Astragale » (*DJC,* p. 298).

Une des modifications les plus significatives, par ailleurs, est la suppression dans *Le Don Juan chrétien* d'un monologue de Jérôme, désigné comme le « théoricien » du groupe, sur la folie :

> Il en est des fous comme des gens raisonnables; ils ne sont pas tous intelligents; on en rencontre même d'imbéciles. Le Commandeur se classe dans la moyenne; c'est un honnête homme. Raisonnable au siècle de Molière, fou dans celui-ci, il est dans l'un comme dans l'autre médiocre. La folie est comme la raison; c'est une carrière que tous ne peuvent mener à terme; la plupart se perdent dans la confusion. Sans moi le Commandeur perdait de vue son cheval; je l'ai aidé à le rejoindre; qu'il galope à présent sous le vent de la folie ! C'est un vent que je préfère d'ailleurs au calme plat de la raison...
>
> La raison, la raison : qu'est-ce au juste que la raison ? Autrefois, lorsque je vivais sous une autre tutelle que la mienne, on avait coutume de dire, si par complaisance ou timidité j'acceptais quelque sacrifice, que j'étais raisonnable. La raison n'est peut-être que le sacrifice d'une sagesse élémentaire... Allez-y voir... Le monologue ne me va pas; il me rend philosophe; et comme disait Martine : on commence de même, on finit par radoter. Mieux vaut me taire, je me tais. (*CDJ,* p. 129-130)

Ce passage est révélateur du questionnement de l'auteur, déjà en 1957, sur les concepts de raison et de folie : il semble opter pour la folie contre la raison, même si l'on présente en fin de compte Jérôme comme un fou plus sage, ou moins fou, que son maître. La suite de la pièce va également montrer que Jérôme, plutôt que d'avoir aidé le Commandeur (transformé en Sénateur dans le deuxième version) à rejoindre son cheval, comme il le prétend ici, lui a finalement fait comprendre, par sa description du rapport entre le Commandeur/Sénateur et le cheval [1], la sublimation sexuelle que cachait cette passion pour Arthur. Cela donnera au Commandeur/Sénateur le goût de retrouver les appâts de la femme. Après tout, avoue-t-il à Martine, la morphologie de la femme se marie mieux avec celle de l'homme (*CDJ*, p. 168 ; *DJC*, p. 331).

La présence aguichante de Martine n'est cependant pas étrangère à cette conversion, et dans les deux versions de la pièce, lorsque le Commandeur/Sénateur annonce sa décision de « devenir un homme », Martine a même l'air d'offrir ses services pour faciliter sa reconversion : « Dans ce cas, je pourrais peut-être vous aider. [...] Vous aurez besoin dans cette nouvelle carrière du concours d'une femme » (*CDJ*, p. 172 ; *DJC*, p. 332). Dans *Le cheval de Don Juan*, le Commandeur la remercie mais décline l'offre en lui rappelant qu'il a déjà une femme, alors que, dans *Le Don Juan chrétien*, le Sénateur avoue préférer une forme moins éloignée de celle du cheval et c'est Martine qui lui propose à ce moment-là le retour vers sa femme [2]. Par ailleurs, ce changement de perspective n'est peut-être pas non plus sans liens avec le fait que le Commandeur/Sénateur, malgré sa folie et son obsession chevaline, s'est aperçu à un moment donné que sa femme cherchait désespérément dans la maison un autre homme, en l'occurrence Don Juan, ce qui a fait temporairement naître chez lui un soupçon de jalousie (*CDJ*, p. 110-113 ; *DJC*, p. 291-292). Tous ces facteurs, donc, contribuent à son désir de devenir

1. En voici un extrait : « Oui, Sénateur, [...] comme la jeune épouse qui accepte le jeune époux pour former avec lui le couple voulu de Dieu, il [Arthur] consentait à se faire seller, à se laisser monter [...]. L'équitation est la plus noble expression d'une union charnelle » (*DJC*, p. 294). On trouvera l'équivalent dans *CDJ*, p. 120-121.

2. « LE SÉNATEUR : Oui-da ! Seulement entre le cheval et vous la différence est extrême. Je vous admire, mais je vous trouve aussi bien mince et délicate. Votre bonne volonté me touche, mais j'ai été trop longtemps un cavalier : je doute que ce soit sur vous que je puisse prendre mon empreinte. J'aimerais trouver une forme intermédiaire. / MARTINE : Mais alors, Monsieur, pas besoin de chercher : vous avez Madame ! / LE SÉNATEUR : Madame ? Je l'avais oubliée. Mais c'est vrai, savez-vous ? Elle fera l'article. » (*DJC*, 333-334)

un simple « homme » (*CDJ*, p. 172-173 ; *DJC*, p. 332-333), un homme que Madame Salvarson, devenue Hortence, appelle Achille.

## Simplement fou ou « fou-fou comme les fous » ?

Il est permis de se demander ce qui a pu inspirer Ferron à écrire une pièce comme *Le cheval de Don Juan* et puis à la retravailler pour en faire *Le Don Juan chrétien.* Serait-ce purement la joie de se défouler au théâtre, de s'amuser en faisant rire, si possible, son public ? Car s'il s'agit d'une pièce très drôle, qui illustre superbement la verve et l'ironie souvent narquoise qui caractérisent la plupart des œuvres de Ferron. Nous y sommes plus proches du théâtre français des XVII^e^ et XVIII^e^ siècles que de *Tit-Coq* ou des *Belles-sœurs.* Quant au nationalisme présent dans des pièces comme *Les grands soleils* ou *La tête du roi,* il semble être totalement absent ici. À moins qu'on ne voie dans ce Sénateur complètement toqué, que tout le monde dit fou, une critique du Sénat canadien, et dans le boxon de la veuve Scott un exemple d'humour ferronien vis-à-vis du Canadien d'origine écossaise...

Il faut avouer, néanmoins, que l'humour qu'on trouve dans cette pièce n'est pas toujours très subtil ni du genre considéré aujourd'hui comme « politiquement correct ». La femme est souvent un objet de ridicule, entre autres, avec en particulier des réparties qui l'associent continuellement — par contraste ou par analogie — au cheval. Prenons par exemple la scène suivante entre le Sénateur et Don Juan :

> SÉNATEUR : Tu connais les femmes, toi, mon pauvre Jérôme ? [Car Jérôme, le valet, et Don Juan se ressemblent, surtout pour le Sénateur, depuis que Martine a convaincu Jérôme de se coller des moustaches, ce qui entraîne évidemment de nombreux quiproquos.]
>
> DON JUAN : Assez pour savoir manier un cheval.
>
> SÉNATEUR : Comme c'est drôle ! Moi, au contraire, c'est le cheval qui m'a appris à manier la femme.
>
> DON JUAN : Leur ressemblance est depuis longtemps signalée. L'un et l'autre, du moins quand ils sont de race, ne sortent pas sans être accompagnés. Une porte, survient-elle, le cheval stoppe, son cavalier la lui

ouvre. Même cérémonie avec la femme. Ils ont d'ailleurs en partage les mêmes amateurs.

SÉNATEUR : Je préfère aujourd'hui la femme ; elle est plus humaine.

DON JUAN : Mais le cheval est muet et il a quatre pattes. (*DJC*, p. 346-347)

Mais la satire dans cette pièce ne vise pas uniquement la femme : tout le monde y a droit. Si le Sénateur est ouvertement reconnu par son entourage comme étant fou, et sa femme comme folle, il reste que tous les personnages de la pièce, chacun à sa façon, finissent par se faire traiter de fou [1]. Et il faut avouer que même Jérôme, le valet « théoricien » de M. le Sénateur, et Martine — celle qui s'en tire le mieux de tous — ont des répliques parfois très bizarres qui montrent qu'ils entrent facilement dans la folie de leurs maîtres.

Ainsi, même si Ferron qualifie sa pièce de « Comédie en deux actes, précédé chacun d'une parade par-devant le rideau », et qu'on y entend indubitablement des échos d'Ionesco et de *La cantatrice chauve,* donc du théâtre de l'absurde [2], j'ai fini par me demander s'il ne faudrait pas regarder plutôt du

1. « JÉRÔME : Madame [qui a ses lubies] est à son naturel. Or, j'ai à vous apprendre une nouvelle extraordinaire : Monsieur est fou. / MARTINE : Vous appelez ça une nouvelle ! Non, je vous en prie, laissez-moi frotter. / JÉRÔME : Je vous l'accorde : Monsieur est fou depuis longtemps. Jusqu'à ce soir on pouvait même dire qu'il était fou comme tout le monde : il agissait encore congrûment. Vous lui disiez : « Bonjour, Monsieur le Sénateur », il répondait : « Oui, en effet. » Tout cela était normal. Mais il a changé. / MARTINE : À présent, c'est bonjour, bonsoir, et quand vous lui annoncez la pluie, il constate qu'en effet le ciel est bleu, les oiseaux chantent, le soleil rit ! / JÉRÔME : Si ce n'était que cela ! (...) / MARTINE : Eh bien, quoi ? Si son humeur n'a pas changé, s'il rend le bonjour qu'on lui souhaite et voit la pluie qu'on lui montre, comment pouvez-vous prétendre que, de fou congru comme tout le monde, il soit devenu fou-fou comme les fous ! JÉRÔME : Il a décidé de présenter son cheval à Madame. / MARTINE : Vous êtes fou ! / JÉRÔME : Non, c'est lui. / MARTINE : Ho ! » (*DJC*, p. 246-247)

2. Et se peut-il qu'il y ait un lien entre cette pièce et les scènes de *L'incubation* où le narrateur et son ami Gordon Blackwell, complètement saoûls, rendent visite à Cléopâtre, cheval fétiche de Ripcord, qui est conservateur de la bibliothèque de Princess University ? La rencontre est en tout cas frappante, d'autant plus que Ferron et Bessette étaient de bons amis.

côté de la sottie [1]. L'idée m'était venue en réfléchissant au trajectoire de Jane Short qui, d'étudiante de deuxième année en science politique dont le français était encore parfois hésitant, s'est transformée en traductrice à la suite d'études à Laval et à l'Université de Montréal, pour ensuite revenir faire son doctorat en littérature québécoise à l'Université Queen's. Sa thèse, rédigée sous la direction de Pierre Gobin, portait sur « Jean-Claude Germain et la sottie québécoise [2] ». Impossible de savoir aujourd'hui quel fut le rôle du *Don Juan chrétien* (et donc du fameux Jérôme) dans cette trajectoire, mais il faut avouer que cela laisse songeur... [3]

La sottie est un genre dramatique français pratiqué surtout aux XV^e^ et XVI^e^ siècles, mettant en scène des sots ou des fous, avec parfois des personnages s'appelant le Prince des Sots ou la Mère-Sotte, et qui se prête particulièrement bien à la satire sociale ou politique. La parodie de la société dite « normale », de ses travers et de ses figures d'autorité y joue un rôle de subversion et de démystification similaire à celui joué par le carnaval ou par le fou du roi. De structure souvent circulaire, la sottie tend à mettre l'accent sur un accessoire ou un déguisement, et joue sur les apparences, les costumes, et la fonction sociale des personnages [4]. De toute évidence, *Le Don*

1. J'ai vite découvert que Laurent Mailhot (à propos de *La barbe de François Hertel*, dans *Le théâtre québécois. Introduction à dix dramaturges contemporains* [Montréal, Hurtubise HMH, 1970], p. 154) et Pierre Gobin (*Le fou et ses doubles : figures de la dramaturgie québécoise* [Montréal, Presses de l'Université de Montréal, 1978], p. 232) avaient déjà proposé une telle classification.

2. Jane Koustas, « Jean-Claude Germain et la sottie québécoise », Université Queen's, thèse de doctorat, 1986, 355 f.

3. Ce qui est certain, c'est que Ferron est un excellent complice quand il s'agit de « convertir » des gens hors-Québec à la littérature québécoise, comme le montre bien le cas de Betty Bednarski qui avait pleinement l'intention, au moment où j'ai fait sa connaissance au début de nos études de 2^e^/3^e^ cycle, de devenir spécialiste du XVIII^e^ siècle !

4. Cette description vient de l'*Encyclopédie Universalis* (http://www.universalis-edu.com/article2.php?napp=177&nref=T303256), de l'*Encyclopédie Encarta* (http://fr.encarta.msn.com/encyclopedia_761589263/sottie.html) et de la thèse de Jane Short, qui offre une section importante sur l'historique et la définition du genre.

*Juan chrétien,* avec sa parodie du Curé et du Sénateur, son jeu sur les moustaches, ses hommes qui se prennent pour des Don Juan ou qui préfèrent des chevaux aux femmes, et où il est constamment question de fous et de folie, s'en rapproche beaucoup. La présence des deux parades, en particulier, un élément fortement identifié à la sottie [1], semble indiquer une volonté chez Ferron d'offrir une adaptation québécoise de ce genre médiéval.

Tout cela, je l'avoue, je ne l'avais pas vu en 1974-1975, du moins pas consciemment. Mais il est permis de se demander aujourd'hui si l'excellente réception de la pièce par mes collègues, ainsi que les rires qui fusaient au pénitencier de Millhaven, ne tenaient pas en grande partie à cet aspect subversif et satirique de la sottie. Certes, les sous-entendus sexuels y étaient aussi pour beaucoup.

Le fait que Ferron ait choisi de faire une sottie, où tous les personnages sont des sots ou des fous, en particulier ceux qui sont socialement les plus puissants, c'est-à-dire le Sénateur et le Curé, reflète non seulement les tendances socialisantes de l'auteur, mais aussi son intérêt pour toute la question de la folie — car, somme toute, ces personnages sont très attachants dans leur folie ou leur sottise. Cet intérêt l'amènera, comme on sait, à travailler à Saint-Jean-de-Dieu. En montrant tous les personnages comme fous, même si certains le sont plus que d'autres, Ferron ne fait pas seulement une satire de la société, il interroge aussi le concept de la folie. Si tout le monde est fou, à quel stade décide-t-on que quelqu'un est « fou-fou comme les fous » (*DJC,* p. 246) ?

## De la folie des chevaux... au « roman familial »

S'il est clair, comme le signale Gilbert David, que Jérôme, ce « théoricien » à la verve intarissable et parfois paradoxale, constitue une sorte d'*alter ego* de

1. Émile Picot, *La sottie en France* (Nogent-le-Rotrou, Daupeley-Gouverneur, 1878), par exemple, identifie la sottie presque uniquement à la parade, jouée par des clowns et des saltimbanques avant la représentation d'une farce ou d'une moralité (http://fr.wikipedia.org/wiki/Sotie).

l'auteur [1], il est permis de s'étonner de l'importance donnée au rôle du cheval, au point même d'occuper la vedette dans le premier titre de cette pièce. Il n'est pas question d'un cheval, que je sache, dans le mythe de Don Juan ou dans la comédie de Molière. Le rôle du cheval, intimement lié au thème de la sexualité, est néanmoins majeur ici, permettant en particulier au cavalier qui l'enfourche la sublimation du désir sexuel normalement dirigé envers les femmes [2] et lui donnant une impression d'élévation sociale et de pouvoir comparable, semble-t-il, à celui d'un dieu [3].

L'origine de ce cheval se trouve peut-être dans le titre de « Commandeur » hérité de la pièce de Molière, et qui sert de désignation au personnage qui se transformera en Sénateur dans *Le Don Juan chrétien.* Mais plutôt que la statue d'un chevalier tué autrefois par Don Juan, le Commandeur du *Cheval de Don Juan* de Ferron est un « Commandeur du Saint-Sépulcre », rôle qui serait d'ailleurs à l'origine de l'insatisfaction sexuelle de sa femme : « Depuis que mon mari est Commandeur du Saint-Sépulcre, il est avec moi d'une froideur mortelle. Je suis la plus malheureuse des femmes » (p. 40). Ce passage, supprimé dans la 2e version, est très éclairant lorsqu'on le met en relation avec le fait qu'il existe véritablement, dans l'Église catholique, un « Ordre équestre du Saint-Sépulcre de Jérusalem » qui comporte même une « Lieutenance de Canada [à] Montréal [4] ». Ce serait donc sa nomination

1. Gilbert David, « Comment Don Juan est devenu chrétien », p. 214.

2. Peut-être même une certaine tendance vers l'homosexualité, soupçon qui amène le Sénateur à préciser à au moins deux reprises devant Jérôme qu'Arthur est un hongre, et non pas un étalon.

3. Dans une des scènes entre le Sénateur et Martine, celle-ci (peut-être pour épater son patron ?) suggère que l'amour d'un cheval ou d'un éléphant est un amour surhumain par laquelle on dépasse sa nature et qu'on cesse d'être un homme pour devenir un dieu (voir *DJC,* p. 332). Et lorsque Don Juan apparaît triomphalement sur le dos d'Arthur à la fin de la pièce, il proclame : « Je suis un dieu. [...] et mon plus grand bonheur dans cette apothéose est de penser que jamais plus mon regard ne sera affligé de la vue d'une femme » (*DJC,* p. 358).

4. « L'ordre du Saint-Sépulcre est un ordre de chevalerie militaire et religieux, dont la fondation est attribuée à Godefroy de Bouillon, le vainqueur de la première croisade en

comme Commandeur qui aurait amené M. Salvarsan à valoriser plus son rôle de cavalier que celui de mari.

Il est difficile, cependant, de ne pas songer également au fait que le père de Ferron, le notaire Joseph-Alphonse Ferron, était un amateur passionné de chevaux. Le passage que Marcel Olscamp consacre à ce sujet dans sa magnifique biographie de Jacques Ferron est d'ailleurs fascinant en ce qui concerne le caractère extrémiste de cette passion et son lien avec le statut social de celui que sa propre famille appelait « Notaire[1] » :

> « Cette passion était perceptible même à nos yeux d'enfants », écrit Madeleine, en racontant comment le notaire, cet homme trop sensible, avait éclaté en sanglots devant les membres de sa famille à l'annonce de la mort de l'une de ses bêtes. [...] Jacques, pour sa part, pense que cet attrait immodéré pour les belles montures était venu à son père durant son enfance, à l'époque où il voyait passer les beaux équipages de l'Hôtel des Sources. Un jour vint où lui aussi, sans doute pour savourer un peu sa revanche, put monter « un grand pur-sang irlandais, un hunter comme il disait et qu'il ne commanda jamais qu'en anglais, connaissant assez cette langue pour le faire, pas plus »[2].

1099 à Jérusalem. Depuis 1847, l'Ordre est une association de fidèles catholiques reconnue par le Saint-Siège et qui œuvre pour aider la communauté chrétienne installée en Terre Sainte, aujourd'hui territoire d'Israël, de la Palestine, de Jordanie et de Chypre » (fr.wikipedia.org/wiki/Ordre_du_Saint-Sépulcre). L'adresse du site web de la « Lieutenance de Canada-Montréal » de l'Ordre équestre du Saint-Sépulcre de Jérusalem (consulté le 22 févr. 2008) est la suivante : www.avantimontreal.com/oessj/ceremonies.htm. Il existe aussi une *Histoire de l'ordre militaire du Saint-Sépulcre de Jérusalem* de Chevalier Charles-Auguste Bertini, Commandeur Charles d'Odriozola et Comte F. Pasini-Frassoni (Collège Héraldique, 1937).

1. Marcel Olscamp, *Le fils du notaire. Jacques Ferron 1921-1949* (Montréal, Fides, 1997), p. 26.

2. *Id., ibid.*, p. 78-79. Ces citations sont tirées de Madeleine Ferron, *Adrienne. Une saga familiale* (Montréal, Boréal, 1993), p. 167, et de Jacques Ferron, *Les confitures de coings et autres textes* (Montréal, Parti pris, 1972), p. 313.

Il y a aussi l'incident où le père de Ferron a fait l'erreur d'acheter quarante chevaux sauvages de l'ouest en espérant les revendre à profit, sans s'être aperçu que la mécanisation remplaçait les chevaux dans les fermes [1] : cela est sans doute à rapprocher du titre de maquignon (littéralement : marchand de chevaux) qu'on prête à Don Juan — de façon assez illogique — au moment où il développe à son tour une passion pour les chevaux [2].

Quant à Jérôme et Martine, ces personnages de valet et de soubrette qui rappellent tant le théâtre classique de l'Ancien Régime, Gilbert David souligne qu'ils reviennent souvent dans l'œuvre de Ferron, et que Jérôme figure même dans le premier roman de l'auteur, *La gorge de Minerve,* qui date des années quarante : « Dans ce roman demeuré inédit, Jérôme est un Salvarsan, dont le père se prénomme Hercule et la mère Hortence *[sic].* Dans *Le cheval de Don Juan,* aucun lien de parenté ne lie explicitement Jérôme au Commandeur qui répond ici au nom d'Achille Salvarsan, tandis que sa femme

1. Marcel Olscamp, *Le fils du notaire,* p. 140.

2. Andrée Mercier, dans un article où elle commente la réécriture de la pièce de Molière par Ferron en la comparant à deux autres adaptations de 1968, *Le Cid maghané* de Réjean Ducharme et *Hamlet, prince du Québec* de Robert Gurik, voit dans la dernière réplique du *Don Juan chrétien* (« À cheval, pourquoi pas ? C'est d'ailleurs le grand défaut de Molière : il ne met pas de chevaux dans ses pièces.... ») un jeu de mots tout à fait ferronien, « un clin d'œil à la vie théâtrale québécoise qui, à la fin des années soixante avec notamment la création de la pièce *Les Belles-Sœurs* de Michel Tremblay, a vu le joual faire une entrée remarquée sur scène » (Andrée Mercier, « Entre la parodie et l'imitation : le *Don Juan* de Jacques Ferron », *Romanica Selesiana,* n° 2, 2007, p. 39-40). Cette interprétation bien tentante lorsqu'on connaît l'œuvre de Ferron n'explique pourtant pas l'importance du cheval dans *Le cheval de Don Juan* de 1957. Il n'est pas non plus très clair, si l'on accepte l'hypothèse de Mercier (tout en se rappelant que la réécriture en question, selon la lettre de l'auteur à André Major, date d'avant déc. 1965), comment la réplique en question constituerait une réponse « à [l]a manière » de Ferron, à « qui pourrait lui reprocher de ne pas mettre lui non plus de cheval, autrement dit de joual, dans ses pièces » (p. 40). *Romanica Selesiana* est une revue polonaise en ligne distribuée par CEEOL [Central and Eastern European Online Library], http://www.ceeol.com).

conserve le prénom, à une lettre près, d'Hortense [1]. » Le père de Jérôme dans le roman est lui aussi un « Commandeur du Saint-Sépulcre et mari impuissant [2] » dont la réaction à l'accouchement de sa femme rappelle sans l'ombre d'un doute celle du père de Ferron lors de la naissance de son fils aîné, justement [3].

Si Jérôme perd sa qualité de fils dans *Le cheval de Don Juan,* le nom du Commandeur Salvarsan, lorsqu'il devient Sénateur dans *Le Don Juan chrétien,* se transforme en Salvarson, et le prénom de sa femme s'écrit de nouveau « Hortence ». Tout se passe comme si Ferron tenait à rétablir de façon subreptice les liens entre ces personnages et ceux de son premier roman. Il semble bien que certains des aspects les plus originaux de l'écriture de Ferron à cette époque soient donc rattachés au roman familial et au besoin que ressent l'auteur de prendre ses distances par rapport à la figure paternelle [4]. Car même si le Commandeur/Sénateur est présenté comme un fou somme toute fort sympathique, et qui finit par se transformer en homme capable d'apprécier les qualités de sa femme, il reste un personnage complètement toqué qui n'a pas du tout l'intelligence ou le savoir-faire du « théoricien » qu'est Jérôme.

Il reste que le Jérôme des deux pièces n'est plus du tout le grand libertin de *La gorge de Minerve* qui faisait dire à Olscamp que le nom de Salvarsan — qui désignerait, selon Jean-Pierre Boucher, un médicament contre la syphilis — était un « patronyme prédestiné s'il en fut [5] ». De ce point de vue-là, Ferron, malgré le caractère libidineux et l'humour gaulois de ces pièces, semble s'être nettement assagi. Le personnage le plus libertin, Don Juan, se déclare même ravi, au moment où il se croit emporté au ciel par le cheval Arthur, à l'idée que son regard ne sera plus affligé par la vue d'une femme.

1. Gilbert David, « Comment Don Juan est devenu chrétien », p. 213, n. 15.

2. Marcel Olscamp, *Le fils du notaire,* p. 303.

3. *Id., ibid.,* p. 304-305.

4. Bien entendu, l'attirance que Madame Salvarson semble parfois éprouver pour Jérôme peut alors faire songer, dans ce contexte, au complexe d'Œdipe...

5. Marcel Olscamp, *Le fils du notaire,* p. 303.

Quant à Jérôme, il se déclare lui-même un Don Juan chrétien, à l'usage unique de Martine, et c'est cet élément nouveau qui est mis en relief par le nouveau titre de l'œuvre. Se peut-il que cette entreprise de démythification du grand séducteur impénitent soit en partie inspirée par un désir de prendre des distances par rapport à ce Jérôme du premier roman, qui avouerait à son tour, par personne interposée : « Je ne suis qu'un mythe. » (*DJC*, p. 315) ?

## Du « roman familial » à la collectivité

L'ajout du personnage du Curé contribue lui aussi, bien entendu, à la justification de l'épithète « chrétien » dans le titre de la deuxième version. Personnage plutôt sympathique qui ramène Don Juan sur terre lorsqu'il se laisse emporter, ce Curé a cependant des préoccupations beaucoup plus temporelles que spirituelles. Son rôle est moins de guider ses ouailles vers le ciel que de retrouver Don Juan afin d'assurer le succès financier de sa pièce. De même, lorsqu'il fait une prière à saint Antoine de Padoue, « complice de la distraction, grand receleur des objets perdus et dérobés », pour qu'il l'aide à retrouver Don Juan, il le fait sous le mode du chantage : « Ô grand saint, écoutez ma prière, sinon gare aux représailles ! Vous occupez une bonne place dans notre église ; vous pourriez la perdre et vous retrouver dans la cave, à côté de la statue de sainte Philomène, sur le carré de charbon ! » (*DJC*, p. 322-3).

Somme toute, la réécriture du *Cheval de Don Juan* en *Don Juan chrétien* déplace vers le collectif le centre d'intérêt initialement orienté vers le personnel et le familial. La présence du Curé, de la salle paroissiale avec tous ses paroissiens, du boxon de la veuve Scott, du Sénateur (titre qui introduit le contexte politique fédéral), des deux parades qui font tout de suite penser à la sottie, et donc à la satire sociale, et enfin du cortège final, participe clairement à ce recentrement de la pièce. Cela correspond bien aux intérêts plus collectifs et nationalistes de Ferron dans les années soixante [1].

1. Jean Marcel a lui aussi souligné cette évolution de l'œuvre dans *Jacques Ferron malgré lui*, éd. rev. et augm. (Montréal, Parti pris, coll. Frères chasseurs, 1978), p. 201, mais en citant seulement l'introduction de la parade et du cortège.

Et qui dit collectivité dit en général, comme l'ont montré de nombreux critiques ferroniens, échos du pays de l'enfance. Même si ceux-ci ne sont pas aussi clairs que dans certaines autres œuvres de l'auteur, il est possible d'en trouver, comme nous l'avons d'ailleurs déjà montré en parlant du roman familial. Et en ce qui concerne le fameux Sénateur, comment ne pas penser à cette célébrité locale de Louiseville qu'était l'Honorable Joseph-Hormidas Legris pendant la jeunesse de Ferron ? Il s'agissait d'un fervent Libéral, comme le père de Ferron, et qui avait été entre 1888 et 1903 député libéral à Québec puis à Ottawa, sous le gouvernement de sir Wilfrid Laurier, avant d'être nommé Sénateur en 1903. « À l'époque où Ferron fit la connaissance du sénateur Legris, ce dernier était déjà à la retraite depuis plusieurs années. [...] Le sénateur Legris semble représenter, pour l'auteur, une variété inoffensive de notables qui, par négligence sans doute, ont trahi les intérêts de leur peuple au profit d'une gloriole facilement acquise chez les anglo-saxons [...] [1]. » Quant au Commandeur du Saint-Sépulcre, il rappelle peut-être « le grand-oncle Maxime, zouave pontifical et chevalier de Pie IX [2] ».

Autre petit détail, mais qui correspond bien à une intention d'inclusion sociale : le Sénateur, lorsqu'il veut manifester sa tristesse, dit s'être habillé « en magoua », expression qui renvoie bien entendu au quartier des pauvres à Louiseville (*DJC,* p. 288), et qui n'était pas présente dans *Le cheval de Don Juan.* Bref, un rapprochement avec le paysage de son enfance et le Québec d'une certaine époque est finalement assez évident dans *Le Don Juan chrétien.*

De même, l'œuvre est bien de son époque dans la mesure où c'est une femme, Martine, qui est le personnage le plus sensé de cette pièce, et qui, dans bien des cas, tire les ficelles. La pièce annonce ainsi le changement de mœurs, amorcé dans les années cinquante, qui culminera dans le mouvement féministe québécois des années soixante-dix.

1. Marcel Olscamp, *Le fils du notaire,* p. 62-63.
2. *Id., ibid.,* p. 28.

## Du nom, du costume et de l'identité

Il y a également la question fascinante du nom propre. Nous ne connaîtrons jamais le vrai nom de l'acteur italien qui se prend pour Don Juan et qui essaie de vivre réellement ce rôle dans son quotidien. Le rôle a beau le rendre malheureux, le mettre constamment en fuite, il tient énormément à ce qu'on l'appelle par son nom de scène. Lorsque le Sénateur le prend pour Jérôme, l'acteur est prêt à tout pour « sauver le nom de Don Juan [1] ».

De la même façon, le Sénateur n'est connu que par le titre de sa fonction sociale, sauf à la toute fin de la pièce. Et le Curé n'est nommé que par son rôle ecclésiastique. Même Jérôme, pourtant « théoricien » et philosophe à ses heures, se laisse fort impressionner par le nom de Don Juan que lui valent ses nouvelles moustaches. Et que dire du rôle du cheval, lui qui a un prénom tout en étant quasi interchangeable avec la femme, et qui n'accepte pas que son maître puisse changer de peau ! C'est d'ailleurs lorsque le Sénateur met son costume de grande cérémonie (redingote, chapeau melon, pantalon gris, et guêtres blanches sur ses souliers vernis) [2], qu'Arthur ne le reconnaît plus. Cela entraîne de longues explications de la part de Jérôme sur l'importance du rôle du costume chez l'homme alors que les animaux, eux, n'en ont qu'un seul [3]. Le costume constituerait une supériorité chez l'homme, selon lui, mais il n'est quand même pas impossible que ce soit le mépris pour le rôle du Sénateur chez Arthur, joint à un certain respect pour la simplicité des animaux chez le maître, qui finissent par entraîner chez celui-ci le désir de « devenir un homme pour la première fois » (*DJC*, p. 332).

---

1. « DON JUAN : Pour une amante l'escalier n'est rien quand la chambre est à l'étage. Ah ! Cheval ! cheval ! Sur toi mon destin se joue comme jamais il ne se joua sur nulle femme ! Cheval, ton amour sauvera le nom de Don Juan ! » (*DJC*, p. 348).

2. *DJC*, p. 251. Voir aussi p. 277, « JÉRÔME [au Sénateur] : Quand on est sénateur, tout doit se faire dans les formes. Vous vous êtes donc habillé selon le protocole de la présentation officielle ».

3. On retrouve ici un proverbe latin, *Vestis virum facit* [L'habit fait l'homme], ainsi qu'une des idées développées par Shakespeare dans *Le Roi Lear.*

En plus des nombreux passages sur l'importance du costume (*DJC,* p. 250-252, 255, 277-279, 288-289, 293-297) [1], il ne faudrait pas oublier toute l'importance que prend dans cette œuvre l'accessoire viril que sont les moustaches. De plus, il y a la petite scène où Don Juan, resté seul après avoir embrassé Martine, sort son miroir en disant :

> Ma séduction n'a guère opéré sur cette petite. Son ignorance en est la cause ; elle ne connaît pas ma réputation. *(Il révise sa toilette, roule soigneusement sa moustache.)* Il n'y a guère de grands noms sans petits artifices, surtout quand l'âge commence à vous priver de vos meilleurs moyens ; on continue dans la dentelle, on mignonne sa renommée. (*Sa toilette faite, il sort sa liste.)* (*DJC,* p. 264)

On peut en conclure que le thème central de cette pièce est la question de l'identité [2]. C'est une question que Ferron posera autrement, quelques années plus tard, dans *La nuit,* au moment où l'identité sera devenue une affaire de classe sociale et d'appartenance « nationale ». Dans *Le Don Juan*

1. Un des passages les plus frappants est le suivant : « L'homme au contraire [des oiseaux] diversifie sa conscience ; il change de costume en changeant de sentiment. Il ôte son chapeau pour saluer une idée, le remet pour coiffer une sottise. Une cravate claire lui rappelle qu'il a décidé de sourire; s'il la noircit, sa femme est morte. La guillotine le rapetisse, la couronne le grandit. Un feutre rabattu lui donne l'idée de passer inaperçu et le chapeau melon qu'il a le crâne rond. Ainsi peut-il penser ses états successifs. La dignité humaine est une question vestimentaire parce que précisément la conscience est un costume, une mise en scène, un théâtre. » Il s'agit bien sûr d'une réplique de Jérôme (*DJC,* p. 278-279).

2. En 1970, André Vanasse a publié un article où il montre comment le théâtre de Ferron témoigne d'une recherche d'identité qui cumule avec *Les grands soleils* et *La tête du roi.* Vanasse critique pourtant assez sévèrement ces deux dernières pièces, en affirmant que c'est « surtout dans *Le cheval de Don Juan* qu'il [Ferron le dramaturge] donnera le meilleur de lui-même » (André Vanasse, « Le théâtre de Jacques Ferron : à la recherche d'une identité », dans *Livres et auteurs québécois 1969* (Montréal, Éditions Jumonville, 1970), p. 226. Le critique ne semble malheureusement pas au courant du fait qu'il existait une deuxième version de cette pièce qui l'aurait probablement beaucoup intéressé.

*chrétien,* c'est encore une question métaphysique, philosophique. C'est pour cela que le soliloque du Sénateur vers la fin de la pièce est significatif, même s'il est basé sur un malentendu (le Sénateur vient de parler avec Don Juan, qu'il croit être Jérôme) et qu'il constitue un pastiche un peu libre d'un des passages les plus célèbres de Shakespeare [1]. Le voici :

> Sa moustache l'aura perdu, inconvénient des mascarades : sous un déguisement on peut ne pas se reconnaître. Tel est le sort de ce pauvre garçon : il se perd dans un peu de poil et se retrouve Don Juan. Ce fut peut-être le mien ; c'est celui de la plupart des gens qui se croient sensés : cette folie est leur seul bon sens. Dans un monde factice où le masque prévient le visage, où le rôle résume l'homme, comme des mouches dans le miel on s'agglutine aux apparences ; le masque se colle au visage, le rôle marque l'homme ; on vit comme au théâtre, oubliant le reste du monde, sur une scène exiguë ; on traîne vers la mort, après son petit personnage, comme une ombre démesurée, un inconnu gigantesque au visage effaré. (*DJC,* p. 349)

Enfin, *Le Don Juan chrétien* se termine en annonçant le début du *Dom Juan* de Molière, la pièce où Don Juan acteur italien devient « vraiment » Dom Juan. En sortant du théâtre, donc, on passera au « vrai » théâtre... ou à la réalité, qui constituerait, selon Ferron et Shakespeare, le vrai théâtre...

Ne serait-il pas intéressant de monter un jour une version du *Don Juan chrétien* en spectacle de marionnettes, suivie d'une représentation de la pièce de Molière ? Après tout, depuis Robert Lepage, un spectacle un peu long n'est pas un phénomène susceptible de faire peur au Québec. Et cela ferait ressortir, me semble-t-il, toute l'originalité de la pièce de Ferron, tout en ajoutant un autre niveau de lecture à l'œuvre de son prédécesseur.

---

1. « *All the world's a stage,/ And all the men and women merely players: / They have their exits and their entrances; / And one man in his time plays many parts, / His acts being seven ages.* » (William Shakespeare, *As You Like It,* acte II, sc. 7, www.online-literature.com/shakespeare/youlike/, consulté le 1er mars 2008)

## Épilogue

Au terme de toutes ces réflexions sur cette œuvre que nous avons eu la témérité ou l'innocence de représenter il y a tant d'années, dans le « hors-Québec » de Kingston, j'arrive à la conclusion que la décision de monter la pièce en spectacle de marionnettes a probablement beaucoup ajouté à la drôlerie du spectacle en lui donnant un aspect primitif et une distanciation qui lui convenaient finalement très bien.

Ce choix de mise en scène rejoint d'ailleurs, mais en mode mineur, l'idée de Jean Marcel lorsqu'il conclut que le théâtre de Ferron devrait être joué « avec le maximum de critères analytiques et "distanciatifs", dans les couleurs les plus provocantes, les costumes les plus invraisemblables, les maquillages les plus irréels (faces enfarinées, etc.), sur un rythme de grand guignol exploitant toutes les ressources du mime [1] ». Il ajoute ensuite, « Et si malgré cela il n'obtient pas les résultats attendus, l'on pourra dire que le « drame » de ce théâtre aura été de ne pas avoir trouvé son public ». On peut trouver un peu ironique, alors, que ce soit uniquement un public ontarien, d'abord universitaire, puis pénitentiaire (et — qui sait ? — comme notre Don Juan, peut-être, *pénitent*...), qui ait su profiter jusqu'à présent de cette œuvre si « franchement carnavalesque [2] » du théâtre ferronien.

1. Jean Marcel, *Jacques Ferron malgré lui*, p. 211. Cette suggestion est déjà présente dans la première version de ce texte publiée dans le tome 5 des *Archives des lettres canadiennes* en 1976 (p. 596). Par ailleurs, Jacques de Roussan affirme carrément que « [l]e théâtre intime de Jacques Ferron ressemble comme un frère à un spectacle de marionnettes pour grandes personnes » (Jacques de Roussan, *Jacques Ferron, quatre itinéraires*, p. 71).

2. Gilbert David, « Comment Don Juan est devenu chrétien... », p. 20.

## BIBLIOGRAPHIE

ANONYME. « Ordre du Saint-Sépulcre », *Wikipédia, l'encyclopédie libre,* fr.wikipedia.org/wiki/Ordre_du_Saint-Sépulcre, consulté le 20 février 2008.

—. « Ordre équestre du Saint-Sépulcre de Jérusalem. Lieutenance de Canada – Montréal », www.avantimontreal.com/oessj/ceremonies.htm, consulté le 20 févr. 2008.

—. « Sottie », Encyclopédie Microsoft® Encarta® en ligne 2007 : http://fr.encarta.msn.com © 1997-2007 Microsoft Corporation. Consulté le 15 janv. 2008.

—. « Sotie », *Wikipédia, l'encyclopédie libre,* http://fr.wikipedia.org/wiki/Sotie, consulté le 15 janv. 2008.

BERTINI, Charles-Auguste (Chevalier), ODRIOZOLA, Charles de (Commandeur), et PASSINI FRASSONI, F. (Comte). *Histoire de l'ordre militaire du Saint-Sépulcre de Jérusalem,* Collège Héraldique, 1937.

BESSETTE, Gérard. *L'incubation,* Montréal, Librairie Deom, 1965, 178 p.

DAVID, Gilbert. « Comment Don Juan est devenu chrétien ou quand Jacques Ferron cavale avec le mythe donjuanesque. Remarques sur la comédie d'une comédie », dans *Jacques Ferron : le palimpseste infini,* s. la dir. de Brigitte FAIVRE-DUBOZ et Patrick POIRIER, Montréal, Lanctôt éditeur, coll. Cahiers Jacques-Ferron, 8-9, 2002, p. 205-220.

DELTEIL, Joseph. *Don Juan,* Paris, Grasset, 1930, 265 p.

FERRON, Jacques. *Le cheval de Don Juan,* Montréal, Éditions d'Orphée, 1957, 223 p.

—. « *Le Don Juan chrétien.* Comédie en deux actes, précédé chacun d'une parade par-devant le rideau », Théâtre I. Montréal, Hexagone, coll. Typo, 1990 [© 1968], p. 231-363.

—. *Les confitures de coings et autres textes,* Montréal, Parti pris, 1972, 326 p.

—. « Témoignages sur le théâtre québécois : Jacques Ferron », dans *Le théâtre canadien français,* t. 5 des *Archives des lettres canadiennes,* Montréal, Fides, 1976, p. 767-769.

—, et André MAJOR. *« Nous ferons nos comptes plus tard ». Correspondance (1962-1983),* Montréal, Lanctôt éditeur, coll. Cahiers Jacques-Ferron, 12, 128 p.

FERRON, Madeleine. *Adrienne. Une saga familiale,* Montréal, Boréal, 1993, 260 p.

GOBIN, Pierre. *Le fou et ses doubles : figures de la dramaturgie québécoise,* Montréal, PUM, coll. Lignes québécoises, 1978, 265 p.

—. « Théâtre et métathéâtres chez Jacques Ferron », *Dalhousie French Studies,* n° 41, hiv. 1997, p. 47-58.

KOUSTAS, Jane. « Jean-Claude Germain et la sottie québécoise », Université Queen's, thèse de doctorat, 1986, 355 f.

MAILHOT, Laurent. « Jacques Ferron : de l'amour incertain à la patrie possible », dans Jean-Cléo GODIN et Laurent MAILHOT, *Le théâtre québécois. Introduction à dix dramaturges contemporains,* Montréal, Éditions HMH, 1970, p. 151-172.

—. « *Le cheval de Don Juan* », dans Maurice LEMIRE *et al.* (s. la dir. de), *Dictionnaire des œuvres littéraires du Québec III. (1940-1959),* Montréal, Fides, 1982, p. 190-191.

MARCEL, Jean. « Jacques Ferron ou le drame de la théâtralité », dans *Le théâtre canadien français,* t. 5 des *Archives des lettres canadiennes,* Montréal, Fides, 1976, p. 581-596.

—. « Jacques Ferron ou le drame de la théâtralité », dans *Jacques Ferron malgré lui,* éd. rev. et augm., Montréal, Éditions Parti pris, coll. Frères chasseurs, 1978, p. 187-211.

MERCIER, Andrée. « Entre la parodie et l'imitation : le *Don Juan* de Jacques Ferron », *Romanica Selesiana* (revue polonaise en ligne distribuée par CEEOL [Central and Eastern European Online Library] : http://www.ceeol.com), n° 2, 2007, p. 32-41.

MOLIÈRE (Jean-Baptiste POQUELIN, dit). *Dom Juan ou le Festin de Pierre,* comédie, Paris, Librairie Larousse, 1991, 175 p.

MONETTE, Guy. « L'œuvre de Jacques Ferron et l'abandonnisme : essai de psychocritique », Université Queen's, thèse de doctorat, 1981, 488 f.

MONTHERLANT, Henry DE. *Don Juan,* Paris, Gallimard, 1958, [206] p.

MURPHY, Susan. « Great Scott ! L'anglicité surprenante de *La nuit* de Jacques Ferron », Université Queen's, thèse de maîtrise, 2002, 163 f.

OLSCAMP, Marcel. *Le fils du notaire. Jacques Ferron 1921-1949,* Montréal, Fides, 1997, 428 p.

PAQUETTE, Jean-Marcel : voir MARCEL, Jean.

PICOT, Émile. *La sottie en France : fragment d'un répertoire historique et bibliographique de l'ancien théâtre français,* Nogent-le-Rotrou [France], Daupeley-Gouverneur, 1878, 96 p.

QUENTIN-MAURER, Nicole. « La sottie », *Encyclopaedia Universalis* en ligne, http://www.universalis-edu.com/article2.php?napp=177&nref=T303256, consulté le 17 janv. 2008.

ROUSSAN, Jacques DE. *Jacques Ferron, quatre itinéraires,* Montréal, Presses de l'Université du Québec, coll. Studio, 1971, [96] p.

SHAKESPEARE, William. *As You Like It,* cité dans www.online-literature. com/shakespeare/youlike/, consulté le 1er mars 2008.

VANASSE, André. « Le théâtre de Jacques Ferron: à la recherche d'une identité », dans *Livres et auteurs québécois 1969,* Montréal, Éditions Jumonville, 1970, p. 219-231.

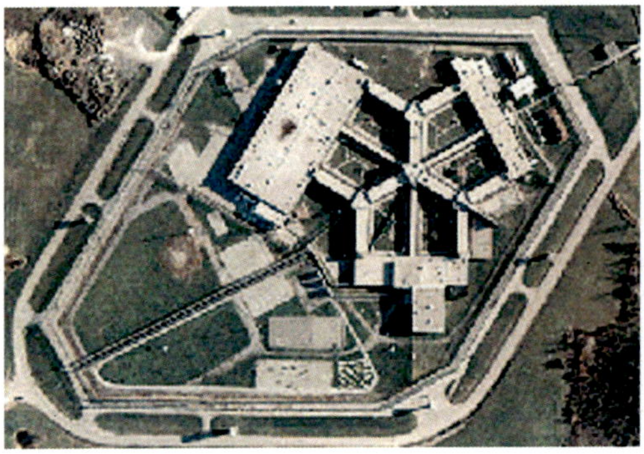

Le pénitencier de Millhaven est situé à Bath, au sud-ouest de Kingston (Ontario). Prison moderne dont la construction a été décidée en 1965, elle a été ouverte prématurément en 1971, à la suite d'une sanglante émeute au pénitencier de Kingston. L'émeute avait été déclenchée au moins en partie par des détenus du Front de libération du Québec (FLQ) protestant contre les conditions qui leur étaient infligées. Voir notamment le site http://www.oci-bec.gc.ca/comm/presentations/presentations200810-fra.aspx (N.D.É.)

Marionnettistes et scène pour la représentation du *Don Juan chrétien,* Kingston, 1975. *Deuxième rang, de g. à dr. :* Elizabeth Aimers (Madame Salvarson), Roxanne Murrell (Don Juan), Judith Blackburn-Johnson (le Sénateur). *Premier rang :* Majda Skerl (Martine), Jane Short (Jérôme), Barbara Sampson (le Curé).

*De g. à dr. :* Don Juan à cheval, le Curé, Jérôme, Madame Salvarson, le Sénateur.

Détail de l'exposition Ferron, Collège universitaire Glendon, janvier 2006. Photos de Jacques et de Marcelle Ferron, avec la couverture du livre *Adrienne* (biographie de leur mère par Madeleine Ferron) ; sur la tablette, ouvrages de Madeleine et de Marcelle Ferron (photo Brenda Ellenwood).

## *ADDENDUM*

## SOUVENIRS DE LA REPRÉSENTATION DU *DON JUAN CHRÉTIEN* : MOUSTACHES TOMBÉES, ENTHOUSIASME BIEN EN PLACE

### Jérôme, alias Jane (Short) Koustas

Comment résumer les merveilleux souvenirs que je garde de cette expérience inoubliable ? Je me souviens, bien sûr, de mon rôle (Jérôme), de son entrée sur scène (glissade) ainsi que des rires (surtout de la part de Pierre Gobin) que ce spectacle a su provoquer lors de la représentation à Queen's... et j'ai de vagues souvenirs du texte de Ferron aussi. Mais ce qui reste comme l'impression la plus forte et marquante, c'est surtout l'ensemble de cette aventure entre prof et étudiants-es et, bien sûr, entre « nous » et les prisonniers.

J'oublie comment, et pourquoi, j'ai embarqué dans cette aventure. Était-ce un projet de classe ? Il me semble que non. Mais je sais que je me sentais assez timide (réaction digne de moi !) en coulisses avec les étudiants beaucoup plus avancés que moi (et qui lisaient justement le texte !). Par contre, mon malaise s'est vite évaporé lors de la première réunion-répétition chez Annette Hayward (appartement rue King). Comment ne pas s'amuser en si bonne et joyeuse compagnie et devant un tel projet ? L'enthousiasme d'Annette Hayward était tout simplement contagieux. Marionnettes faites à la main (costumes y compris), scène construite en projet de bricolage, texte choisi, rôles distribués... tout fait par cette jeune professeure qui avait une vision des études françaises qui dépassait de loin celle qui se reflétait dans le répertoire de cours officiel !

Et comme si l'idée de faire monter un spectacle de Ferron par les étudiants sans expérience et qui, comme moi, étaient même débutants, ne fut pas assez audacieuse, on nous proposa, pour couronner le tout, de partir en tournée à Millhaven ! Je me souviens vaguement de l'entrée dans la prison avec toute sa série de portes (comme dans l'émission de télévision *Get*

*Smart),* et je sais que je n'avais pas peur, mais mes souvenirs les plus vifs sont de la réaction des prisonniers pendant et après le spectacle. Comme le public à Queen's, ils ont beaucoup ri (ce qui me surprenait à l'époque parce que le texte était bien sûr drôle, mais non pas « à mourir de rire ». Il paraît qu'on arrivait à mettre beaucoup d'expression dans la manipulation des marionnettes et que c'était plutôt cela qui avait provoqué tant d'enthousiasme... sans oublier les moustaches de Jérôme qui ne tenaient pas en place !). C'était plutôt de la conversation après que je garde un si beau souvenir. Les prisonniers étaient tellement « ordinaires ». Comiques, loquaces, ouverts, ils étaient de toute évidence ravis de discuter avec nous pendant cette visite tout à fait exceptionnelle. On m'a souvent demandé de quoi on parlait et ma réponse reste toujours la même... On parlait de choses et d'autres tout comme on l'aurait fait avec un étranger dans un train, un avion, une salle d'attente, avec qui on tenait à communiquer sans avoir nécessairement de quoi discuter. C'étaient effectivement eux qui nous mettaient à l'aise.

Ce n'est que quelques années plus tard, avec le recul du temps et après ma propre expérience dans le domaine que je me suis rendu compte de la vraie importance de cet événement. Comment mesurer l'importance de ce spectacle dans la vie des ces prisonniers coupés de leur milieu, de leur langue, de tout lien (ou presque) outre les contacts « officiels » ? Mais quel privilège pour nous d'avoir eu l'occasion de participer à une aventure qui dépassait de si loin l'ordinaire, et pour nous, et pour les prisonniers ! Je crois, en effet, que Ferron en aurait été fier...

# JACQUES FERRON, THE THIRD WORLD, AND DECOLONIZATION IN 1960s QUEBEC [1]

ALEXIS LACHAÎNE

A smell of dead limes quickens in the nose
The leprosy of empire.
DEREK WALCOTT, "Ruins of a Great House"[2]

In February 1960, British Prime Minister Harold Macmillan delivered his now famous "wind of change" speech in Cape Town, South Africa. "The wind of change is blowing through this continent," he declared, "and whether we like it or not, this growth of national consciousness is a political fact."[3] He was speaking about Africa, of course, but he could just as well have been speaking about any other continent that had been touched, in one form or another, by colonialism. Everywhere one looked, it seemed, the old imperial orders were collapsing, maps were being redrawn.

It is difficult today to fathom just how radically the geo-political landscape of the post-war world was changed by the decolonization process. In the two decades that followed the end of the Second World War, close to one hundred former colonies had either achieved, or were on the verge of achieving, their independence. On the African continent alone some fifty new states had emerged by the mid-1960s.[4] Aided by the mediums of television,

1. A first version of this essay was presented at the Jacques Ferron colloquium held at Glendon College in January 2006. It is an adaptation of Chapter 4 of my Ph.D. thesis (see below p. 214, n. 1).

2. Derek Walcott, *Collected Poems 1948-1984* (New York: Farrar, Strauss & Giroux, 1986), p. 19.

3. Quoted in M.E. Chamberlain, *Decolonization. The Fall of the European Empires* (Oxford/Cambridge: Blackwell, 1985), p. 35.

4. Tamara Sivanandan, "Anticolonialism, national liberation, and postcolonial nation formation," in Neil Lazarus, ed., *The Cambridge Companion to Postcolonial Literary Studies*

film, newspapers and the radio, news of various decolonization struggles was widely disseminated, reaching far beyond the boundaries of each local struggle to capture the imagination of millions of people all across the globe.[1] As one historian writes, "decolonization was one of the most important political developments of the twentieth century because it turned the world into the stage of history."[2]

For French Canadian nationalists in Quebec in this period, the striking success of the decolonization movements abroad seemed to give new credence to their own nationalistic grievances and dreams of independence at home. Historian Magali Deleuze's recent study of the Quebec media and the Algerian war has shown that French Canadian nationalist intellectuals proved particularly attentive to and concerned by the long and bloody conflict there, making use of the issues and debates surrounding the Algerian war to better understand their own political situation as a colonized people.[3] The writings of Albert Memmi, Frantz Fanon, Aimé Césaire, and Léopold Sédar Senghor became common currency among French Canadian nationalist intellectuals of the 1960s, and a number of political organizations, parties, and groupings on both the left and the right of the political spectrum increasingly adopted, in varying degrees, the political language of decolonization and Third World decolonization struggles. From André Laurendeau's famed 1958 *Le Devoir* editorial, "La théorie du roi nègre," to Raymond Barbeau's *Le Québec est-il une colonie?* (1962),

---

(Cambridge, U.K.: Cambridge University Press, 2004), p. 41; for general accounts of decolonization see also, for example, Chamberlain, *op. cit.;* Raymond F. Betts, *Decolonization,* 2nd ed. (London / New York: Routledge, 2004); J. D. Hargreaves, *Decolonization in Africa* (London / New York: Longman, 1988).

1. For an overview of the thought and dissemination of the ideas of decolonization, see, for example, Betts, pp. 38-46.

2. Prasenjit Duara, "Introduction," in Prasenjit Duara, ed., *Decolonization. Perspectives from Now and Then* (London / New York: Routledge, 2004), p. 1.

3. Magali Deleuze, *L'une et l'autre indépendance 1954-1964: les médias au Québec et la guerre d'Algérie* (Montreal: VLB éditeur, 2001).

André D'Allemagne's *Le colonialisme au Québec* (1966), and Pierre Vallières' groundbreaking political autobiography, *Nègres blancs d'Amérique* (1968),[1] the colonial paradigm and the international context of Third World decolonization played a key role in the redefinition and re-imagination of the French Canadian identity throughout the 1960s.

Because French Canadians were a white, North-American people living in a predominantly urban, industrialized society, and because adopting and adapting the struggles and discourses of Third-World decolonization involved a radical act of re-imagination of the French Canadian identity, it is no surprise that writers played an integral part in this process.[2] In Quebec, as was the case in much of the decolonizing world, writers were often at the forefront of the struggle for decolonization, giving it a voice, while at the same time actively participating in the struggle itself through more prosaic acts of everyday political militancy. Culture had always played a vital role in the colonial enterprise and the resistance to it, and in Quebec during the 1960s a number of novelists and short story writers, poets and playwrights each contributed in their own way to the identification of the French Canadian in Quebec with the *colonisé,* the colonized. Seeking to add a new

1. André Laurendeau, "La théorie du roi nègre – I," *Le Devoir,* July 4, 1958, p. 4; Raymond Barbeau, *Le Québec est-il une colonie?* (Montreal: Les éditions de l'homme, 1962); André D'Allemagne, *Le colonialisme au Québec* (Montreal: Éditions R-B, 1966); Pierre Vallières, *Nègres blancs d'Amérique* (Montreal: Parti pris, 1969 [© 1968]).

2. For an in-depth historical analysis of four French Canadian writers and decolonization in Quebec in the sixties – Hubert Aquin, Gaston Miron, Jacques Ferron, and Pierre Vallières –, see Alexis Lachaîne, "Black and Blue: French Canadian Writers, Decolonization and Revolutionary Nationalism in Quebec, 1960-1969," Ph.D thesis (History), York University, 2007. For analyses by literary critics, see, for example, Max Dorsinville, *Caliban Without Prospero. Essay on Quebec and Black Literature* (Erin [Ontario]: Press Porcépic, 1974); Max Dorsinville, *Le pays natal. Essais sur les littératures du Tiers-monde et du Québec* (Dakar: Les nouvelles éditions africaines, 1983); Robert Schwartzwald, "Literature and Intellectual Realignments in Québec," *Québec Studies,* 3 (1985), pp. 32-56; Jean-Christian Pleau, *La Révolution québécoise. Hubert Aquin et Gaston Miron au tournant des années soixante* (Montreal: Fides, 2002).

legitimacy to the cause of French Canadian political and cultural emancipation, these French Canadian nationalist writers of the 1960s – from older writers such as Hubert Aquin, Gaston Miron and Jacques Godbout, to the younger generation of *Partipristes,* Paul Chamberland, Gérald Godin, Pierre Maheu, André Major – made stunning, often innovative use of the manichean decolonization discourse of colonizer and colonized, oppressor and oppressed, to better understand the situation of the French Canadian at home and, metaphorically and politically, align Quebec's burgeoning independence struggle with all the other anti-colonial struggles taking place in the world.

In a 1982 interview, long after the era of decolonization had ended, Quebec novelist, short-story writer, and playwright Jacques Ferron discussed his relationship to the decolonization thinkers of the postwar period, and the impact they had on his politics and nationalism at the time.[1] While a number of Quebec writers and intellectuals of the 1960s specifically used and adapted the ideas of such decolonization thinkers as Jacques Berque, Frantz Fanon, Aimé Césaire and Albert Memmi, Ferron proved reluctant to acknowledge any great debt to their ideas, pointing out that, for him, the conditions of their struggle for decolonization and national liberation could not be exactly replicated in the unique French Canadian situation. "*Je ne prétends pas que nous avons été colonisés entièrement,*" he declared. "*Vous le savez, Fanon et Memmi sont des auteurs que j'ai lus, mais je ne pouvais pas exactement transposer leur lutte sur la nôtre. J'ai toujours parlé de semi-colonialisme, parce que notre sort n'a jamais été tragique.*"[2] As an example, he went on to compare the situation of the French Canadian with that of the colonized in Algeria, arguing that French Canadians could always, by learning English and adopting English manners, assimilate into English Canadian society – become, in a sense, English Canadians. But in Algeria, he pointed

1. Jacques Ferron and Pierre L'Hérault, *Par la porte d'en arrière. Entretiens,* Patrick Poirier et Marcel Olscamp eds. (Montreal: Lanctôt éditeur, 1997).

2. *Id. ibid.,* p. 125.

out, the colonized could imitate the colonizer, but never truly become one – he could not break out of his condition as colonized, no matter how hard he tried: "*[L]e colonisé pouvait imiter les colonisateurs, mais ne parvenait jamais à devenir colonisateur et restait dans son état de dominé.*"[1]

This is an idea Ferron expounded a decade earlier, in a 1972 article published in *L'information médicale et paramédicale,* and reprinted in his book *Du fonds de mon arrière-cuisine.*[2] In that article, entitled "La confiance au croque-mort", he reflected on the latest edition of Albert Memmi's *Portrait d'un colonisé,* which had been dedicated to Quebec. There is an uneasiness, Ferron wrote, that results from trying to impose foreign models and ideologies on Quebec, whose situation is unique in the world. Quebec, no matter how one approaches it, remains "*une difficulté intellectuelle,*" an entity which one does not find in books of definitions and, because of this, "*[s]i l'on cherche à l'en revêtir de force chez les grands tailleurs reconnus, tel Maurras, tels Memmi et Fanon, il est mal fagoté et nos célèbres intellectuels, ses habilleurs, ont des comportements bizarres.*"[3] Singling out Paul Chamberland in particular, he argued that the young *Parti pris* poet erred in trying to impose Frantz Fanon's decolonization theories verbatim on Quebec. Besides, Ferron asked, were French-Canadians even colonized? Not in the same way that the decolonization thinkers like Memmi and Fanon describe colonialism, he answered: "*Je crois qu'il faut dire que nous sommes des semi-colonisés.*"[4]

This was 1972. For over a decade now, Ferron had fashioned his own unique views on colonialism in Quebec and the need for the decolonization of French Canadians. If, as he claimed, he owed little to the decoloni-

1. Jacques Ferron and Pierre L'Hérault..., *Par la porte d'en arrière,* p. 125.

2. Jacques Ferron, "La confiance au croque-mort," *L'information médicale et paramédicale,* XXIV, 15 (20 June, 1972), p. 28; Jacques Ferron, *Du fonds de mon arrière-cuisine* (Montreal: Éditions du jour, 1973), pp. 85-9.

3. Jacques Ferron, *Du fonds de mon arrière-cuisine,* p. 85.

4. *Id., ibid.,* p. 86.

zation thinkers such as Fanon and Memmi, he nonetheless had, during the 1960s, through his writings and his political activism, come to grapple with the key questions of colonialism and decolonization in that period – the condition of the colonized, colonial alienation, the use of violence in the struggle for national liberation. In presenting his own probing analysis of the colonial question in Quebec, he had placed particular emphasis on the role of language in the decolonization process, developing his own "*théorie des langues*," according to which the French language's struggle for survival in the province of Quebec lay at the root of the colonial situation in the province.

How, then, should Jacques Ferron be understood within the intellectual history of decolonization in Quebec during the 1960s? Was he ever fully committed, like Hubert Aquin and Gaston Miron, to the idea that French Canadians were a colonized people who could only truly break their cycle of alienation and oppression through a struggle for national liberation? What exactly was his relationship to the decolonization movements and theories from the Third World, and how did he fashion his own understanding of the situation of the French Canadian as colonized, or semi-colonized? What did he propose as an appropriate and necessary response to this state of colonialism, or semi-colonialism? These are some of the questions I will ask as I attempt to assess Ferron's unique contribution, as a writer, political activist and intellectual, to the decolonization movement of the 1960s. The doctor of Ville Jacques-Cartier –"*un 'original'*",[1] as Pierre Vallières, described him in *Nègres blancs d'Amérique* –, produced one of the more compelling – indeed, one of the more original – bodies of work on the decolonization of Quebec. He was one of the first Quebec intellectuals to present French Canadians as a colonized people, and to envisage ways for them to liberate themselves.

One of Ferron's first public political statements as a nationalist came in the form of an article entitled "Adieu au PSD", published in Raoul Roy's

1. Pierre Vallières, *Nègres blancs d'Amérique,* p. 154.

*Revue socialiste* in the summer of 1960.[1] At first glance, this article is a lucid account of how Ferron came to quit the Parti social démocrate (PSD)[2] for nationalist reasons. It cites the particular hypocrisy of left-wing English Canadian intellectuals in the party who, like F.R. Scott,[3] failed to recognize the growing nationalist political aspirations of French Canadians while supporting those of other subjugated peoples in the world. The article can also be read, however, as a political manifesto of sorts, and it offers an insightful account of the process by which Ferron came to embrace the ideas of French Canadian nationalism and decolonization. Indeed, "Adieu au PSD" charts Ferron's political and intellectual journey towards French Canadian nationalism, towards decolonization, and towards an understanding of the role of language in the decolonization process.

Ferron makes it clear from the start that what disillusioned him most about the CCF was its hypocrisy. Unlike Lord Durham, who at least was forthright in stating his belief that French Canadians should be dominated – after all, Lord Durham was a British imperialist, Ferron points out, and as such was merely fulfilling his mandate – the English-Canadian political figures who succeeded him hid their true imperialist intentions behind a facade of good faith and kind words. "*Tous les politiques anglais qui lui succéderont,*" Ferron explained, referring to the author of the famous report which called for the union of both Canadas after the rebellions, "*jusqu'à*

1. Jacques Ferron, "Adieu au PSD," *Revue socialiste,* No. 4 (Summer 1960), reprinted in Jacques Ferron, *Escarmouches* (Montreal, 1998 [© 1975]), pp. 21-36.

2. The Parti social démocrate (PSD) was the provincial wing of the Cooperative Commonwealth Federation (CCF), precursor to the New Democratic Party (NDP).

3. For a biography of the poet, law professor, and CCF political activist F.R. Scott, see, Sandra Djwa, *The Politics of the Imagination: A Life of F.R. Scott* (Toronto: Douglas & McIntyre, 1987); for a broader study of Scott's intellectual and political role in the League for Social Reconstruction (LSR) and CCF in the 1930s and early 1940s, see Michiel Horn, *The League for Social Reconstruction: Intellectual Origins of the Democratic Left in Canada, 1930-1942* (Toronto: University of Toronto Press, 1980).

*Frank Scott inclusivement seront des fieffés hypocrites.*"[1] Harsh words, perhaps, but Jacques Ferron's realization that the CCF was no different from its predecessors in this matter was for him particularly disheartening. "*À cause de son humanisme j'avais espéré plus de la CCF,*" he wrote, adding that he had been wrong: "*Je me suis trompé. Le socialisme de nos compatriotes anglais n'est qu'un masque pour continuer la seule politique qu'ils aient jamais eue au Canada: imposer leur domination* [...]."[2] In other words, the CCF's socialism was merely another way of imposing uniformity on the country, and denying French Canadians the right to self-determination. Always armed with a humourous turn of phrase to make a point, Ferron described this uniformity and domination as "catchup on the steak coast to coast", or, in the case of the CCF with its lofty ideals, "*catchup and belle âme on the steak coast to coast. Seulement c'est la belle âme du pharisien.*"[3]

To buttress his argument, Ferron provides a number of examples. At a recent provincial party congress of the PSD, he explains, a resolution was put forth by the anglophone party leadership criticizing the apartheid policies recently instituted by the South African government. He himself had jumped at this opportunity to intervene, he says. He proposed an amendment to the South African resolution, arguing that it should also condemn racist segregation in Canada as well – after all, he argues, who were they, as Canadians, to criticize another country's racial policies when their own were just as deplorable, if only less overt? "*Car enfin, dis-je à ces béats, vous avez les pieds bien sales pour vous mettre le nez dans la lessive du voisin. Vous n'avez pas au Canada de problème noir ou jaune tout simplement parce que vous y pratiquez la ségrégation à l'entrée.*"[4] Ferron's amendment was sucessfully added to the original resolution, its party leaders shamed and persuaded; but, as Ferron makes clear, they would get back at him in due course,

1. Jacques Ferron, "Adieu au PSD," *Escarmouches,* p. 23.

2. *Id. ibid.*

3. *Id. ibid.*

4. *Id., ibid.,* p. 24.

for he had a resolution of his own which he wanted to pass, and one which dealt with matters much closer to home, and just as pressing, in his mind.

Around the same time that the South African resolution was passed, Ferron explains, a resolution was passed by the provincial wing of the party condemning French colonialism in Algeria, and proclaiming the Algerians' right to self-determination. Why, he asks, was such a resolution passed for a French Colony like Algeria, and not a British colony such as Cyprus or Kenya? His answer is that the party's French Canadian members wanted to show the "purity of their intentions" when dealing with colonialism: "*il s'agissait d'une question de principe et de rien d'autre.*"[1] Algeria was a French colony, and by criticizing France's colonialist policies, the French Canadian membership was sending the message that it opposed colonialism in all its forms, and was willing even to side with the national liberation struggle of Algerians against the very country which, in many ways, was still the "mother country," France. Had they passed a similar resolution criticizing British colonialist policies in Cyprus or Kenya, Ferron writes, the English-speaking party members would have interpreted this as nothing more than French Canadians reverting to their age-old grievances against the British Crown, and the English-speaking party members would simply react by coming to Britain's defence. The Algerian resolution was not presented without a certain amount of forethought, he goes on. It demonstrated political astuteness as it set the stage for an upcoming resolution, adopted by the club PSD de Longueuil, dealing with the self-determination of French Canadians.[2]

The resolution in question read as follows: "*Que la nation canadienne soit amendée pour permettre à la nation canadienne-française dans les limites de l'État québécois de se gouverner comme elle l'entend.*"[3] There was nothing particularly revolutionary about this – no mention of independence, for example – but it nonetheless demonstrated a determination on the part of

1. Jacques Ferron, "Adieu au PSD," *Escarmouches,* p. 24.

2. *Id., ibid.,* p. 25.

3. *Id., ibid.*

Ferron and those French Canadian party members in Longueil to bring the issue of French Canadian self-determination to the table. The crucial point here, and the point which Ferron makes quite clear in his article, is that the Algerian resolution was necessary to pave the way for this idea. If the party could support Algeria's right to self-determination, the argument went, logically it would have to support the same right for French Canadians. The Algerian and French Canadian struggles were equated, made to seem analogous – it was impossible to champion the one without also championing the other. If Algeria had a right to self-determination, why not French Canada? [1]

Later in his life Ferron would shy away from equating colonialism in Algeria with colonialism in Quebec. This was not the case in 1960, however, as his "Adieu PSD" clearly equated the two situations, making no distinction between the types of colonialism found in both. In each instance, he wrote, it was the duty of a true socialist party to denounce colonialism and accept the right to self-determination of the colonized peoples living there:

> *Il est évident qu'un parti socialiste dans un État comme le Québec où la majorité est tenue en dépendance et infériorité par une minorité qui s'y est installée et maintenue par la force des armes, exactement comme en Algérie (si je me réfère aux années 1760, 1837, 1917, où l'occupant a montré son vrai visage) il est évident que ce parti, à cause de son humanisme, ne peut négliger sans se contredire, se saboter, se détruire, les revendications nationales des Canadiens français; il doit à son honneur de leur prêter au moins la même attention qu'aux questions sociales.*[2]

It is interesting here that Ferron approached the question of French Canadian nationalism from the vantage point of socialism, of the "left". It was necessary, he argued, for the left to deal with the question of nationalism, a nation's right to self-determination, and particularly French Canada's

1. Jacques Ferron, "Adieu au PSD," *Escarmouches,* p. 25.
2. *Id., ibid.*

right to self-determination, if it were to distinguish itself and show the superiority of its political policy over that of the other parties, particularly the province's nationalist right, "*ces petits Laurentiens [...] qui crient contre la domination anglaise au Québec et admettent la française en Algérie, qui ne transcendent pas le problème, qui restent au niveau de l'impérialisme français.*"[1] Only a socialist party which opposed colonialism everywhere, including in French Canada, and which accepted the French Canadian right to self-determination could transcend the hypocrisy of self-serving political parties which picked and chose which colonialism they opposed, and which they did not. For Ferron, a true socialist party supported the right to national self-determination of peoples as a matter of principle – indeed, it was inherent in the very humanism of its political philosophy – and the national question was just as much a part of it as social justice or state planning. His message to the party was clear:

> *Tandis que pour le PSD, s'il tient vraiment à être un parti socialiste, la revendication nationale n'est qu'un aspect d'un humanisme qui transcende le problème et nous permet d'espérer, même à leur désavantage, le concours de nos compatriotes de la minorité anglaise.*[2]

In this article – and here we get to the heart of Ferron's views on French Canadian nationalism and decolonization – he goes on to explain why it was so important for the party to support the resolution calling for French Canada's right to self-determination. There is no doubt that French Canadians form a nation, he writes, and that Quebec is a state which has not developed its powers to the fullest. As for self-determination, he argues, the party had already supported it in principle by passing its previous resolution in favour of the right to self-determination for Algerians. This left the question of the Canadian constitution of 1867, which Ferron proceeds

1. Jacques Ferron, "Adieu au PSD," *Escarmouches*, p. 25.
2. *Id.*, *ibid.*, p. 26.

to argue is inadequate, and should be changed.[1] In a brief account of French Canada's evolution, he describes how the constitution of 1867 began as a document suitable to French Canada's needs, but quickly grew inadequate as history changed the circumstances which existed when the constitution was created. After the repression and the Durham report which followed the rebellions of 1837-38, Ferron argues, French Canadians were in such a dire situation as a people that they had to make do with what they had, and accepting the creation of the province of Quebec with the Constitution of 1867 seemed better than the status quo – at least they had a political entity, albeit an incomplete one. Moreover, he points out, with the creation of the Dominion of Canada, French Canadians could at least imagine participating in the vast country being created outside the province's borders: they could colonize the West, send French-speaking settlers out to Manitoba, for example. What ensued was therefore a period of struggle to maintain the French language outside of the province – the years of Laurier, of Bourassa. This period of struggle, however, ended in defeat – a defeat which started with the execution of Louis Riel, and culminated in the Conscription Crisis of 1917, when conscription was imposed on an unwilling French Canadian population. A period of retreat followed, where French Canadians in Quebec increasingly abandoned their brothers and sisters living outside the province to focus on themselves, and on their own defence. Illusions were shattered: there was no place for the French Canadians outside the province's borders.[2] This failed experiment, according

1. Jacques Ferron, "Adieu au PSD," *Escarmouches,* p. 26.

2. Ferron's understanding here corresponds to that of other neo-nationalists of the period, who came to see Quebec as the only true homeland for French Canadians. See, for example, Marcel Martel, *Le deuil d'un pays imaginé: rèves, luttes et déroute du Canada français. Les rapports entre le Québec et la francophonie canadienne (1867-1975)* (Ottawa: Presses de l'Université d'Ottawa, 1997); Jean Lamarre, *Le devenir de la nation québécoise selon Maurice Séguin, Guy Frégault et Michel Brunet (1944-1969)* (Sillery: Septentrion, 1993); Michael Behiels, *Prelude to Quebec's Quiet Revolution: Liberalism versus Neo-nationalism, 1945-1960* (Montreal/Kingston: McGill-Queen's University Press, 1985).

to Ferron, leaves French Canadians no choice but to focus on what they have, a province, which is in itself no longer enough, for it is not a province but a country – or a territory vast enough to be a country:

> *Et nous voilà dans nos frontières, revenus de toute illusion. Dans des frontières assez grandes pour que le territoire qu'elles contiennent soit appelé pays, un pays dont les provinces seraient entre autres l'Abitibi, le Saguenay, la Gaspésie, etc.* [1]

French Canada, then, is a nation, the province of Quebec has all the territorial makings of an independent country, and French Canadians lack only the political power which any normal nation needs to fully be itself. For all these reasons, Ferron argues, the consitution must either be amended, or it will have to be torn up.

> *Puisque nous n'avons pas réalisé dans le Canada les ambitions que la constitution de 1867 nous permettait d'avoir, cette constitution qui nous donne dans le Québec une demi-autorité devra être amendée pour que nous y exercions, comme toute nation normale, les pleins pouvoirs. Elle sera amendée ou nous la déchirerons.*[2]

In his article, Ferron provides four reasons why the constitution must be changed to give French Canadians "*les pleins pouvoirs.*" The first is quite simple: since the constitution was established, French Canada has changed and the political situation needs to be revised. His second reason is one of the first indications of his analysis of the relationship between language and nationalism, language and decolonization. Two languages of the stature of French and English cannot coexist, Ferron argues, on an equal level: one must always dominate the other. According to Ferron, languages are constantly involved in a struggle for dominance, and in Canada the

1. Jacques Ferron, "Adieu au PSD," *Escarmouches,* p. 27.
2. *Id. ibid.,* p. 28.

English language will always come out the victor: "*[D]eux grandes langues de même origine et du même âge, qui sont chacune le véhicule d'une même civilisation dite occidentale, la française et l'anglaise, ne peuvent faire ménage ensemble et coucher dans le même pays. L'une est de trop.*"[1] For Ferron, bilingualism as practised in a province like Quebec, "*un état simple,*" is impossible – the end result is always unilingualism. If until now the two languages managed to coexist in the province, he writes, it is only because they were not in contact with each other until very recently, until the advent of industrialization. Once industrialization occurred, the two languages could no longer live separately, and thus became engaged in a deadly struggle for survival which could only end in the defeat of one or the other: "*[U]ne de ces deux langues disparaîtra du Québec,*" he wrote. "*Il ne peut en être autrement.*"[2] The third reason Ferron provides for the necessity to change the constitution is the unique political situation of Quebec in the world. Quebec is the only place, he writes, where a nation (French Canada) is subjected to bilingualism; in Switzerland and Belgium each nation has its own language within a confederative pact – unilingualism, in a sense, is the everyday norm for each nation within that Confederation. Ferron's last point is one already made earlier in the article, and boils down to the need for the left to take advantage of nationalism before the right does: socialists must make nationalism *their* issue before it becomes the sole property of the right wing.

For Ferron there was no doubt that socialism had an obligation to deal with the national question – in a sense, to ally itself with nationalism –, and to those critics who would argue that by concerning themselves with the national question socialists are merely diverting themselves away from the most basic tenets of the doctrine, Ferron points out that, in his mind, socialism is a humanism and must concern itself with all problems, including the problem of a nation's right to self-determination. This is particularly

1. Jacques Ferron, "Adieu au PSD," *Escarmouches,* p. 28.

2. *Id., ibid.*

true for French Canadian socialists, he writes, arguing that "[...] *la question nationale n'est pas pour nous, Canadiens français, un détour; elle est un raccourci vers le socialisme.*"[1]

It is this very conflict between French and English Canadian socialists over nationalism, he argues, which has led to the rejection of his resolution by the party, and caused him to understand that there was no place for him within it. Anglophone socialists, he had realized, only practise democracy and socialism once their domination has been assured, and because of this they are neither true democrats nor true socialists. In the province of Quebec, Ferron argues, there is no question that the oppressed people are the French Canadians. Because the party could not support this idea, and demonstrated an unacceptable and clear hypocrisy by supporting the right to self-determination of Third World colonized peoples but not that of French Canadians in their own province, he quit the party. "*J'admets que je n'aurais pas fait mieux dans les vieux partis,*" he concedes in the article's last paragraph, then concludes: "*Il n'empêche que le PSD ne me convient plus et je lui dis adieu!*"[2]

Ferron's "Adieu au PSD" is a crucial point of departure for understanding the writer's views on French Canadian nationalism and decolonization in the 1960s. In many ways, it encapsulates a number of the key ideas which would reverberate throughout his subsequent writings, be it in letters to the editor, essays, novels, or plays. Firstly there is the point that he approaches French Canadian nationalism as a socialist – that is, from the perspective of the left. As we have seen, socialism was for him a humanism which concerned itself with all forms of oppression – economic, political, or cultural. A true socialism, he argued, had by necessity to deal with the question of national self-determination for colonized peoples, including French Canada. With this argument he placed the French Canadian national question within the context of the broader Third World decolonization

1. Jacques Ferron, "Adieu au PSD," *Escarmouches*, p. 30.

2. *Id., ibid.*, p. 36.

struggles. French Canada, he claimed, was no different from Algeria, Kenya, or any other colony seeking to assume what he called "*les pleins pouvoirs.*" Secondly, the article illustrates Ferron's view of the importance of language in the decolonization process in Quebec. For Ferron, this was a new idea, "*un problème neuf,*" as he put it, and one which left the members of the PSD dumbfounded and incapable of understanding: "*Je les dérangeais, je les agaçais. Aucun d'entre eux ne considéra la grande raison que j'avais apportée, à savoir l'impossible ménage de deux grandes langues de même origine, de même âge et de même civilisation.*"[1] As Karim Larose has recently pointed out in *La langue de papier,* his study of writing on language in Quebec from 1957 to 1977, Jacques Ferron was the first writer in the province to think of the question of language from the vantage point of politics, and to defend unilingualism as a pillar of his socialism and nationalism.[2] Lastly, the article demonstrates Ferron's growing understanding of the French Canadian situation within the broader Third World context, drawing upon examples from elsewhere to support his argument that French Canada was colonized at home.

Ferron was a prolific writer of letters to the editor,[3] and the large number of letters he wrote to newspapers during the 1960s shows his strong consciousness of Third World politics, colonialism, and the struggles for decolonization abroad, as well as his willingness to appropriate examples from those struggles to understand the situation at home. Most studies of Ferron pay little attention to this aspect of his writings, but for the purposes of understanding Ferron's views on decolonization it is useful to examine

1. Jacques Ferron, "Adieu au PSD," *Escarmouches,* p. 36.

2. Karim Larose, *La langue de papier : spéculations linguistiques au Québec (1957-1977)* (Montreal: Presses de l'Université Montréal, 2004), pp. 132-3.

3. Indeed, as the exhaustive posthumous collection of his letters to the editor shows, had Ferron never published a novel, story, or play, he may very well have been remembered as one of the most prolific writers of letters to the editor in the history of the province! See Jacques Ferron, *Les lettres aux journaux,* Pierre Cantin, Marie Ferron, and Paul Lewis, eds. (Montreal: VLB éditeur, 1985).

some of these letters, for they reveal the extent to which his politics in the 1960s contextualized the French Canadian situation within the broader reality of Third World decolonization.

One such letter, entitled "Simple de cœur, mais non d'esprit", published in *La Presse* on November 30, 1960, drew clear parallels between French Canada and the colonized nations of the Third World.

> *Par simplicité de cœur,* the letter states, *le Canadien français, qui n'est pas un citoyen complètement indépendant, dont le domaine est trop étroit et qui doit sortir de sa langue pour ne pas rester inférieur et voyager en première classe, est d'emblée du côté des peuples opprimés, plutôt algérien et cubain que français et américain.*[1]

As we have already seen, the Algerian example was very much on Ferron's mind at this time – he had published "Adieu au PSD" a few months earlier – but it is interesting that he also uses Cuba as an example in the letter. Indeed, in the letter Ferron does not hide his sympathy for Fidel Castro, the leader and hero of that country's national liberation movement, writing: "*Pour ma part, Fidel Castro m'enchante, j'aime l'amour qu'il a pour son peuple et l'amour que son peuple éprouve pour lui.*"[2] This statement places Ferron squarely in the camp of other left-wing French Canadian nationalists who saw Cuba as a beacon of hope and a model for their own revolutionary struggle at home; but what is particularly interesting here is how early Ferron made such a pronouncement – as early as 1960, three years before the birth of the FLQ and the pro-Castro student movements of the latter half of the decade. It is worth noting, however, that Ferron, in this letter, distances himself from the anti-americanism of Castro and the Cuban revolutionaries: "[…] *[J]e ne suis pas Cubain et ma*

1. Jacques Ferron, "Simple de cœur, mais non d'esprit," in Jacques Ferron, *Les lettres aux journaux...*, p. 145.

2. *Id., ibid.*

*condition de Canadien français ne me permet pas d'avoir contre les États-Unis les sentiments qu'on éprouve à Cuba.*"[1] Indeed, Ferron argues, the United States may be "sick", but it will one day "heal" and return to its revolutionary past, reform itself and revert to its original principles. When it does so, he writes, it will then be a favourable ally to the French Canadians in their struggle to achieve sovereignty.[2] In any case, he writes at the end of the letter, French Canada is not yet ready for a Cuban revolution: "*Le Québec ne vit pas à l'heure de Cuba. Notre horloge retarde.* " And he adds :

> *Dans la conjoncture nord-américaine, cela n'est pas un grand malheur puisque ce retard nous permettra d'obtenir sans heurt, du moins je le souhaite, la liberté que nous n'avons pas encore, dans le régime bâtard sous lequel nous vivons, d'agrandir l'aire de notre souveraineté.*[3]

While Ferron is arguing in this letter that French Canada belongs to the camp of the colonized Third World nations like Cuba and Algeria, and while he admits to having a great deal of sympathy for Fidel Castro, he is equally insistent that Quebec is North-American and as such is subjected to its own distinct circumstances, which it must deal with on the road to ultimate decolonization and independence. The end result, however, is the same: like Cuba, like Algeria, Quebec will achieve decolonization and national liberation – but in its own good time.

Another example of Ferron's thinking from this period is a letter written a year later and also published in *La Presse.* In it he is responding to an article, published a few days earlier, which reported that Paul Aubut, an ex-president of l'Amicale du Royal 22$^{e}$ Régiment, had declared that he was prepared to take up arms against the *indépendantistes.* Ferron used the occasion to criticize the widespread dominance of the English language in the Canadian military

1. Jacques Ferron, "Simple de cœur, mais non d'esprit," in *Les lettres aux journaux...*, p. 145.
2. *Id., ibid.*, pp. 145-6.
3. *Id., ibid.*, p. 146.

and liken French Canadian soldiers to mercenaries, similar to the African Americans who fought in the ranks of the Confederate army during the American Civil War, or Algerians who fought in the French army and eventually found themselves on the wrong side of the decolonization struggle. "*L'Armée canadienne est anglaise,*" he wrote, continuing:

> *Par définition, les Canadiens français, obligés de parler une langue qui n'est pas la leur, y sont mercenaires. Un mercenaire peut être brave. Il reste quand même un mercenaire. Il y avait des Nègres dans les armées sudistes, il y avait des Algériens dans l'Armée française. Et c'est là que le métier devient gênant: quand il faut tirer sur les siens.*[1]

Ferron had been critical of the Canadian military's language policies in the past, arguing in a 29 September 1959 letter to *La Presse*, at the time of the appointment of Georges Vanier as Governor General, that "[...] *l'armée est unilingue; on y 'speak white'*."[2] What is most important here, however, is not so much Ferron's claim that French Canadians were unfairly treated in the Canadian military, but rather the analogy he makes with regard to race and colonialism. The analogies he uses are just as important as the specific political message he is trying to convey. On one level, he is criticizing Paul Aubut for his comments on French Canadian nationalists; on another he is drawing clear parallels between French Canada and other colonial nations.

At times Ferron's letters to the editor during the 1960s dealt with issues and events of Third World decolonization politics in a very specific manner. Congo's struggle for independence, for example, was a topic which he returned to a number of times, focusing in particular on the assassination of Patrice Lumumba, the leader and architect of Congo's decolonization movement, and on the man behind his assassination, Moise Tshombe, dictator of the Belgian-backed break-away state of Katanga. Congo had been a

1. Jacques Ferron, "Les mercenaires," in *Les Lettres aux journaux...*, p. 158.
2. *Id.*, "Unilinguisme de l'armée," in *ibid.*, p. 106.

Belgian colony until June 30, 1960, when, after a struggle led by Patrice Lumumba, leader of the Mouvement National Congolais, it had been granted independence as the Democratic Republic of the Congo.[1] Lumumba became president. Shortly thereafter, Moise Tshombe led an army mutiny which, with Belgian support, created the break-away state of Katanga and, after a period of civil war and United Nations intervention, Lumumba was assassinated and Tshombe took control of the country. It took months for news of Lumumba's assassination to be made known, but when it was, and when speculation as to Tshombe's role in the assassination reached the international press, Ferron used the episode to write a number of telling letters to the editor deploring Tshombe's dictatorship and the Quebec leadership's lack of moral indignation in the matter.

On January 25, 1961, the month after Lumumba's assassination, Ferron wrote a letter to *La Presse* in which he criticized Quebec Premier Jean Lesage's declaration that he would receive Tshombe, who was to visit North America seeking official recognition for his country. For Ferron, this readiness on the part of the Liberal Premier was a grave mistake, and one which harkened back to Quebec's reactionary past: "*Ce que j'aime moins, c'est qu'il se mêle de ce qui ne le regarde pas et mette notre pays, comme Duplessis l'avait fait avant lui, à la disposition de ce qu'il y a de plus réactionnaire et de plus veule dans le monde entier.*"[2] Luckily, Ferron writes, the United States refused to receive the dictator who, in the end, never made the trip to America, and a shameful situation for the province of Quebec and its Premier was thus narrowly avoided: "*J'ose espérer qu'à l'avenir, notre premier ministre nous dispensera de telles réceptions et qu'il ménagera mieux son petit coq de plâtre!*"[3]

Ferron returned to this incident in two subsequent letters to the editor,

1. It would be renamed Zaïre in 1971; in 1997, it was once again renamed the Democratic Republic of Congo. See Chamberlain, pp. 67-9.

2. Jacques Ferron, "Étrange visite", in *Les lettres...*, p. 147.

3. *Id., ibid.*, p. 148.

the first, entitled "La mesure de Jean Lesage", published in *Le Devoir* on May 17, 1963, in which he again criticized Lesage for having agreed to receive Lumumba's assassin: "*J'insiste sur cet incident. Il montre que notre premier ministre n'a pas de classe internationale et que si, par flair électoral, il lui arrive d'être progressiste, ce n'est pas par vocation ni par nature.*"[1] Two years later he used the Tshombe incident to attack the province's then Minister of Justice and Solicitor General, Claude Wagner, who had declared his intention of leaving the province for Ottawa, a prospect which Ferron, showing little admiration for the man he saw as an enemy of French Canadian left-wing nationalism, applauded: "*Quelle bonne nouvelle!*"[2] But, with his usual acerbic sense of irony, Ferron suggested Ottawa was not far enough for such a man as Wagner, a colonial oppressor of his ilk being much more suited to an African dictatorship: "*Le pays qui convient à son génie, c'est le Congo.*"[3] Reminding the reader again of Lesage's ("Jean-Jean"'s) shameful support of Tshombe a few years before, and noting that a pro-colonial "Institut international des affaires africaines" was about to be set up at the Université de Sherbrooke, Ferron alludes to Quebec's at times nefarious connection to African colonialism, and points out that getting rid of one more "colonial" is an opportunity too good to be passed up: "*[Q]ue Wagner aille au Congo imposer sa conception de la justice par l'entremise des 'Affreux'. Et on lui permettra d'emmener Frank Scott qui lui a enseigné le droit à McGill.*"[4]

Obviously, such letters to the editor were limited in scope – a few short paragraphs published in the letters section of a newspaper – and did not

1. Jacques Ferron, "La mesure de Jean Lesage," *Le Devoir*, 17 May 1963, p. 4, reprinted in *Les lettres...*, p. 209.

2. *Id.*, "Wagner au Congo!", *Le Devoir*, 14 July 1965, p. 4, reprinted in *Les lettres...*, p. 242.

3. *Id., ibid.*

4. *Id., ibid.*, pp. 242-3. Malcolm Reid, in *The Shouting Signpainters. A Literary and Political Account of Quebec Revolutionary Nationalism* (Toronto: McClelland & Stewart, 1972), pp. 217-9, pays particular attention to this letter to the editor in his discussion of Ferron, translating it in its entirety and arguing that it is representative of Ferron's writing style, his use of irony and erudition.

allow for much in-depth political analysis. They did, however, enable Ferron to propose certain images of Quebec's colonized state by drawing associations and making allusions to colonial and post-colonial situations abroad. However brief and seemingly marginal in the overall output of Ferron's œuvre, they nonetheless show the writer's willingness to use and appropriate examples from the Third World decolonization struggles to better describe the colonial situation at home. By making such allusions, presenting such examples, Ferron was making a crucial statement to the reader: one could understand the issues at home through the lense of the wider colonial and decolonizing world. Ultimately, though, it was in his longer prose works – his essays, plays, stories and novels – that Ferron elaborated on these issues in the greatest depth, as longer literary forms proved more suitable for the type of probing analysis these questions deserved.

Even in his essays, Ferron never relinquished his position as a *conteur,* a teller-of-stories, and his version of the story of French Canadians, colonialism, and language is best summed up in his essay "La soumission des clercs," published in *Liberté* in 1963.[1] As we have seen, Ferron had quarrelled with – and ultimately left – the PSD in part over the party's inability to accept his views on language in the French Canadian decolonization struggle. "*Je crois vraiment que le pays devient incertain*", he wrote to the young André Major in a letter dated 14 May 1962, "*et que seule une manière de révolution pourra le rétablir dans le français.*"[2]

Ferron's 1963 article "La soumission des clercs" went about telling the story of this particular relationship between language, colonialism, and revolution. Like Hubert Aquin's "La fatigue culturelle du Canada-francais", Ferron's article was a response to Pierre Trudeau's "La nouvelle trahison des clercs" which had attacked French Canadian nationalism as reactionary and

1. Jacques Ferron, "La soumission des clercs," *Liberté,* No. 27, Vol. 5, No. 3 (1963), pp. 194-206. Reprinted in Jacques Ferron, *Historiettes* (Montreal: Éditions du jour, coll. Les romanciers du jour, R-43, 1969), pp. 9-28.

2. Jacques Ferron and André Major..., p. 22.

retrograde. Unlike Aquin, however, who had responded to Trudeau's article by countering with his own arguments in favour of French Canadian nationalism on a rational level, Ferron instead used his narrative powers as a storyteller to weave his own version of what he saw as the major events of French Canadian history as they related to language and nationalism.

In Ferron's version of the story, French Canada only truly became a nation through the 1837-38 rebellions, which he calls a "*révolution.*"[1] By emphasizing the rebellions as the crucial point of departure – the point where French Canada became a nation – Ferron thus distances himself from the traditional nationalists and certain neo-nationalists who saw the Conquest, not the rebellions, as the crucial event in French Canadian history. According to Ferron, this revolutionary nationalism had its own heroes: the *patriotes,* and the rebellions became the foundational event of the French Canadian nation: "*Et on finit, comme pour l'électricité, par nationaliser l'événement. La révolte devint alors notre révolution de 1837.*"[2] This period, however, did not last long. By the turn of the century, Ferron writes, a new form of nationalism emerged, a right-wing nationalism, led by the clergy:

> *Et le nationalisme apparut sur nos bords, tout de noir vétu comme un séminariste. Il était baroque, minable et prétentieux, race-pure et pucelage sec, garanti, nationalisme de droite en soi détestable quand même en pays souverain, ici d'un irréalisme déconcertant, à proprement parler ecclésiastique.*[3]

---

1. Jacques Ferron, "La soumission des clercs", *Historiettes,* p. 9. One thinks here of the English-Canadian marxist historian Stanley Bréhaut Ryerson, who earlier had put forth a similar interpretative emphasis on the rebellions in his book, *1837: The Birth of Canadian Democracy* (Toronto: Francis White, 1937). For a collection of historical essays on Ryerson, see R. Comeau and R. Tremblay, eds., *Stanley Bréhaut Ryerson, un intellectuel de combat* (Hull: Vents d'ouest, 1996).

2. Jacques Ferron, "La Soumission des clercs," *Historiettes,* p. 9.

3. *Id., ibid.,* p. 10.

These new right-wing nationalists had erected their own hero, Dollard des Ormeaux – a character Ferron describes as a brigand, complicit in the genocide of the true colonized peoples of Canada, the natives – to replace the *patriotes* and the man who is for Ferron the true hero of French Canadian liberation: the *patriote* martyr Jean-Olivier Chénier.[1] The clergy had implanted this cult of Dollard and right-wing nationalism in the province's school system, which they also took over through the creation of confessional schools. By intrinsically linking language and faith, French Canadian nationalism and Catholicism, Ferron argues, the clergy disarmed the people, and collaborated with the colonial system:

> *On ne peut tenir grief au clergé d'avoir accaparé l'enseignement. Il croyait sincèrement que l'école lui appartenait. Il mit à profit la situation coloniale, il l'eût, il était conséquent. Ce que je ne lui pardonne pas, c'est d'être sorti de sa soutane pour faire le coq et avoir toutes les poules, chapon qu'il était. Non seulement il s'est entendu avec l'occupant anglais pour nuire aux notables qui francisaient peu à peu le gouvernement du Québec, il a toujours cherché à tenir ce gouvernement dans un abaissement qui le haussât, lui.*[2]

The only ones to profit from this situation, Ferron points out, were the province's English-speaking minority.[3] Things changed, however, in part with the outbreak of the Second World War and the introduction of compulsory education under Adélard Godbout, and the clergy, he argues, began to lose its hold over education. With the advent of the Quiet Revolution, Ferron goes on, nationalism reverted to the left again. "*Nous comprîmes qu'il n'y avait de salut possible pour nous que par l'État du Québec. Ce fut là le tournant de 1960. Le clergé a ravalé son couplet que la politique,*

1. For a study of the cult and controversial memory of Dollard des Ormeaux in Québec, see Patrice Groulx, *Pièges de la mémoire. Dollard des Ormeaux, les Amériendiens et nous* (Hull: Vents d'ouest, 1998).

2. Jacques Ferron, "La soumission des clercs," *Historiettes,* p. 24.

3. *Id., ibid.,* p. 25.

*c'est pourri. [...] Et le mouvement laïque a pris naissance.*"[1] And here we get to the heart of Ferron's vision of decolonization, for if the French Canadian people had been kept in a colonial or semi-colonial state by the clergy and the anglophone minority from the turn of the century to the Quiet Revolution, the clergy's removal from politics after 1960 paved the way for the struggle for the French language, for French unilingualism in the province of Quebec, to become the struggle of left-wing nationalists:

> *Avant de jouer à fond le séparatisme, quand l'attention du monde entier sera tournée vers nous à l'occasion de l'Exposition universelle, le séparatisme qui comporte violence et révolution, rien ne sert de nous leurrer, mes agneaux, nous pourrions accepter un compromis, soit un Québec unilingue où les minorités subiraient, comme c'est normal, le poids de notre majorité; la fin de la fourrette confessionelle, une éducation nationale fondée, comme cela existe partout dans le monde, sur une culture et une langue unique.*[2]

In other words, the first goal to achieve – even before that of independence, which, Ferron argued, necessarily entailed violence and revolution – was unilingualism in the province of Quebec, a necessary first step on the path to normalcy as a nation.

From this conclusion to "La trahison des clercs", we can discern three key points in Ferron's thinking on decolonization for French Canada. Firstly, he saw the creation of a unilingual Quebec as the first step to be achieved before political independence. Language, in other words, was a necessary component of the decolonization process, and a concrete measure which could be dealt with in the period before the nationalists undertook the political component of the liberation struggle. Secondly, the clergy had played an important and particularly nefarious role in upholding the colonial system in Quebec – at least before the 1960s. And thirdly, political independence, he

1. Jacques Ferron, "La soumission des clercs," *Historiettes,* p. 27.
2. *Id., ibid.*

believed, could not come about without violence and revolution. It is to this third point, the question of violence in Ferron's understanding of the decolonization process, that I will now turn.

In the 1960s, Ferron perceived violence as a necessary component of national liberation, though it seems he saw French Canada as not being quite ready for the violent phase of the decolonization struggle. In a 1963 letter to the editor published in *Le Devoir,* he criticizes André Laurendeau for preferring Indian decolonization leader Mahatma Gandhi's non-violent colonial resistance to violent decolonization, arguing that Gandhi's non-violence was in fact violent, by the very results which it engendered – forcing as it did the colonial forces to react with violence, thus sacrificing thousands of lives.[1] In the letter he writes:

> *La non-violence de vos herbivores peut fort bien être en toute justice une violence et une violence fort efficace. Gandhi était un vieux drôle qui, à fréquenter les Anglais, avait contracté leur hypocrisie. Et il disposait d'un fameux matériel humain: qu'est-ce qu'il lui en coûtait de faire coucher mille faméliques et dix vaches sacrées sur la traque pour empêcher le train britannique de passer ? Pas grand-chose. Mais c'était quand même de la violence. Une violence, dirais-je, féminine. "Frappe-moi donc !" dit la dame à son mari dans une scène classique de la comédie maritale. Elle ne demande pas mieux. Ensuite, le voisinage en entend parler, je vous prie de me croire.*[2]

While there is clearly an element of facetiousness in Ferron's manner of describing Laurendeau's support for Gandhi's non-violent resistance, this article nonetheless demonstrates that he, like Fanon, saw violence as inseparable from the decolonization struggle, even when that very struggle deemed itself to be contrary to violence.

More representative of Ferron's views on decolonization, and perhaps his

1. Jacques Ferron, "Gandhi, ce vieux drôle", *Le Devoir,* 5 August 1963, reprinted in Ferron, *Les lettres,* p. 215.

2. *Id., ibid.*

most explicit pronouncement on the topic of violence in the decolonization struggle, was a letter to the editor entitled "Sur la violence," published in *La Presse* on June 30, 1970, a few months before the October crisis erupted.[1] The newspaper had asked readers to write in with their opinions on the subject of violence, and Ferron responded to the call by elaborating on the link between linguistic conflict and terrorism. He declared that terrorism in Quebec was a natural phenomenon, and that it was a product of the linguistic situation in the province. He reiterated his belief that the French and English languages could not coexist peacefully: "*Leur présence simultanée dans un État simple signifie tension, conflit, dynamite et, éventuellement, la disparition de l'une des deux.*"[2] Up until now, he declared, violence had been averted in the province because the two ethnic groups had managed, for the most part, to avoid each other, and French, "*rendu timide par deux siècles d'analphabétisme, pouvait être assimilé à une langue populaire sans bibliothèque, tel l'éwé.*"[3] However, he points out, "*[d]epuis une quinzaine d'années, ces deux atermoiements vont s'amenuisant, tout le monde en convient. Il est donc parfaitement naturel que la violence survienne et que les bombes éclatent.*"[4] It is no surprise that in this letter Ferron finds himself taking the position of apologist for the violence perpetrated by the FLQ terrorists since they had begun their armed struggle for national liberation in 1963. Indeed, Ferron had been following the FLQ closely, and had been thinking about the question of violence in decolonization since the FLQ campaign began.

Ferron discussed his views on violent revolution with André Major, the younger writer and founding member of *Parti pris,* with whom he maintained an active correspondence throughout the decade. Major had first contacted

1. Jacques Ferron, "Sur la violence," *La Presse,* 30 June 1970, p. 4, reprinted in *Les lettres,* pp. 292-3.

2. *Id., ibid.,* p. 292.

3. *Id, ibid.,* pp. 292-3. Éwé is a language spoken by Togo and Ghana's black population.

4. *Id., ibid.,* p. 293.

Ferron in March of 1962 after he had read and greatly admired *Les grands soleils,* the latter's play about *patriote* leader Jean-Olivier Chénier and the struggle for national liberation in French Canada. Ferron quickly took a liking to Major, finding the young writer "*fort sérieux,*" and was more than willing to engage with such a promising young intellectual.[1] In an August 1962 letter, Major asked Ferron if he felt a revolution would occur in the province, adding that he himself – like his father – was afraid that it would not. Ferron's answer, written the next day, is telling. He begins by adopting a fatalistic attitude to the question of whether or not the French Canadian people are ready for a revolution, writing that he does not mind one way or the other. He cannot control the circumstances any more than he can control how other French Canadians will react to their situation. All that matters is that he is working towards the revolution, the rest is out of his control:

> *Dans un mouvement collectif comme celui-ci on se sent perdu. S'il fallait pour adopter une attitude se demander quelle sera celle de son voisin, de son cousin, celle surtout de tous les Canadiens français qu'on ne connaît pas, tout le monde se mettrait à attendre tout le monde. Non merci. Tout ce que je veux savoir, c'est que la situation politique ne me convient pas. Et j'agis en conséquence. Je m'en trouve bien. Tant pis pour ceux qui ne font pas comme moi! Je serais seul que cela ne me dérangerait pas.*[2]

He goes on to explain that over the last few years tensions have been brewing – "*les esprits s'échauffent*" – and a few illegal acts have been timidly committed. However, he points out, "*[i]l suffirait d'un peu moins d'énergie et de bravoure qu'on en dépense dans les hold-up pour que nous soyons en situation révolutionnaire.*" In the meantime, there is nothing to do but wait – wait for the violence to erupt. "*Si celle-ci n'éclate pas,*" he writes, "*eh bien, il suffira d'apprendre l'anglais, ce n'est pas malin.*"[3]

1. Jacques Ferron and André Major, p. 20.
2. *Id., ibid.,* pp. 30-1.
3. *Id., ibid.,* p. 31.

Shortly thereafter, in a letter dated January 29, 1963, Major lets Ferron in on a plot he has heard about to decapitate the statue of Edward VII in Montreal: "*Je sais de source sûre que la tête d'Édouard VII sera tranchée avant longtemps. Je vous mets dans le secret. Chut!*"[1] He mentions this plan to Ferron a week later, in a February 4, 1963, letter, asking him what he thinks, and Ferron's response prefigures the subject of his political play, *La tête du roi,* published in April of that same year:

> *Quant à l'action, je vous ferai remarquer que la décollation d'Édouard VII est assez peu vraisemblable: il a le cou très court. Tout ce que je sais, c'est qu'il y a depuis quelques mois dans le Québec une situation révolutionnaire et une complicité générale qui rend solidaire le Procureur des incartades de son fils.*[2]

In *La tête du roi,* Ferron creates a French Canadian *procureur,* or state prosecutor, whose son decapitates a statue of King Edward VII. This enables Ferron to explore the issues of violence, colonialism, and the French Canadian leadership's complicity in the terrorist actions of its youth. The *procureur,* who collaborates with the British colonial power, is likened by one of the characters to a *roi nègre,* and is shown to be divided in his dual role as both servant of the colonizers and bourgeois French Canadian nationalist. His son, Simon, however, represents the young anti-colonial terrorist who sees violence as the only solution to his people's inertia. "*Vous jouissez dans le Québec d'être une minorité et de ne point sentir le poids de la majorité,*" this son tells Scott, the English Canadian character who visits the family in the latter half of the play, adding: "*Ce privilège, vous ne l'avez pas acquis par savoir-faire et industrie: il est inscrit dans la constitution coloniale qui régit encore notre pays; il nous a été imposé de force et nous ne pourrons vous l'enlever que par la force.*"[3] These words could have

1. Jacques Ferron and André Major, p. 32.
2. *Id., ibid.*, p. 35.
3. Jacques Ferron, *Théâtre 2* (Montreal: Déom, 1975), p. 143.

been spoken by any young FLQ member in the 1960s, and there is no doubt that, in writing the play, Ferron meant to give a voice to this younger generation of radical terrorists who saw themselves as the vanguard of Quebec's national liberation movement.

Ferron, as he admitted to Major in a letter written July 15, 1963, was fascinated by the FLQ. "*Le FLQ continue de me passionner*,"[1] he told the young writer, adding that he could not help but wonder if the young "*patriotes*" were in fact being manipulated "*par des types plus forts qu'eux.*"[2] By alluding to possible police infiltration in the terrorist cells, Ferron was prefiguring his later theories about the October crisis, which he believed was a government-orchestrated plot created to discredit the independence movement in Quebec.[3] Nonetheless, in his letter to Major Ferron argues that even if FLQ members are being manipulated, or "duped", it does not take away from their merit. Indeed, he argues, they can always turn the situation to their advantage:

> *Les effelquois sont passés à l'action les premiers. Leur mérite est incontestable. Je dis: les dupes, mais il se peut dans cette affaire que les dupes soient ceux qui ont voulu duper. Cela ne sera pas la première fois qu'une provocation policière se retourne contre ses auteurs. On a vu ça en 1905, à Moscou.*[4]

Ferron's 1965 novel *La nuit* also deals with the themes of violence and decolonization.[5] It is in many ways the culmination in fictional form of his ideas on the role of violence and language in the decolonization process: the colonized French Canadian (François Ménard) regains his soul (or

1. Jacques Ferron and André Major, p. 45.

2. *Id., ibid.*

3. For Ferron's views on the October crisis, see Jacques Ferron, *Une amitié bien particulière: lettres de Jacques Ferron à John Grube,* suivi d "Octobre en question" de Georges Langlois (Montreal: Éditions du Boréal, 1990).

4. Jacques Ferron and André Major, p. 46.

5. Jacques Ferron, *La nuit* (Montreal: France Québec / Paris: Nathan, 1979 [©1965]).

wholeness) from his time spent with another colonized person (Barbara, the novel's only black character) and by murdering the English Canadian colonizer (Frank, modelled on F.R. Scott). Violence, once again, is at the root of both the colonizer's domination of the colonized (Frank's punching François in the face at a demonstration, thus taking his soul) and the colonized's ultimate liberation from the colonizer (François killing Frank with the *confiture de coings*). Moreover, the FLQ partisan at the end of the novel, linked with Barbara through the victory sign, is painting over the English words on a road sign, thus illustrating the importance of both language and violence in Ferron's understanding of the decolonization struggle. And if the novel leaves a certain amount of doubt as to whether or not such events were dreamt by the narrator, the dream itself represents a possibility, or an imagined reality of how colonialism, and the "night" of the book's title, can end. As the narrator proclaims as the story draws to a close and he heads for work, "*à grande nuit, beau jour.*"[1]

In the spring of 1968, three years after the publication of *La nuit,* a production by the Théâtre du Nouveau-Monde of Ferron's 1958 play *Les grands soleils* hit the stage in forty-four cities across Quebec, New Brunswick and Ontario. The production garnered a great deal of attention in Quebec's newspapers, and Ferron was called upon in interviews to explain his overtly political play, which presented Jean-Olivier Chénier as a hero of French Canadian national liberation and compared his struggle with that of the Third World decolonization movements.[2] In an interview with André Major published in *Le Devoir* on April 27 of that year, Ferron explained how in writing the play he had wanted to link French Canada's decolonization struggle with all the other decolonization struggles in the world: "*J'ai voulu*

1. Jacques Ferron, *La nuit,* p. 103.

2. See, for example, André Major, "Un rôle de révélateur de la conscience nationale," *Le Devoir,* 27 April 1968, p. 13; André Major, "Le folklore de notre humiliation," *Le Devoir,* 30 April 1968, p. 10; Jean Basile, "Réflexion sur Les Grands soleils," *Le Devoir,* 11 May 1968, p. 13; Réginald Martel, "L'ami impitoyable des Québécois," *La Presse,* 21 December 1968, p. 23.

*rattacher notre lutte de libération à toutes les luttes de libération dans le monde.*"[1] The play did just that, and by presenting Chénier as a nationalist hero, he was in effect dramatizing his vision of French Canadian decolonization as a violent struggle in a manner that was completely in line with his previous writings. In the play, the *patriote* leader who perished at the battle of Sainte-Eustache, burned to death in a church while fighting off thousands of British troops, becomes a martyr for the French Canadian struggle for national liberation, and a symbol as well. The play goes beyond a mere dramatization of Chénier's story, as his death in the burning church is juxtaposed with the fate of Chinese communists, in pagodas, being burned by napalm, fighting in Korea. But the play also produces another character, another image, to compare with the hero Chénier: that of the French Canadian mercenary soldier who, himself colonized, fights on the side of the colonizer – serving in the imperialist forces to put down the national liberation struggles abroad – helping burn the Chinese in their pagodas. Ultimately, it is the very drama of colonialism and decolonization which Ferron has acted out on the stage, and the French Canadian colonial experience is perhaps nowhere more clearly linked with the Third World decolonization struggles than here. As Mithridate, the play's vagrant-narrator, whose self-professed goal is to "exorcise" or purge French Canada's history of all traces of colonialism, declares in the last act: "*Le peuple, qui s'est conçu dans ce cérémonial, attend désormais son heure. Étrange destinée et suprême honneur, c'est le premier peuple blanc qui cède au métissage et se lève avec le Tiers-Monde!*"[2]

It is Mithridate's words – and in particular his richly suggestive term *métissage* – that perhaps sum up best the complexities and seeming ambiguities of Ferron's views on decolonization. On the one hand, Ferron was conscious of the unique situation of French Canadians as a colonized people – they were white, and North American, and their experience could never be fully comparable to that of other, non-white colonized peoples.

1. André Major, "Un rôle de révélateur," p. 13.

2. Jacques Ferron, *Théâtre 1* (Montreal: Déom, 1969), p. 101.

Even at home, he was well aware that Canada's native peoples were in fact the truly "colonized" peoples of the continent, and that French-Canadians, when compared to natives and other non-white colonized peoples were only semi-colonized. On the other hand, throughout the 1960s Ferron nonetheless *did* associate the French Canadian experience time and again with that of both the North American native peoples and the colonized peoples of the Third World (in *Les grands soleils,* it is the native, Sauvageau, who links Quebec's consciousness with that of le *Tiers-Monde*). In his letters to the editor, his essays, novels, and plays, Ferron consistently situated the French Canadian colonial experience within the framework of broader decolonization struggles taking place outside of the country. Whether, in his final verdict, French Canadians were *colonized,* or *semi-colonized* matters little, in the sense that, when it came to a choice between the category of colonizer or that of colonized, he always saw them as belonging to the latter. To be white, to be colonized *and* to be conscious of it – this is the essence of Mithridate's notion of métissage.

## BIBLIOGRAPHY

BARBEAU, Raymond. *Le Québec est-il une colonie?,* Montreal: Éditions de l'homme, 1962, 158 pp.

BASILE, Jean. "Réflexion sur les Grands soleils," *Le Devoir* (11 May 1968), p. 13.

BEHIELS, Michael. *Prelude to Quebec's Quiet Revolution: Liberalism versus Neo-Nationalism, 1945-1960,* Montreal/Kingston: McGill-Queen's University Press, 1985, 366 pp.

BETTS, Raymond F. *Decolonization,* 2nd ed., London / New York: Routledge, 2004, 130 pp.

CANTIN, Pierre. *Jacques Ferron polygraphe: essai de bibliographie suivi d'une chronologie,* Montreal: Bellarmin, 1984, 548 pp.

CHAMBERLAIN, M.E. *Decolonization: The Fall of the European Empires,* Oxford/ Cambridge: Blackwell, 1985, 86 pp.

CHAPUT, Marcel. *Pourquoi je suis séparatiste,* Montreal: Éditions du jour, 1961, 156 pp.

COMEAU, R., and R. TREMBLAY, eds. *Stanley Bréhaut Ryerson, un intellectuel de combat,* Hull: Vents d'ouest, 1996, 426 pp.

D'ALLEMAGNE, André. *Le colonialisme au Québec,* Montreal: Éditions R-B, 1966, 191 pp.

DELEUZE, Magali. *L'une et l'autre indépendance 1954-1964: les médias au Québec et la guerre d'Algérie,* Montreal: VLB éditeur, 2001, 229 pp.

DJWA, Sandra. *The Politics of the Imagination: A Life of F.R. Scott,* Toronto: Douglas & McIntyre, 1987, 528 pp.

DORSINVILLE, Max. *Caliban Without Prospero: Essay on Quebec and Black Literature,* Erin (Ontario): Press Porcépic, 1974, 227 pp.

—. *Le pays natal. Essais sur les littératures du Tiers-monde et du Québec,* Dakar: Les Nouvelles Éditions Africaines, 1983, 193 pp.

DUARA, Prasenjit, ed. *Decolonization. Perspectives from Now and Then.* London / New York: Routledge, 2004, 312 pp.

FERRON, Jacques. "La soumission des clercs", *Liberté,* No. 27, Vol. 5, no. 3 (1963), pp. 194-206. Reprinted in FERRON, Jacques, *Historiettes,* Montreal: Éditions du jour, coll. Les romanciers du jour, R-43, 1969, pp. 9-28.

—. *Théatre 1,* Montreal: Librairie Déom, 1969, 232 pp.

—. "La confiance au croque-mort", *L'information médicale et paramédicale,* XXIV, 15 (20 June 1972), p. 28.

—. *Du fonds de mon arrière-cuisine,* Montreal: Éditions du jour, coll. Les romanciers du jour, R-105, 1973, 291 pp.

—. *Théatre 2,* Montreal: Librairie Déom, 1975, 198 pp.

—. "Adieu au PSD", *Escarmouches,* Montreal: Bibliothèque québécoise, 1998 [© Leméac éditeur, 1975], pp. 21-36.

—. *La nuit,* Diane POTVIN, ed. Montreal: Éditions France Québec / Paris: Nathan, 1979 [© 1965], 111 pp.

—. *Les lettres aux journaux,* Pierre CANTIN, Marie FERRON, and Paul LEWIS, eds. Montreal: VLB Éditeur, 1985, 594 pp.

—. *Une amitié bien particulière: lettres de Jacques Ferron à John Grube,* suivi d'"Octobre en question" de Georges LANGLOIS. Montreal: Éditions du Boréal, 1990, 258 pp.

—, and Pierre L'HÉRAULT. *Par la porte d'en arrière: entretiens,* Patrick POIRIER and Marcel OLSCAMP, eds., Montreal: Lanctôt éditeur, 1997, 320 pp.

—, and André MAJOR. *"Nous ferons nos comptes plus tard." Correspondances (1962-1983),* Lucie HOTTE, ed., Montreal: Lanctôt éditeur, 2004, 128 pp.

GAUVREAU, Luc. "Lettres de Pierre Maheu au 'Grand Inannexable'," *Possibles* 29, no. 3-4 (Summer/Fall 2005), pp. 197-218.

GROULX, Patrice. *Pièges de la mémoire. Dollard des Ormeaux, les Amérindiens et nous,* Hull: Éditions Vents d'Ouest, 1998, 454 pp.

HARGREAVES, J.D. *Decolonization in Africa,* London / New York: Longman, 1988, 263 pp.

HORN, Michiel. *The League for Social Reconstruction: Intellectual Origins of the Democratic Left in Canada, 1930-1942,* Toronto: University of Toronto Press, 1980, 270 pp.

LACHAÎNE, Alexis. "Black and Blue: French Canadian Writers, Decolonization and Revolutionary Nationalism in Quebec, 1960-1969," Ph.D. Thesis (History), York University, 2007, 311 pp.

LAMARRE, Jean. *Le devenir de la nation québécoise selon Maurice Séguin, Guy Frégault et Michel Brunet (1944-1960),* Sillery: Septentrion, 1993, 561 pp.

LAROSE, Karim. *La langue de papier: spéculations linguistiques au Québec (1957-1977),* Montreal: Les Presses de l'Université de Montréal, 2004, 451 pp.

LAURENDEAU, André. "La théorie du roi nègre – I," *Le Devoir* (4 July 1958), p. 4.

MAJOR, André. "Un rôle de révélateur de la conscience nationale," *Le Devoir* (27 April 1968), p. 13.

—. "Le folklore de notre humiliation," *Le Devoir* (30 April 1968) p. 10.

MARTEL, Marcel. *Le deuil d'un pays imaginé. Rêves, luttes et déroute du Canada français. Les rapports entre le Québec et la francophonie canadienne (1867-1975),* Ottawa: Presses de l'Université d'Ottawa, 1997, 203 pp.

MARTEL, Réginald. "L'ami impitoyable des Québécois," *La Presse* (21 December 1968), p. 23.

OLSCAMP, Marcel. *Le fils du Notaire: Jacques Ferron 1921-1949: genèse intellectuelle d'un écrivain,* Montreal: Fides, 1997, 428 pp.

PLEAU, Jean-Christian. *La révolution québécoise: Hubert Aquin et Gaston Miron au tournant des années soixante,* Montreal: Fides, 2002, 270 pp.

REID, Malcolm. *The Shouting Signpainters: A Literary and Political Account of Quebec Revolutionary Nationalism,* Toronto: McClelland & Stewart, 1972, 315 pp.

RYERSON, Stanley BRÉHAUT. *1837: The Birth of Canadian Democracy,* Toronto: Francis White, 1937, 136 pp.

SCHWARTZWALD, Robert. "Literature and Intellectual Realignments in Quebec," *Quebec Studies* 3 (1985), pp. 32-56.

SIVANANDAN, Tamara. "Anticolonialism, National Liberation, and Postcolonial Nation Formation," in Neil LAZARUS, ed., *The Cambridge Companion to Postcolonial Literary Studies,* Cambridge, U.K.: Cambridge University Press, 2004. pp. 41-65.

VALLIÈRES, Pierre. *Nègres blancs d'Amérique,* Montreal: Parti Pris, 1969 [© 1968], 402 pp.

WALCOTT, Derek. *Collected Poems 1948-1984,* New York: Farrar, Straus & Giroux, 1986, 515 pp.

# L'EUROPE SOUS LE REGARD OBLIQUE DE JACQUES FERRON [1]

**Pierre L'Hérault**

Prenons l'expression « regard oblique » dans le sens que lui donne le dictionnaire : regard de quelqu'un « qui ne regarde pas droit, en face », de quelqu'un qui a l'air de regarder ailleurs en regardant quelque part, et inversement. Prenons aussi le mot « oblique » dans le sens qu'il a dans l'expression « discours oblique », c'est-à-dire « discours indirect ». Nous aurons alors à peu près ce que j'ai voulu suggérer par mon titre : l'idée qu'il n'y a pas de discours ferronien constitué sur l'Europe. Ce qui ne veut pas dire qu'elle soit absente de son univers. Elle y serait au contraire triplement présente : sous la forme de deux métropoles, la France et l'Angleterre, et d'une capitale, Rome [2]. Ce n'est donc pas sa présence qui fait problème, ni même l'existence d'un rapport entre l'Europe et le Québec, mais la nature de ce rapport marqué du signe de la discontinuité plutôt que de la continuité. Chez Ferron, il n'est pas simple de se rattacher à l'Europe, pas plus d'ailleurs en termes de provenance qu'en termes de destination. Lorsque, dans *L'amélanchier*, publié en 1970, le personnage de Léon de Portanqueu revoit la généalogie ferronienne, il hésite à rattacher son ascendance à la France comme à l'Angleterre : « Les Ferron n'ont rien fondé, tard venus, arrivés de justesse et plutôt ridiculement à la fin du Régime français. Peu s'en fallut qu'ils ne vinssent Anglais. [3] » Mais

1. Paru d'abord dans Jean-Paul Dufiet et Alessandra Ferraro (s. la dir. de), *L'Europe de la culture québécoise. Actes du colloque du 28-29 mai 1999* (Udine [Italie], Universitá degli studi di Udine, Forum, 2000), p. 19-35, cet essai de notre regretté collègue est reproduit ici avec l'aimable autorisation de l'éditeur (N.D.É.).

2. L'Europe de Ferron ne saurait être réduite à ces trois lieux, même s'ils sont sans contredit des lieux privilégiés. Encore faudrait-il parler, par exemple, de la Pologne à laquelle il s'est intéressé, le seul pays d'Europe où il soit d'ailleurs allé, en 1973...

3. Jacques Ferron, *L'amélanchier*, préf. de Gabrielle Poulin, éd. préparée par Pierre Cantin, Marie Ferron et Paul Lewis (Montréal, VLB éditeur, 1986 [© 1970]), p. 84.

ne seraient-ils pas plutôt de descendance amérindienne puisque, selon la version familiale de la « légende des trois frères descendant du déluge », le seul des trois dont on soit sûr aurait fait un détour « parmi les Sauvages [1] » avant de se fixer dans la vieille paroisse de Yamachiche ? Si le rattachement aux deux métropoles européennes n'est guère décisif, la capitale romaine est presque hors d'atteinte, ainsi que l'illustre l'aventure du grand-oncle Maxime Ferron qui, enrôlé dans les zouaves pontificaux, « se traîna si bien les pieds qu'il arriva en Italie les combats finis. Sa bravoure assura sa fortune, mais son nom n'est mentionné que dans les Zouavianas très locaux [2] ».

La complexité du rapport à l'Europe relève chez Ferron d'un principe, pour ne pas dire d'un parti pris général, qu'il énonce ainsi :

> Situer au Québec le centre du monde, l'opération la plus simple de la géométrie dans l'espace ; il suffit d'un dilemne *[sic]* : vous privilégiez l'endroit du monde qui vous porte ou bien vous êtes un insignifiant [3].

Le décentrement de l'Europe est ici tout à fait significatif, surtout si l'on considère que Ferron appartient à une génération pour qui l'Europe, en particulier la France, est soit la mère patrie vénérée, soit l'espace de la liberté intellectuelle où l'on se trouvait moins en exil que dans l'espace raréfié de la Grande Noirceur. Mais ce ne serait pas la première fois que Ferron fausserait compagnie à sa génération [4], préférant à *Cité libre* de son ancien condisciple et futur premier ministre du Canada, Pierre Elliott Trudeau, la revue *Parti pris* de jeunes tels Pierre Maheu et Paul Chamberland ou encore la revue *Liberté* du jeune Jacques Godbout... S'il publie depuis 1949, ce n'est qu'au début des

1. *L'amélanchier*, p. 85.

2. *Id., ibid.*

3. Jacques Ferron, « Autre fragment », *Du fond de mon arrière-cuisine* (Montréal, Éditions du Jour, 1973), p. 187.

4. Pierre L'Hérault, « Le pas des générations », *Littératures*, n° 9-10, 1992, numéro intitulé *Actes du colloque Présence de Jacques Ferron*, sous la dir. de Jean-Pierre Duquette, Jane Everett, Marcel Olscamp, p. 220-237.

années 60, soit en même temps que les jeunes auteurs de la Révolution tranquille, qu'il s'impose : d'abord avec ses *Contes du pays incertain*, publié en 1962, puis avec ses grands récits qui le feront reconnaître comme « celui de qui la littérature québécoise moderne procède [1] » selon l'excellente formule de Victor-Lévy Beaulieu. Son roman *La nuit* est publié en 1965, un an après *Le cassé* de Jacques Renaud, la même année que *Prochain épisode* de Hubert Aquin, un an avant *Une saison dans la vie d'Emmanuel* de Marie-Claire Blais et *L'avalée des avalés* de Réjean Ducharme. Ces coïncidences n'auraient rien de significatif si elles ne faisaient ressortir le double décalage qui caractérise la production littéraire de Ferron. Il est déjà au milieu de la quarantaine alors que les autres auteurs mentionnés, à l'exception de Aquin, ont entre 21 et 27 ans. Il reconnaît la singularité de sa position quand il se dit d'une « génération intermédiaire [2] », indiquant par là qu'il reste sur son « quant-à-soi », pour reprendre un terme qu'il aime bien, et qu'il garde ses distances avec sa génération comme avec celle qui le suit. Ce qui me semble être le cas en ce qui touche l'Europe à laquelle je reviens après ce détour, non sans prévenir qu'il s'agit d'une esquisse plutôt que d'un portrait [3].

L'analyse du lien colonial est, à cet égard, éclairante. Ferron s'intéresse de près au mouvement de décolonisation des peuples au point, par exemple, de tenter sans succès de faire voter par le Parti Social Démocrate le droit à l'auto-

1. Victor-Lévy Beaulieu, « Sur le sens prodigieux de la mémoire ferronienne », *Le Devoir*, 15 juin 1974, p. 16.

2. Jacques Ferron et Pierre L'Hérault, *Par la porte d'en arrière. Entretiens*, avec la collab. de Patrick Poirier et Marcel Olscamp (Montréal, Lanctôt éditeur, 1997), p. 194.

3. La difficulté du sujet ne tient pas seulement, comme je le suggère d'entrée de jeu, au fait qu'il n'y a pas, chez Ferron, de discours constitué sur l'Europe, mais également à ce que l'écrivain polygraphe qu'il est aborde la question sous de nombreux angles : historique, politique, littéraire, mythique, etc., passant volontiers de l'essai à la fiction, du réel à l'imaginaire, sans que les frontières entre les uns et les autres soient toujours bien définies, comme on le verra par l'usage abondant qui sera fait de ses *Historiettes*, qui sont souvent de véritables essais, et de ses fictions qui commencent souvent par être des *Historiettes*. Tout étant beaucoup dans la manière quand il s'agit de Ferron, la citation s'impose.

détermination du Québec à la faveur d'une proposition reconnaissant le droit à l'autodétermination de l'Algérie [1]. Pourtant, il n'adhère pas entièrement à l'analyse socio-politique de Parti pris qui repose sur l'admission que le Québec est une société colonisée, dans le sens où l'entendent Albert Memmi et Frantz Fanon [2]. Il s'est toujours refusé en effet à définir le rapport du Québec à l'Europe en stricts termes de colonialisme, sans pour autant nier la réalité politique et juridique du lien colonial, ainsi qu'en témoigne la formulation paradoxale suivante :

> La prise du Canada par l'Angleterre, contrairement aux prétentions de l'École de Montréal, n'a guère été ressentie par les Canadiens français. Elle a cependant modifié leur comportement. Ils se sont adaptés aux institutions anglaises et servis d'elles pour continuer de progresser. Les municipalités, les conseils de comtés, le parlement leur ont permis d'étendre leur conscience pour en arriver, au siècle dernier, à se concevoir comme peuple, puis à opposer cette idée à la situation coloniale où ils se trouvaient, à modifier cette situation à leur profit et à celui du Canada anglais pour se rendre compte enfin que le changement de capitale, Ottawa pour Londres, ne mettait pas fin au colonialisme et qu'il n'y a rien pour un peuple conscient de lui-même qui remplace la souveraineté [3].

Sans la nier ni l'occulter, Ferron relativise la situation coloniale, la soumettant à un principe de modification, par interaction et même par inversion des rôles, qui fait qu'elle ne se réalise pas pleinement. D'où l'expression « demi-colonisé » qu'il préfère à celle de « colonisé », réservant cette dernière à l'Amérindien, le « colonisé par excellence » :

> Demi-colonisés comme il y a des demi-civilisés et des demi-vierges, quelques raisons nous avaient empêchés d'aller jusqu'à l'entier, à savoir notre

1. *Par la porte d'en arrière. Entretiens,* p. 151.

2. « La confiance au croque-mort », *Du fond de mon arrière-cuisine,* p. 85-86.

3. Jacques Ferron, « Le passé change aussi », *Historiettes* (Montréal, Éditions du Jour, 1969), p. 126.

appartenance à une culture souveraine, l'éloignement de l'Angleterre, les communications difficiles que l'hiver suspendait ; le voisinage américain [1].

Si la position de Ferron s'explique, comme on le voit, par une prise en compte des conditions précises de la situation coloniale du Québec, elle suppose également l'idée d'une rupture avec l'Europe antérieure au lien colonial, en quelque sorte originelle, qui rendrait ce lien irréalisable.

## Le déluge de l'Atlantique : l'Europe comme préhistoire

N'est-ce pas ce qu'il faut comprendre de ce que j'appellerai les mythologies ferroniennes des origines ? Dans ces mythologies, le voyage vers le Nouveau Monde se confond avec le « déluge de l'Atlantique », dans lequel s'abîme la France et sur lequel flotte, comme l'arche de Noé, l'île d'Orléans du Nouveau Monde. C'est dans *L'amélanchier,* récit portant sur l'identité et la mémoire, que Ferron donne à cette figure, récurrente dans son œuvre, sa forme la plus développée. Le chapitre VII y pastiche le texte biblique :

> Si jamais de La Rochelle
> Mon enfant est parti sous la pluie
> Autrement que dans les goussets
> De ses procréateurs autorisés,
> Il a vu les digues du ciel
> Se rompre aux quatre points cardinaux [2]

Ferron reprend, aux fins de son récit, les principaux éléments et motifs du livre de la Genèse. L'inondation du monde corrompu y devient la disparition progressive du Vieux Continent sous les yeux du passager du navire qui voit

> La Charente, l'Angoûmois, l'Aunis
> Et la Saintonge s'abîmer,

1. « La soumission des clercs », *Historiettes,* p. 18.
2. *L'amélanchier,* p. 81.

À la poupe du bateau,
L'eau s'épandre sur toute la terre
Et engloutir toute mouvance [1]

Le motif de l'arche, figure du recommencement, se trouve également chez Ferron qui, plus économe que Dieu, ne conserve que le mâle de l'espèce humaine :

Puis comme l'enfant était garçon,
Pour son établissement,
Il lui a rendu,
À défaut du péché originel,
Raisins et couilles réunis,
De quoi se distiller.
Une p'tite bagosse d'avenir [2]

La dérogation ne se trouve pas ici dans la pointe de machisme, qui ne fait que souligner celui du texte biblique, mais dans le fait que, ne retenant que l'élément mâle, la variante ferronienne suppose la préexistence d'un nouveau monde où le « garçon » trouvera sa pareille. En effet, l'expression la « p'tite bagosse d'avenir » qui renvoie à la fois à l'ordre sacré « Soyez féconds » et à l'ivresse de Noé, en dit long sur le sort qui sera fait à la pureté des gènes européens du procréateur, si « autorisé » soit-il. On ne saurait en attendre qu'une descendance aussi frelatée que l'alcool frelaté de la « bagosse ». Ainsi Ferron, par l'intermédiaire de son personnage Léon de Portanqueu, prend-il plaisir à « tricher » sur sa généalogie, sans même cacher son jeu :

La légende des trois frères descendant du déluge pour fonder Machiche, les Ferron se la sont appropriée, quitte à se mettre dans l'embarras de ne pas savoir duquel des deux ils descendaient, n'étant sûrs que du troisième,

1. *L'amélanchier*, p. 81.
2. *Id., ibid.*

prénommé Jean, qui n'avait pas fait souche de Ferron en pays machichois, ayant continué à l'aventure « vers les pays hauts pour rouler parmi les Sauvages, sous l'étoile du Nord », curieux mélange de Gélinas-Lacourse, de Ti-Jean Canadien et du malheureux fils de Noé [1].

La mythologie ferronienne des origines est donc profondément structurée autour de l'idée de rupture avec l'Europe exprimée par un brouillage des origines, une discontinuité génétique, en d'autres mots, par le métissage. Cette rupture est du reste confirmée par le fait que Ferron retourne Noé à son vieux monde, sitôt l'enfant débarqué :

> Capitaine Noé s'en est retourné
> Sans s'être mis à poil ni saoulé [2]

Ferron oppose ainsi au regard eurocentriste le regard américain, c'est-à-dire amérindien. Le recours insistant au métissage, soit dans ses figures de fiction, soit dans ses essais, le confirme. Sa position sur ce point est d'autant plus ferme qu'elle prend explicitement le contre-pied de celle du chanoine et historien Lionel Groulx. Ce dernier, se faisant fort d'opposer à la « légende du métissage », qui nous collerait au front comme un « sceau d'infamie », le « document décisif » et le « dernier mot de la science irrécusable [3] » de l'histoire, soutient la continuité culturelle et génétique d' « une jeune race française du même sang noble et fier que l'ancienne [4] », celle évidemment d'avant la Révolution et la laïcisation de la France. Ferron lui répond sans ménagement : « Ça c'est de la médecine vétérinaire [...] Ce qui fait la force d'une nation, c'est sa diversité, au contraire des troupeaux [5]. » Et pour lui rendre un peu plus que la monnaie de sa pièce, dans *Le Saint-Elias,* il fait

1. *L'amélanchier,* p. 85.
2. *Id.,* p. 83.
3. Lionel Groulx, *La naissance d'une race* (Montréal, Bibliothèque de l'Action française, 1919), p. 26.
4. *Id., ibid.,* p. 12.
5. Jacques Ferron et Pierre L'Hérault, *Par la porte d'en arrière. Entretiens,* p. 178.

naître son personnage principal Mithridate des amours d'un jeune vicaire et d'une métisse. Il juge ainsi la pensée de Groulx :

> En France, il [le nationalisme] était déjà malsain, tourné contre le socialisme et le juif Dreyfus. Au Canada il devint une sorte de trémoussement devant la race pure et le haras ; doux Jésus ! que nous étions français, plus français qu'en France parce que français et catholiques, ouida ! Cela pouvait se défendre en y mettant de la rhétorique et nous ne demandions pas mieux, vu que nous étions bâtards comme tout. Groulx devint orateur et mauvais historien [1].

Le texte se fait lapidaire : « L'erreur de ce brave homme fut la suivante : il n'a pas compris que l'Amérique française n'était au fond que l'Amérique amérindienne [2] », c'est-à-dire construite sur le réseau amérindien d'échanges et de communications [3].

Pour Ferron, ce n'est pas l'Amérique amérindienne qui appartient à la préhistoire québécoise, comme on le propose d'habitude, mais l'Europe.

1. « La fête de la vieille dame », *Historiettes,* p. 28.

2. *Ibid.,* p. 29.

3. La présence amérindienne et le métissage traversent toute l'œuvre de Ferron, l'informent même, oserais-je dire, au point où l'on pourrait en parler comme d'un axe majeur. Cette dimension n'a pourtant pas fait l'objet d'une étude approfondie. En relisant les travaux que j'ai consacrés à Ferron depuis vingt-cinq ans, je me rends compte cependant que j'ai abordé ce sujet à plusieurs reprises, à la manière d'une « inévitable » question — à laquelle il faudra bien que je m'abandonne —, soit d'un point de vue général, soit à propos de textes particuliers, dont *Les grands soleils, Le ciel de Québec, L'amélanchier, Le Saint-Élias.* Voir à ce propos, de Pierre L'Hérault, *Jacques Ferron, cartographe de l'imaginaire* (Montréal, Les Presses de l'Université de Montréal, 1980 ; « Le pas des générations », *Littératures,* n° 9-10, 1992, p. 220-237 ; « Ferron l'incertain : du même au mixte », dans Simon Harel (s. la dir. de), *L'étranger dans tous ses états* (Montréal, XYZ, 1992), p. 39-51 ; « Sauver l'enfant », dans Ginette Michaud (s. la dir. de), avec la collab. de Patrick Poirier, *L'autre Ferron* (Montréal, Fides-CÉTUQ, 1995), p. 89-116 ; et de Pierre L'Hérault et Jacques Ferron, *Par la porte d'en arrière. Entretiens.*

Dans *Le ciel de Québec,* publié en 1969, la direction donnée à l'action est celle du peuplement amérindien, non celle de la découverte européenne, c'est-à-dire la direction ouest-est. Quant à la préhistoire européenne, Ferron écrit ceci : « Commencer à Cartier, groupiller le Dollard des Ormeaux, frégoter sur la Conquête [1], c'est tout ce qu'on voudra, mais ce n'est pas notre histoire. Remarquez que je ne dédaigne pas la littérature : elle retient la sagesse des nations, elle constitue le grand trésor du monde [2]. » Voilà qui justifie le déluge de l'Atlantique.

## France éloignée, Angleterre enclavée

Et voilà qui justifie également le lien paradoxal défini par Ferron avec l'Angleterre. Paradoxal parce qu'il s'exprime en termes de proximité plutôt que d'éloignement, comme c'est le cas du lien avec la France. On me permettra de reprendre, pour en souligner quelques termes une partie d'une citation déjà donnée : « La prise du Canada par l'Angleterre, contrairement aux prétentions de l'École de Montréal, *n'a guère été ressentie* par les Canadiens français. Elle a cependant modifié leur comportement. Ils se sont *adaptés aux institutions anglaises et servis d'elles pour continuer de progresser* [3]. » La première phrase relève du principe de rupture appliqué au lien avec la France. Bien avant que Jacques Godbout ne fasse découvrir à son personnage du *Sort de l'Amérique* que « la bataille des Plaines d'Abraham c'est une bataille parmi d'autres batailles [entre la France et l'Angleterre] [4] », Ferron avait proposé que la Conquête avait été une affaire européenne. Déjà en

1. « Groupiller » est formé sur le patronyme du chanoine et historien Lionel Groulx à qui Ferron reproche d'avoir montré trop d'admiration envers un héros qui, pour lui, n'en était pas un ; « frégoter » est formé sur le patronyme de l'historien Guy Frégault qui accordait, selon Ferron, trop d'importance à l'épisode de la Conquête anglaise de 1760.

2. « La soumission des clercs », *Historiettes,* p. 12.

3. « Le passé change aussi », *Historiettes,* p. 126.

4. Jacques Godbout, *Le sort de l'Amérique. Le synopsis* (Montréal, Boréal, 1997), p. 15. (Synopsis du film de Jacques Godbout, *Le sort de l'Amérique,* avec René-Daniel Dubois et Philippe Falardeau, production de Éric Michel, Office National du Film du Canada, 1996).

1963, dans « La soumission des clercs », il écrivait fort ironiquement que « nous avions été bien peu dans la sortie d'Égypte, le Déluge et la Conquête. Ce n'était pas de notre faute parce que ce n'était pas de notre histoire [1] ». En ce sens, il ne participe guère à l'entreprise de construction du roman familial dont Heinz Weinmann a dégagé le schéma du texte québécois [2]. Chez lui, pas d'enfant abandonné par de saintes mères soudainement devenues indignes, marâtres, castrantes... Pas d'enfant abandonné, parce que pas de traumatisme de la Conquête. Ne dénonce-t-il pas plutôt les « faiseurs d'édification nationale » qui « nous auraient [...] foutu le complexe de l'enfant-né-bicentenaire [3] » ? Le report sur l'Europe de la responsabilité historique permet la création d'un espace historique autonome et continu. C'est ainsi que, de l'implantation de la colonie française jusqu'au milieu du XIX<sup>e</sup> siècle, Ferron observe un peuple, libéré d'une histoire qui n'est pas la sienne, se former, prendre conscience de lui-même. L'histoire alors, conclut-il, « cesse d'être déprimante », « montre les progrès d'un peuple », « engage la responsabilité et édifie sans sermon ni littérature [4] ». Rupture et pourtant proximité. À tout le moins, poursuit Ferron,

> [l'histoire] nous confère [alors] une certaine originalité, celle d'avoir trouvé naissance sous une domination étrangère, d'y avoir grandi sournoisement avec de grandes révérences au King et à la Queen pour toucher aujourd'hui le prix de notre vitalité, de notre chance et de notre intelligente fourberie [5].

La position de Ferron est assez unique : s'il ne vénère pas la France comme la mère patrie, il ne manifeste pas non plus l'aversion coutumière rencontrée envers l'Angleterre.

---

1. « La soumission des clercs », *Historiettes,* p. 13.
2. Heinz Weinmann, *Du Canada au Québec, généalogie d'une histoire* (Montréal, Éditions de l'Hexagone, 1987).
3. « La soumission des clercs », *Historiettes,* p. 13.
4. *Ibid.*
5. *Ibid.*

Le rapport à l'Europe relèverait ici d'une vision postcoloniale plutôt que coloniale. L'analyse rigoureuse du lien colonial et de ses conséquences n'empêche pas Ferron de reconnaître ce qui a été pris au colonisateur par le colonisé et détourné à ses fins. Il y a toujours dans sa géographie des enclaves anglaises. Ainsi en est-il du *Ciel de Québec,* ce grand roman baroque, où la cathédrale et la résidence de l'archevêque anglican Dugald Scot, d'origine britannique, forment une véritable enclave dans le vieux cadastre français de la ville de Québec. D'ailleurs, on assistera, dans ce roman où s'effectue symboliquement le passage du Québec à la modernité, à l'enquébecquoisement du fils de l'archevêque, Frank Anacharsis, appelé à jouer le rôle de narrateur et celui d'un Moïse qui, non seulement conduirait son peuple à la terre promise, mais y pénétrerait avec lui. On le verra même présider à la construction d'une église, à même les matériaux recyclés d'une église protestante, dont l'inauguration donnera lieu à une cérémonie « fastueuse, populaire et joyeuse [1] » qui — le roman se situe dans les catholiques années 1937-1938 ! — célébrera une nouvelle appartenance au pays. Les travaux de Betty Bednarski sur l'« anglicité » chez Ferron [2] et de Ginette Michaud sur ses « lectures anglaises [3] » montrent qu'il faut voir dans le procédé ferronien tout autre chose qu'une ironie revancharde : l'expression de l'altérité, la reconnaissance de l'interaction et de la contamination réciproque des institutions et des cultures mises en contact par la situation coloniale. Ferron ne s'est-il pas même inventé, en la personne de l'abbé Surprenant, un double ethnologue qu'il fait voyager en Angleterre et dont il cite, ici et là dans son œuvre, les observations de son mémoire fictif : *Un ethnologue canadien en Angleterre* [4] ? Il faudrait encore mentionner dans cette liste incomplète *Le salut de*

1. Jacques Ferron, *Le ciel de Québec,* préf. de Luc Gauvreau, édition préparée par Pierre Cantin, avec la collab. de Marie Ferron et Gaëtane Voyer (Montréal, Lanctôt éditeur, 1999 [©1969]), p. 431.

2. Betty Bednarski, *Autour de Ferron : littérature, traduction, altérité,* préf. de Jean-Marcel Paquette (Toronto, Éditions du Gref, 1989).

3. Ginette Michaud, « Lire à l'anglaise », dans *L'autre Ferron,* p. 137-197.

4. « L'abbé Surprenant », *Historiettes,* p. 155.

*l'Irlande,* publié en 1970, qui se confond avec celui du Québec, et prendre acte de l'admiration qu'il voue à Lord Durham, qui, dit-il, « nous fit l'honneur d'un chef-d'œuvre de littérature politique », et dont il « accepterait volontiers la statue dans une de nos places publiques [1] ». Depuis l'intégrale des *Contes* [2], les sous-titres *Contes anglais* et *Contes du pays incertain* forment un couple inséparable. On dirait même que parfois Ferron prend plaisir à neutraliser l'influence française par l'influence anglaise. Par exemple, contrairement à l'opinion reçue, il soutient que la croix québécoise, avec en son centre un cercle et des rayons, ne nous vient pas des Bretons, mais des Irlandais [3]. On pourrait ainsi continuer longuement à repérer chez lui les traces de l'anglicité qui rend compte d'une relation complexe, faite de familiarité et d'étrangeté, car il faut, avec Bednarski, admettre à la fois que les « Anglais de l'œuvre sont dans une certaine mesure des reflets de l'auteur lui-même [4] » et que « l'Anglais le plus admirable, le plus susceptible d'être admiré, sera celui qui reste loin dans ses îles [5] ». « A-t-on besoin d'ajouter, conclut Michaud, que le rapport à l'autre qui se dessine ici est autrement plus fondamental qu'une simple relation de voisinage ou de politesse et va bien au-delà d'une quelconque rhétorique du drapeau [6] ? »

Une telle France n'existe pas chez Ferron : elle est en un sens un pays plus étranger, plus lointain que l'Angleterre. La raison en serait-elle que la société québécoise a pris conscience d'elle-même sous le Régime anglais, durant la période d'éloignement de la France ? Si l'on ne peut parler, à propos de Ferron, du traumatisme de la Conquête, il y a lieu cependant de parler de

1. « La soumission des clercs », *Historiettes,* p. 16.

2. Jacques Ferron, *Contes. Édition intégrale. Contes du pays incertain. Contes anglais. Contes inédits,* présentation de Victor-Lévy Beaulieu (Montréal, Bibliothèque Québécoise, 1993 [© 1968]).

3. « Le moi crucifiant », *Du fond de mon arrière-cuisine,* p. 134-135.

4. Betty Bednarski, *Autour de Ferron : littérature, traduction, altérité,* p. 104.

5. *Id.,* « De l'anglicité chez Ferron : retours et prolongements », dans *L'autre Ferron,* p. 201.

6. Ginette Michaud, « Lire à l'anglaise », dans *L'autre Ferron,* p. 197.

l'expérience de l'éloignement. La mythologie du Déluge ne serait-elle pas une façon d'exprimer, sous le couvert de la discontinuité originelle, la douleur de la séparation ? Le passage suivant, tiré du texte « L'Ancien Testament » le laisserait croire :

> Le Canada français, voici son Ancien Testament. Il est descendu des eaux, après le déluge qui l'avait séparé de la France, déluge de l'Atlantique, déluge de l'hiver, déluge d'un siècle ou deux où l'on fut sans nouvelle de la chère et grande métropole (de sorte qu'on a pu penser que l'Arche, elle s'était posée sur nos bords) [1].

Comprenons que la France n'appartient pas à la durée québécoise alors que l'Angleterre, tout anglaise et coloniale qu'elle soit, y appartient. D'où l'absence de la première comme espace physique pouvant être parcouru par un voyageur réel ou fictif. La France a quelque chose d'abstrait, alors que l'Angleterre est un paysage. Le Français, assez rare dans l'œuvre, a lui aussi quelque chose d'abstrait : maniéré, caricatural et caricaturé alors que l'Anglais, même perdu avec son parapluie dans ses brumes, garde un air familier et réel.

### La France, espace de la langue

Il y a pourtant une France ferronienne : la France littéraire et linguistique. Ferron accepte volontiers ce double legs maternel. Sa bibliothèque française est fournie : de Rabelais aux écrivains du XX^e^ siècle. Sa pratique de l'intertextualité, de plus en plus sérieusement étudiée, et les essais qu'il a consacrés à plusieurs auteurs montrent que les écrivains français existent autrement qu'à travers les souvenirs d'un studieux étudiant de Brébeuf. Ainsi en va-t-il en particulier de Rabelais, Montaigne, Molière, Diderot, Stendhal, Valéry, Gide, Claudel, Giraudoux, Camus... Dans cette France littéraire, Ferron se déplace librement, vouant un amour inconditionnel à

1. « L'Ancien Testament », *Historiettes*, p. 121.

Rabelais et Stendhal, empruntant à certains sa manière — à Tallemant des Réaux, par exemple, sa pratique de l'historiette ; mais prenant ses distances avec d'autres : le Camus de la théorie du « moi étanche », qu'il trouve compliquée, le Céline antisémite dont pourtant la langue le séduit [1].

Valéry occupe une place à part. C'est l'auteur que Ferron a le plus pratiqué et aimé, au point d'apprendre par cœur *Le cimetière marin.* Mais c'est aussi celui par qui lui arrive la question de la « norme française ». « Quand il m'a fallu écrire, dit-il, j'étais un peu ligoté par ce maître trop exigeant. [...] Il a fallu que je me ressource à même mon expérience personnelle et à même mes aventures subséquentes [2]. » S'il n'est pas le seul à s'être débattu avec cette question récurremment posée, surtout dans les années soixante, il lui donne un tour ironique qui en souligne la pertinence et l'importance :

> Des modèles outrecuidants. À peine avait-on assimilé les trucs parnassiens (le sonnet soufflé comme du verre) qu'un Verlaine ou un Mallarmé surgissait ; et puis c'était un Valéry, et puis un Éluard. Maudits Anciens libidineux qui se reproduisaient comme des cochons ! Tout n'était donc pas d'imiter, il fallait encore reconnaître plus loin, par dessus l'Atlantique, à environ vingt-cinq années-lumière, au milieu des poulains d'une saison, l'étalon prédestiné afin de ne pas imiter le démodé. Et à guetter ainsi l'Europe, on n'écrivait pas l'Amérique. On écrivait d'ailleurs très peu, surtout pour le titre d'écrivain qui obligeait d'aller à Paris, sinon on dérogeait et crevait à la Bovary, comme Nelligan et Saint-Denys Garneau, en exil dans son propre pays. C'était ça, la littérature : un sous-service de l'Agence Hone [3].

1. *Du fond de mon arrière-cuisine* et *Escarmouches. La longue passe,* t. 2 (Montréal, Leméac, 1975) contiennent des « essais » de longueur très variable sur plusieurs des auteurs cités. *Par la porte d'en arrière* rapporte les propos de Ferron sur plusieurs de ces auteurs et d'autres.

2. Jacques Ferron et Pierre L'Hérault, *Par la porte d'en arrière. Entretiens,* p. 28.

3. « Littérature », *Historiettes,* p. 167. — L'agence Hone est la plus ancienne agence de voyage francophone du Québec (établie en 1911) (N.D.É.).

Comment faire alors pour que l'espace français soit autre chose qu'un espace de déracinement, d'exil ? Peut-être en en faisant un espace plutôt linguistique que littéraire. La pratique de la langue et la position de Ferron à son égard incitent à le penser. Ses pastiches de poèmes de la Renaissance, du théâtre de Molière, de Giraudoux, sa préciosité dix-huitième, témoignent de l'application qu'il met à maîtriser la langue et ses procédés stylistiques et rhétoriques. Pour rien au monde, il ne sacrifierait cet instrument mis au point sur plusieurs siècles. Il est « très dispendieux d'équiper une langue [1] » comme le français, commente-t-il, et « on ne peut pas se payer le luxe de [la] défaire [...] et de la refaire, ne serait-ce que parce qu'il y a tout un matériel d'imprimerie qu'il faudrait changer [2]. » Ferron recoupe ici presque littéralement — qui cite qui ? — la condamnation de ce que Hubert Aquin appelait le « joual-refuge » : « En réalité, on nie l'écriture et le phénomène de l'imprimerie ; du coup on écarte d'un revers de la main la connaissance et la pensée ! [3] » Le joual, pour Ferron, n'a de sens que dans un rapport dynamique avec le français :

> Le français de Parti pris a peut-être deux modèles celui, disons, d'une langue grossière et populaire, mais pleine de fraîcheur et de trouvailles, une langue qui va vers le français ; et celui d'une langue qui, il faut bien le dire, était l'ombre du joual de Lowell.

Et pour illustrer sa pensée il cite la pratique de Gérald Godin des cantouques : « c'est un français ancien qui revient à la surface, qui aboutit au français [4]. »

On le voit, l'adhésion inconditionnelle à l'espace linguistique français ne suppose pas chez Ferron l'idée d'une langue fixée, fixe et homogène. La réfé-

1. Jacques Ferron et Pierre L'Hérault, *Par la porte d'en arrière. Entretiens,* p. 146.

2. *Id., ibid.,* p. 149.

3. Hubert Aquin, « Le joual-refuge », dans Hubert Aquin, *Blocs erratiques. Textes (1948-1977),* rassemblés et présentés par René Lapierre (Montréal, Quinze, 1977), p. 142.

4. Jacques Ferron et Pierre L'Hérault, *Par la porte d'en arrière. Entretiens,* p. 149.

rence privilégiée à Rabelais en fournit une première indication. Rabelais, c'est l'invention de la langue avant sa codification. Une deuxième indication est donnée par l'estime qu'il manifeste à l'endroit de Réjean Ducharme dont il écrit « que la langue correcte est pour lui quelque chose de non seulement nécessaire, mais aussi d'amoureux » et qu'il « a balayé le joual en redonnant une fantaisie au français d'une tout autre façon que le joual, qui était une sorte de laisser-aller[1] ». On connaît également la dialectique qu'il établit toujours entre littérature et oralité, convaincu de la nécessité du ressourcement de la langue littéraire par la langue parlée. Son écriture est une mise en scène de ce principe qui ne fonctionne pas cependant à sens unique ; elle montre que les formes littéraires les plus modernes et exigeantes servent à faire « passer » ce qui autrement ne « passerait » pas. La conception de la langue chez Ferron est nécessairement plurielle. Ainsi résout-il l'opposition, pour lui futile, entre langue « française » et langue « québécoise ». À l'intérieur d'une pratique très rigoureuse de la langue, il agit avec une liberté souveraine et moderne qui n'a rien d'une attitude folklorisante, comme le montre sa pratique d'intégration des mots anglais dans sa phrase tout en leur donnant une graphie française qui laisse entendre cependant le son anglais du mot. Il y a dans cette pratique un jeu vivant d'échange entre l'écrit et l'oral. Et c'est sans doute cette vision hybride de la langue qui lui a fait admettre avant bien d'autres la disjonction entre langue et culture, langue et identité. C'est aussi cette conception hybride de la langue qui lui permet de retrouver la France et l'Europe.

**L'échappée italienne**

Le troisième volet du triptyque européen de Ferron, l'Italie, occupe, pour des raisons évidentes, une place moins importante que les deux autres. Cette place est cependant plus complexe qu'il n'y paraît de prime abord. L'espace italien comporte en effet trois dimensions. L'Italie, c'est d'abord Rome, capitale spirituelle pour ne pas dire céleste ; c'est ensuite un espace imaginaire et

1. *Par la porte d'en arrière. Entretiens*, p. 149-150.

mythologique ; et c'est finalement l'Italie montréalaise, toute proche et actuelle, de l'immigrant italo-québécois.

Comme capitale de la chrétienté, Rome est un relais de la métropole anglaise, ce qui explique que les personnages en qui Ferron met toute sa complaisance soient en faveur de Garibaldi. Dans « La soumission des clercs », il a très bien établi l'articulation du pouvoir ecclésiastique et du pouvoir colonial. Il l'a aussi mis en fiction. Entre autres, dans son roman *Le Saint-Elias,* paru en 1972, dont l'action se situe dans la deuxième moitié du XIX^e^ siècle, au moment où le pouvoir de l'Église devient tout puissant, après la répression de la Rébellion des Patriotes de 1837 par l'Angleterre et la condamnation par l'Église des idées libérales. Dans ce roman, Ferron oppose deux lieux : la ville épiscopale et gouvernementale de Trois-Rivières dirigée par un évêque ultramontain et le village de Batiscan dirigé par un curé très près du peuple et ami d'un vieux médecin mécréant, héritier de la pensée libérale des Patriotes de 1837. Or le curé Tourigny tient à son évêque le discours interprétatif suivant :

> Vous restez écrasés sur vous-mêmes et l'on ne vous laisse d'échappée que vers Rome. Croyez-m'en, Monseigneur, ce n'est qu'une soupape d'illusion, car la diplomatie vaticane ne s'entend bien qu'avec la diplomatie anglaise [1].

Ferron exploitera cette identification de Rome et de Londres par le recours à l'histoire romaine ancienne. À la faveur du surnom de Mithridate donné au personnage le plus puissant de Batiscan, propriétaire d'un trois-mâts et du pont péager, le village devient ce petit Royaume du Pont qui résista longtemps à l'Empire romain. Les Romains n'étaient-ils pas les Anglais du temps ? demande un personnage qui a bien compris le jeu intertextuel.

1. Jacques Ferron, *Le Saint-Élias,* préf. de Pierre L'Hérault, éd. préparée par Pierre Cantin, Marie Ferron et Roger Blanchette (Montréal, Éditions de l'Hexagone, 1993 [© 1972]), p. 124.

Nous sommes ici en présence d'un procédé de mythologisation dont Rome serait en quelque sorte le point de départ, puisque Mithridate est le porte-parole privilégié de Ferron, du début à la fin de son œuvre. L'Italie ouvre ainsi l'inépuisable espace mythique gréco-romain et européen que n'aura de cesse d'explorer Ferron, qui est, avec Monique Bosco et Jean-Pierre Ronfard, l'auteur québécois qui s'est le plus adonné à la réécriture et à la transposition des mythes anciens et modernes [1]. L'Italie devient en ce sens l'espace imaginaire, comme le boisé longueuillois du Signor Petroni devient le « domaine enchanté », le pays des merveilles où Léon de Portanqueu conduit sa fille Tinamer. Ce boisé, jouxtant la propriété de Léon de Portanqueu, permet à ce dernier de créer pour sa fille un jeu de va-et-vient entre le merveilleux et le quotidien. Pour reprendre les termes ferroniens, le boisé de l'Italien devient le « bon côté des choses » qui tient en respect le « mauvais côté des choses ». Si l'on admet que *L'amélanchier* illustre la conviction de Léon de Portanqueu selon laquelle un père doit « présenter le monde à son enfant comme l'expression de sa volonté [2] », on conviendra que l'Italie occupe ici une place de choix.

Il y a une troisième Italie, toute proche celle-là, qui se présente sous les traits de l'immigrant italo-québécois. Dans *La nuit,* qui paraît en 1965, le

1. Les écritures, fort différentes par leur texture, de Bosco et de Ferron, ont en commun d'être le lieu de croisement des mythologies de l'Ancien et du Nouveau Monde. L'arche, par exemple, sert également chez Bosco (Monique Bosco, *Babel-Opéra* [Laval, Trois, 1989]) à figurer le rapport entre l'Europe et l'Amérique (v. notre article « Les mythologies de Monique Bosco », dans Lucie Lequin et Maïr Verthuy [s. la dir. de], *Multi-culture, multi-écriture. La Voix migrante au féminin en France et au Canada* [Paris, L'Harmattan, 1996], p. 59-71). Quant à Ferron et Ronfard, il y a des rapprochements éclairants à faire entre l'épopée baroque du *Ciel de Québec* qui mêle les petites dynasties politiques et ecclésiastiques du Québec des années 30 aux dieux de l'Olympe et *Vie et mort du Roi Boiteux* de Jean-Pierre Ronfard, sous-titrée *Une épopée sanglante et grotesque en six pièces et un épilogue* (t. 1 et 2, prés. de Jean-Cléo Godin et Pierre Lavoie [Montréal, Leméac, 1981)], où les échanges entre les Roberge d'Abitibi et les lignées shakespeariennes viennent confondre les généalogies et les époques.

2. *L'amélanchier,* p. 103.

rôle dévolu à un immigrant italo-québécois, Alfredo Carone, constitue une véritable remise en question, un dépassement en fait, du binarisme identitaire québécois. La nuit de Ferron est en effet une nuit initiatique au cours de laquelle François Ménard acquiert son identité en se défaisant de son double anglais Frank. La figure de Carone s'interpose entre Frank et François pour briser l'effet annulant des identités contraires. L'importance du personnage est doublement signalée par son nom : Carone est une italianisation du patronyme maternel de Ferron, Caron ; et il est facile de reconnaître sous ce déguisement nominal le nocher des Enfers, Charon, qui, dans un emploi moderne de chauffeur de taxi, accomplit sa fonction sacrée en faisant passer François, par le pont Jacques-Cartier, de la rive du quotidien longueuillois à la rive du Château montréalais. Ferron place ainsi la « figure hétérotopique [1] » au cœur de la question québécoise et fait de Montréal une « ville frontière », un « centre excentrique [2] », expressions auxquelles donneront tout leur sens les écrivains des années 80 et 90, en tête desquels il faut placer les auteurs italo-québécois Marco Micone, Fulvio Caccia, Antonio d'Alfonso, Tiziana Beccarelli Saad, Bianca Zagolin... L'italianisation du nom de la mère vient troubler le rapport aux mères patries française et anglaise. Étrange rapport avec la biographie ? Sa mère ne lui avait-elle pas fait promettre, sur son lit de mort de laisser tomber le double prénom Jean-Jacques pour ne retenir que celui de Jacques ? Et son père ne lui avait-il pas demandé de frotter ses souliers et d'apprendre l'anglais ? Il a obéi à sa mère, confesse-t-il, mais n'a appris ni à frotter ses souliers ni à parler anglais.

## Conclusion : au bord et de l'autre bord

Cela montre encore une fois que chez Ferron on ne va jamais en ligne droite d'un point à un autre, le mouvement étant plutôt celui de la ligne brisée, du zigzag. Ce qu'il dit des peuples prend ici valeur de principe général :

1. Simon Harel, *Le voleur de parcours. Identité et cosmopolitisme dans la littérature québécoise contemporaine*, préf. de René Major (Montréal, Le Préambule, 1989), p. 129.

2. *Par la porte d'en arrière. Entretiens*, p. 48.

« Les peuples n'avancent pas droit. Ce serait trop simple. On les croirait téléguidés. Il n'obéissent qu'à des accidents de terrain [1]. » Ce principe est bien illustré par le rapport du Québec à la France fondé non sur la continuité mais sur la discontinuité. Il s'agit d'une remise en question du discours articulé sur la notion de destin. Chez Ferron il n'y a pas de destin, comme il n'y a pas de tragique. Il parle plutôt de « chance », de « raisons fortuites [...] qui n'étaient pas nécessairement durables, éternelles [2] ». Il y a des occasions, des choix :

> J'ai toujours parlé de semi-colonialisme, parce que notre sort n'a jamais été absolument tragique. Après tout, nous avons toujours eu la possibilité de muer, de nous transformer et de devenir Canadiens anglais... [...] Ce n'était pas un grand malheur après tout [3].

Pour exprimer cette libération du destin, Ferron ne va-t-il pas jusqu'à inverser le mouvement de la « découverte », faisant dire au chanoine Tourigny que les Batiscanais sont les « égaux des Malouins, capables de découvrir l'Europe et d'y planter la croix [4] » ?

Ferron effectue en effet le passage de la linéarité temporelle à l'étendue spatiale. Dans la logique de ce passage, le Québec ne saurait apparaître comme une continuité obligée de l'Europe. Dès lors, l'Europe de la culture québécoise ne peut être que parcellaire, morcelée, éclatée. Ferron reconstruit à partir des débris de l'histoire européenne. Sa France n'est jamais toute la France : c'est tantôt la France de Rabelais, tantôt celle de la Contre-Réforme, etc. Et pourtant ces parcelles sont importantes, car elles viennent à leur tour briser la continuité spatiale, créant à l'intérieur de l'espace québécois des enclaves par où se maintiennent les échanges entre le familier et l'étranger, le présent et le passé. L'enclave, écrit Ginette Michaud,

1. « La soumission des clercs », *Historiettes,* p. 17.
2. *Par la porte d'en arrière. Entretiens,* p. 139.
3. *Ibid.,* p. 125-126.
4. *Le Saint-Élias,* p. 33.

c'est une manière de petit système qui trace une frontière, une ligne précisément, entre le dehors et le dedans : ce système spatial ambigu de l'enclos — ou de l'enclave : elle est à l'intérieur, mais elle jouit en même temps des privilèges de l'extraterritorialité [1].

Pour ce qui est de la France, par exemple, Ferron avait le projet de « bâtir une bibliothèque de base dans laquelle je voyais, disait-il, des livres assez fondamentaux [2] » : *La géographie humaine* de Raoul Blanchard ; *L'homme et l'hiver* de Deffontaines, *L'échange* de Claudel, *Le Saint Genest* de Rotrou... Ces livres voisineraient avec *Le rêve de Kamalmouk* de Marius Barbeau. Ainsi morcelée, la bibliothèque française se trouverait inscrite dans la trame québécoise selon le principe de l'enclave. Le jardin du Bishop anglican de Québec et le boisé du Signor Petroni montrent qu'il en va de même pour l'Angleterre et l'Italie. Incluse de cette façon, l'Europe protège doublement l'espace québécois. D'une part, elle le libère de son poids d'Histoire. D'autre part, elle l'empêche de se reconstituer en totalité solide et lisse, pratiquant en lui des brèches.

À la fin de sa postface à la deuxième édition de *La Québécoite,* Régine Robin suggère que

> nous sommes en attente d'une grande littérature borgesienne ici. Car enfin, le Québec est par essence un pays borgesien, une fiction faite réalité improbable, un lieu postmoderne dont on ne peut jamais savoir s'il est une copie, un original, une version doublée d'un film qui n'existe pas, un labyrinthe impossible de contradictions entre son rapport au Canada, aux « Anglais », aux Amérindiens, à ceux qui parlent français et à ceux qui parlent anglais, aux Immigrants [3].

Elle poursuit en disant :

1. Ginette Michaud, « De Varsovie à Grande-Ligne : l'œuvre in extremis », *Littératures,* n° 9-10, 1992, p. 90-91.

2. *Par la porte d'en arrière. Entretiens,* p. 232.

3. Régine Robin, *La Québécoite,* postf. de Régine Robin (Montréal, Éditions de l'Hexagone, 1993 [© 1983]), p. 222-223.

Cette identité introuvable (heureusement !) ne serait-elle pas faite pour l'essentiel d'un effort inconscient qui vise perpétuellement à se trouver au bord de, sur le point de, sans jamais franchir le pas [1] ?

Je m'arrête, car l'expression « sans jamais franchir le pas » me ramène à Ferron qui me confiait dans ses entretiens : « quand j'ai voulu passer *Le Pas de Gamelin,* là j'ai connu un échec monumental. [...] Car je ne réussissais pas à entrer dans Gamelin — toujours la porte ! [2] » Or, pour Ferron, « Le Pas de Gamelin », c'était l'Œuvre avec un grand *Œ* : « C'est l'œuvre dont je rêvais [3]. » Or il se peut que si Ferron est « celui de qui la littérature québécoise moderne procède », c'est qu'il reste au seuil de l'Œuvre, comme au bord de l'Europe, même si le déluge de l'Atlantique sépare ce bord de l'autre.

## BIBLIOGRAPHIE

N.B. *Plusieurs des ouvrages mentionnés ici ont été réédités. Ils sont alors cités d'après l'édition la plus récente. Pour l'utilité du lecteur, nous indiquons entre crochets la date de leur publication initiale.*

AQUIN, Hubert. « Le joual-refuge », dans AQUIN, Hubert, *Blocs erratiques. Textes (1948-1977),* rassemblés et présentés par René LAPIERRE, Montréal, Quinze, 1977, p. 137-142. Initialement paru dans *Maintenant,* n° 134, mars 1974, p. 18-21.

1. Régine Robin, *La Québécoite,* p. 222-223.
2. *Par la porte d'en arrière. Entretiens,* p. 300.
3. *Ibid.,* p. 295. Ferron reprendra le projet de façon plus modeste, « avec prudence » (*Par la porte d'en arrière,* p. 296). Cela donnera *La conférence inachevée. Le pas de Gamelin et autres récits* (Montréal, VLB éditeur, 1987) « qu'il ne faut absolument pas confondre, avertit Patrick Poirier, avec *Le Pas de Gamelin* qui demeure en grande partie, une œuvre inédite, étrangère au public lecteur » (Patrick Poirier, « *Le pas de Gamelin.* Trois fragments inédits de Jacques Ferron », dans *L'autre Ferron,* p. 269). Comme l'indique le titre, qui reprend l'une des appellations qui désigna jusqu'à un passé récent le grand hôpital psychiatrique montréalais, *Le pas de Gamelin* devait porter sur la folie, l'un des grands lieux explorés par l'œuvre ferronienne.

BEAULIEU, Victor-Lévy. « Sur le sens prodigieux de la mémoire ferronienne », *Le Devoir,* 15 juin 1974, p. 16.

BEDNARSKI, Betty. *Autour de Ferron : littérature, traduction, altérité,* préf. de Jean-Marcel PAQUETTE, Toronto, Éditions du GREF, coll. Traduire, Écrire, Lire, n° 3, 1989, VII, 160 p.

—. « De l'anglicité chez Ferron : retours et prolongements », dans Ginette MICHAUD (s. la dir. de), avec la collab. de Patrick POIRIER, *L'autre Ferron,* Montréal, Fides-CÉTUQ, coll. Nouvelles études québécoises, 1995, p. 199-220.

BOSCO, Monique. *Babel-Opéra,* Laval, Trois, 1989, 97 p.

FERRON, Jacques. *Contes. Édition intégrale. Contes du pays incertain. Contes anglais. Contes inédits,* prés. de Victor-Lévy BEAULIEU, Montréal, Bibliothèque Québécoise, 1993 [© 1968], 304 p.

—. *Historiettes,* Montréal, Éditions du Jour, coll. Les romanciers du jour R-43, 184 p.

—. *Le ciel de Québec,* préf. de Luc GAUVREAU, éd. préparée par Pierre CANTIN, avec la collab. de Marie FERRON et Gaëtane VOYER, Montréal, Lanctôt éditeur, 1999 [© 1969], 496 p.

—. *L'amélanchier,* préf. de Gabrielle POULIN, éd. préparée par Pierre CANTIN, Marie FERRON, et Paul LEWIS, Montréal, VLB éditeur, coll. Courant, 1986 [© 1970], 208 p.

—. *Le Saint-Élias,* préf. de Pierre L'HÉRAULT, éd. préparée par Pierre CANTIN, Marie FERRON et Roger BLANCHETTE, Montréal, Éditions de l'Hexagone, coll. Typo, 1993 [©1972], 232 p.

—. *Du fond de mon arrière-cuisine,* Montréal, Éditions du Jour, coll. Les romanciers du jour, R-105, 1973, 292 p.

—. *Escarmouches. La longue passe,* t. 2, Montréal, Leméac, 1975, 226 p.

—. *La conférence inachevée. Le pas de Gamelin et autres récits,* préf. de Pierre VADEBONCŒUR, Montréal, VLB éditeur, 1987, 240 p.

—, et Pierre L'HÉRAULT, Pierre. *Par la porte d'en arrière. Entretiens,* avec la collab. de Patrick POIRIER et Marcel OLSCAMP, Montréal, Lanctôt éditeur, 1997, 320 p.

GODBOUT, Jacques, *Le sort de l'Amérique. Le synopsis,* Montréal, Boréal, 1997, 96 p. Synopsis du film de Jacques Godbout, *Le sort de l'Amérique,* avec René-Daniel DUBOIS et Philippe FALARDEAU, production de Éric MICHEL, Office National du Film du Canada, 1996.

GROULX, Lionel. *La naissance d'une race,* Montréal, Bibliothèque de l'Action française, 1919, 298 p.

HAREL, Simon. *Le voleur de parcours. Identité et cosmopolitisme dans la littérature québécoise contemporaine,* préf. de René MAJOR (Montréal, Le Préambule, 1989), 320 p.

L'HÉRAULT, Pierre. *Jacques Ferron, cartographe de l'imaginaire,* Montréal, Les Presses de l'Université de Montréal, coll. Lignes québécoises, 1980, 294 p.

—. « Ferron l'incertain : du même au mixte », dans Simon HAREL (s. la dir. de), *L'étranger dans tous ses états,* Montréal, XYZ, coll. Théorie et littérature, 1992, p. 39-51.

—. « Le pas des générations », *Littératures,* n° 9-10, 1992, numéro intitulé *Actes du colloque Présence de Jacques Ferron,* s. la dir. de Jean-Pierre DUQUETTE, Jane EVERETT et Marcel OLSCAMP, p. 220-237.

—. « Sauver l'enfant », dans Ginette MICHAUD (s. la dir. de), avec la collab. de Patrick POIRIER, *L'autre Ferron,* Montréal, Fides-CÉTUQ, coll. Nouvelles études québécoises, 1995, p. 89-116.

—. « Les Mythologies de Monique Bosco », dans Lucie LEQUIN et Maïr VERTHUY (s. la dir. de), *Multi-culture, multi-écriture. La voix migrante au féminin en France et au Canada,* Paris/Montréal, L'Harmattan, 1996, p. 59-71.

MICHAUD, Ginette. « De Varsovie à Grande-Ligne : l'œuvre in extremis », *Littératures,* n° 9-10, 1992, numéro intitulé *Actes du colloque Présence de Jacques Ferron,* s. la dir. de Jean-Pierre DUQUETTE, Jane EVERETT, Marcel OLSCAMP, p. 81-112.

—. « Lire à l'anglaise », dans Ginette MICHAUD (s. la dir. de) avec la collab. de Patrick POIRIER, *L'autre Ferron,* Montréal, Fides-CÉTUQ, coll. Nouvelles études québécoises, p. 137-197.

POIRIER, Patrick. « *Le Pas de Gamelin.* Trois fragments inédits de Jacques Ferron », dans Ginette MICHAUD (s. la dir. de) avec la collab. de Patrick POIRIER, *L'autre Ferron,* Montréal, Fides-CÉTUQ, coll. Nouvelles études québécoises, p. 267-312.

ROBIN, Régine. *La Québécoite,* postf. de Régine ROBIN, Montréal, Éditions de l'Hexagone, coll. Typo, 1993 [© 1983], 232 p.

RONFARD, Jean-Pierre. *Vie et mort du Roi Boiteux. Une épopée sanglante et grotesque en six pièces et un épilogue,* t. 1 et 2, prés. de Jean-Cléo GODIN et Pierre LAVOIE, Montréal, Leméac, 1981, coll. Théâtre, 100-101, 216 p. et 316 p.

WEINMANN, Heinz. *Du Canada au Québec, généalogie d'une histoire,* Montréal, Éditions de l'Hexagone, 1987, 477 p.

# POLOGNE IMAGINAIRE, POLOGNE IDENTITAIRE JACQUES FERRON ET LES ÉCRIVAINS POLONAIS [1]

**Betty Bednarski**

Jacques Ferron nous a laissé l'image d'un homme plutôt casanier, peu enclin à se déplacer, bougeant peu de son quartier, ne quittant que rarement son Québec natal. Cet écrivain si curieux de l'autre, des autres, grand voyageur par les livres (ce qui veut dire par l'imagination), n'a fait dans toute sa vie qu'un seul voyage réel en dehors du Canada. Et ce fut, en octobre 1973, à l'âge de cinquante-deux ans, pour se rendre de Montréal à Varsovie. Dans cet unique voyage, qui n'a duré qu'une semaine, le temps d'assister au congrès de l'Union mondiale des écrivains médecins qui se déroulait cette année-là dans la capitale polonaise, sous le signe de Copernic [2], Ginette

1. Présenté en avril 2001 au Colloque international des études canadiennes, à Toruń, paru dans Ewa Wełnic, Anna Branach Kallas et Jakub Wójcik (s. la dir. de), *Exploring Canadian Identities / Vers l'exploration des identités canadiennes* (Toruń [Pologne], Wydawnictwo Uniwersytetu Mikołaja Kopernika, 2002), p. 21-35, ce texte est reproduit ici avec l'aimable autorisation des Presses de l'Université de Toruń. Il reprend quelques éléments de la communication « Les lettres polonaises », présentée en septembre 2000 au colloque « Jacques Ferron : le palimpseste infini », et publiée dans Brigitte Faivre-Duboz et Patrick Poirier (s. la dir. de), *Jacques Ferron : le palimpseste infini. Actes du colloque international de Montréal* (Montréal, Lanctôt, 2002) p. 295-310. Les deux textes se recoupent et se complètent. Ils sont destinés à s'intégrer à une étude plus large portant sur le hors-Québec polonais de Ferron.

2. On célébrait alors à Varsovie, comme partout au pays, le 500$^{e}$ anniversaire de la naissance de Nicolas Copernic. Pendant son séjour, Ferron aura beaucoup entendu parler de ce citoyen de Toruń. Il remportera de Pologne, en guise de souvenir, une statuette de Copernic dont il fera une sorte de talisman. Il évoquera dans ses lettres et articles la révolution (« la mutation ») copernicienne et accordera même une importance quasi-littéraire à l'astronome (Shakespeare, prétend-il, aurait subi, par Montaigne, l'influence du grand Polonais, celui-ci se rapprochant par là même des « écrivains polonais » de mon titre). Voir Jacques Ferron, « Au congrès de l'Union mondiale des écrivains médecins à Varsovie

Michaud a reconnu un événement « d'une portée incommensurable » et pour l'homme et pour l'œuvre [1].

Le lecteur de Ferron sait depuis longtemps que pour cet écrivain québécois les explorations de cultures autres, et les représentations de celles-ci, sont autant de lieux de questionnement identitaire, que chez lui la québécité a tendance à se définir par pays, par peuples — par étrangers — interposés. On connaît l'altérité anglaise, indispensable, incontournable, l'Irlande salvatrice, l'amérindianité fondatrice. Il y a chez Ferron une Pologne imaginaire, tout aussi nécessaire, tout aussi significative. Cette Pologne-là est déjà assez bien balisée par la critique (par Ginette Michaud et Patrick Poirier en particulier [2]), mais dans le contexte d'un congrès polonais axé sur l'identité, il m'a semblé important d'y revenir. J'en rappellerai, brièvement, la fonction identitaire, abordant ensuite un aspect jusqu'ici peu étudié : celui des lectures polonaises de Ferron, de sa réception de quelques-uns des plus grands écrivains de ce pays. Et pour ce faire, j'aurai recours à un petit nombre de textes publics ayant trait à la Pologne (articles, reportages, lettres aux journaux, historiettes...), ainsi qu'à la correspondance privée, restée pour la plupart inédite, mais dont quelques éléments ont déjà été rendus plus ou moins publics. Parmi les récepteurs de « lettres polonaises » que j'ai pu identifier : John Grube, Ray Ellenwood, Jean-Marcel Paquette, moi-même, et mon mari [3].

– octobre 1973: sur le thème "Le médecin et la paix" », *L'information médicale et paramédicale,* vol. XXVI, n° 2, 4 déc. 1973, p. 21.

1. Ginette Michaud, « De Varsovie à Grande Ligne : l'œuvre *in extremis* », *Littératures,* n° 9-10, 1992, numéro intitulé *Actes du colloque Présence de Jacques Ferron* (s. la dir.de Jean-Pierre Duquette, Jane Everett et Marcel Olscamp), p. 101.

2. Voir respectivement Ginette Michaud, « De Varsovie à Grande Ligne... » et Patrick Poirier, « *Le pas de Gamelin* : vers une poétique du désastre », dans Ginette Michaud (s. la dir. de), avec la collab. de Patrick Poirier, *L'autre Ferron* (Montréal, Fides-CÉTUQ, coll. Nouvelles études québécoises, 1995), p. 221-263.

3. Dans le cas des lettres inédites de Ferron à Ray Ellenwood, Jean-Marcel Paquette, Betty Bednarski et Leszek Bednarski, le nom de l'auteur et celui du destinataire (JF à RE, JMP, BB, LB respectivement), ainsi que la date, seront indiqués entre parenthèses dans le

Dans mon propre cas, les lettres où il est question de la Pologne ou des Polonais (ou de l'histoire, de la culture, de la littérature polonaises) sont réparties assez régulièrement sur les seize ans qu'a duré notre correspondance, soit de 1969 à 1985 [1].

## Pologne imaginaire, Pologne identitaire

Dès 1969 — bien avant le voyage d'octobre 1973 — on peut noter dans la correspondance de Ferron la présence d'une sorte de « Pologne déjà-là », et surtout d'une réceptivité, d'une immense curiosité à l'égard de ce pays. A partir de ce « déjà-là » se construira au fil des années, au gré de lectures et de « oui-dire », de hasards et de rencontres fortuites, une Pologne plus riche, plus dense, aux contours mieux dessinés. En 1973, après son retour, il me parlera de « la Pologne qui mijote dans [s]a marmite » (JF à BB, 13.10.73). Cette Pologne se nourrira de recherches attentives. L'écrivain lui-même reconnaîtra volontiers les limites de sa vision et éprouvera le besoin de se documenter. « En somme, m'écrira-t-il dans une de ses premières lettres, une douzaine ou deux de Polonais m'ont fait perdre de vue la Pologne. » (JF à BB, 26.08.69) Revenu de son voyage, il affirmera à un autre correspondant son intention d'approfondir ses connaissances : « Et surtout je me vois dans l'obligation de faire des lectures pour savoir quel au juste est ce curieux pays. [...] J'ai l'impresssion que j'ai du travail pour un an ou deux. Après quoi je retournerai peut-être à Varsovie. » (JF à JMP, 19.10.73)

---

texte. Je remercie Ray Ellenwood et Jean-Marcel Paquette de m'avoir accordé l'autorisation de citer leurs lettres, déposées dans le Fonds Jacques-Ferron de Bibliothèque et Archives nationales du Québec. Quant aux lettres à John Grube, la référence entre parenthèses renverra au livre *Une amitié bien particulière : lettres de Jacques Ferron à John Grube,* suivi d'« Octobre en question », de Georges Langlois (Montréal, Éditions du Boréal, 1990).

1. Il y a une plus forte concentration de références au début, soit entre 1969 et 1971, ensuite entre 1973 et 1975, c'est-à-dire la période qui comporte l'année du voyage de Ferron en Pologne et les deux années qui le suivent ; puis vers 1980 et 1981, période de la Solidarność (et de la loi martiale), où j'ai moi-même fait un séjour en Pologne avec ma famille ; et enfin, une dernière référence en 1984, la dernière année de sa vie.

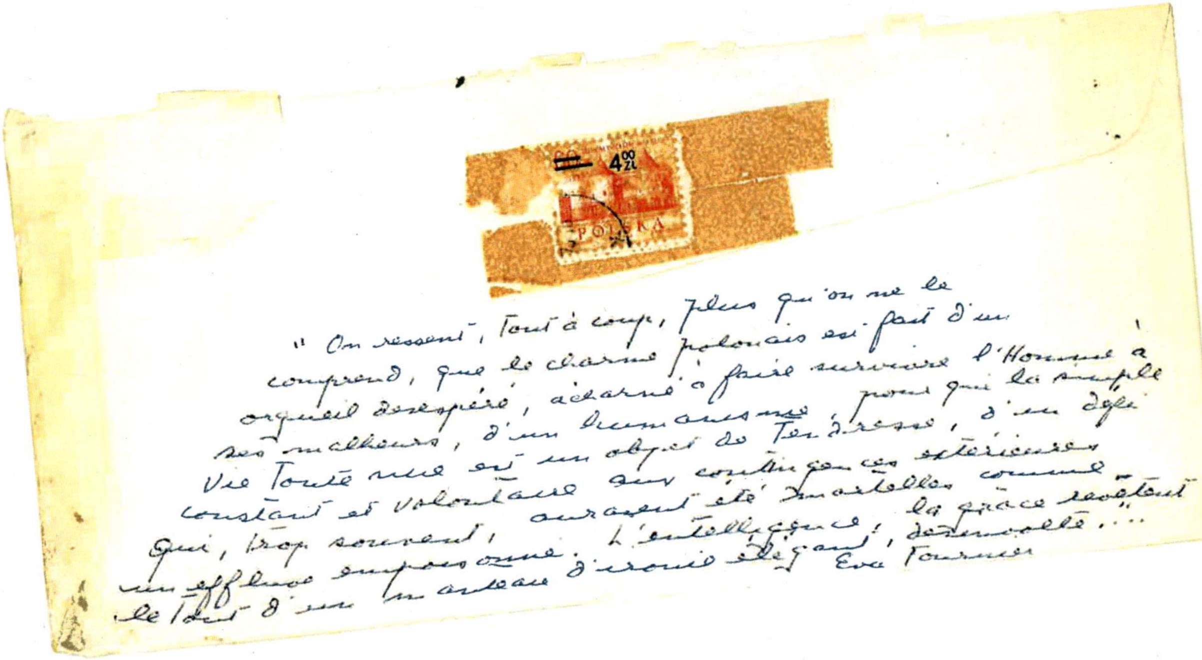

Enveloppe d'une lettre envoyée par Ferron à Betty Bednarski (cachet de la poste : 2 IX 1973). Timbre polonais collé au verso, avec une citation de la main de Ferron, recopiée du livre d'Éva Fournier, *Pologne* (Paris, Éditions du Seuil, coll. Petite Planète, 1967).

Si la Pologne imaginaire ne commence ni ne finit avec le voyage, c'est néanmoins à partir du voyage qu'elle prendra toute son importance pour Ferron. En septembre 1973, annonçant son départ, il écrira à plusieurs correspondants qu'il ne pouvait quitter le Canada (à moi il dira « le Québec ») que par la Pologne (JF à BB, 02.09.73 ; JF à JMP, 18.09.73), signalant ainsi l'impossibilité de se définir sans sortir de soi, sans se référer à un autre — ici un autre bien précis, un autre bien *autre,* mais avec lequel il se sent d'importantes affinités. La Pologne, pour lui, serait un pays fraternel, la deuxième « sœur » du Québec, après l'Irlande, qu'elle finira même par remplacer dans l'imaginaire de l'écrivain [1]. Croyant suivre les traces de son compatriote François-Xavier Garneau, qui avait connu la Pologne de l'exil en 1832 et 1833 à Londres [2], Ferron écrira, avant de partir, ces phrases émouvantes à un correspondant torontois, John Grube : « La Pologne déjà m'enchante, pays fou, ingouvernable, et si longtemps incertain. Pays fraternel pour l'historien Garneau. Pour moi, à présent qu'il semble assuré de sa pérennité, un pays maternel, immense pour le mien [3]. » N'est-ce pas dire qu'avant même d'aller en Pologne, il savait déjà ce qu'il y cherchait ? Il affirmera aussi à Jean-Marcel Paquette, peu après son retour : « On finira par se rendre compte que je ne suis pas allé en Pologne pour la Pologne. » (JF à JMP, 04.11.73) Pouvait-il dire mieux « l'usage » qu'il comptait en faire, qu'il en faisait ?

Ferron est revenu de Varsovie avec dans ses bagages une matière expérientielle intense, plus ou moins bien assimilée, et dont il tentera de rendre compte — à son lecteur, à lui-même — pendant plus d'une décennie [4].

1. Ginette Michaud, « De Varsovie à Grande Ligne... », p. 98.

2. Il faut lire à ce propos l'article de Jerzy Parvi, « Polonica Kanadyjsko-Francuskie », dans *Kwartalnik Neofilologiczny,* vol. XXXI, n° 2 , 1984, p. 173-176, et celui de Paul Wyczynski, « François-Xavier Garneau et la Pologne », dans *Mélanges d'histoire du Canada français offerts au professeur Marcel Trudel,* Cahiers du Centre de recherche en civilisation canadienne-française, 14 ( 1978), p. 237-249.

3. Jacques Ferron, *Une amitié bien particulière...,* p. 72. Il s'agit de la lettre du 1er septembre 1973. La date du 1er novembre donnée par les éditeurs est erronée.

4. Ginette Michaud, « De Varsovie à Grande Ligne... », p. 101.

Cette matière expérientielle, il l'appelle son « Québec Polski [1] » (JF à BB, 13.10.73). « Québec Polski », c'est le titre d'un article paru dans *Le Devoir* peu après son retour [2], et cette expression étonnante, cette association si révélatrice d'une identification profonde, reviendra à plusieurs reprises dans la correspondance, où on lira aussi (et c'est dans une lettre à Jean-Marcel Paquette) cette affirmation : « Je suis devenu Québécois-Pol[ski] » (JF à JMP, 26.[10].73) [3], affirmation qui ajoute à l'identification nationale une dimension toute personnelle. Cette dimension — que j'ai appelée ailleurs « Pologne intime [4] » — se retrouve dans les lettres qu'il m'a adressées. En 1975, par exemple, il m'écrira ceci : « La Pologne m'émerveille trop pour que je sois tout à fait polonais » (JF à BB, 25.03.75) — sous-entendu : Je le suis un peu, peut-être même beaucoup. Polonais, il le deviendra quelques mois plus tard, lorsqu'il m'écrira du Montreal General Hospital, en proie à une grave crise : « Comme un Polonais ganté, prisonnier des cosaques — c'est la deuxième fois que cela m'arrive » (JF à BB, 21.01.76). Dans cette phrase où s'opère déjà la transposition fictive, le moi se voit en Polonais. Moi polonais... Moi en danger... Pologne on ne peut plus intime...

De cette Pologne, Ferron parlera en des termes tantôt euphoriques, tantôt dysphoriques. « [C]'est un merveilleux pays », m'écrira-t-il (JF à BB, [oct.] 1973). Et dans une autre lettre : « Si je quittais le Québec, je crois que j'irais vivre en Pologne. Si vous saviez comme je suis content d'avoir été à Varsovie ! » (JF à BB, 23.07.74) Et enfin ceci : « J'ai passé à Konstancin [près de Varsovie] les plus belles heures de ma vie. » (JF à BB, 11.12.73) Mais dans cette même correspondance, il me parlera de « [c]e pays si troublant » (JF à BB, 03.10.81), dira aussi : « Ce n'est pas un pays où j'ai trouvé mon aise » (JF

1. Dans cette lettre, et dans d'autres lettres privées, Ferron lui-même écrit « Polinski ». Je rectifie.

2. Jacques Ferron, « Québec Polski », *Le Devoir*, 10 nov. 1973, p. 27.

3. Ici, comme ailleurs, Ferron écrit « Polinski ». Je rectifie.

4. Betty Bednarski, « Les lettres polonaises », dans *Jacques Ferron : le palimpseste infini*, p. 299.

à BB, 12.02.81). Si la Pologne trouble, c'est parce que, aux yeux de Ferron, ce pays « accompli » (JF à JMP, 26.[10].73), qui a su durer, reste quelque part vulnérable, malgré l'optimisme qu'il inspire et l'admiration qu'il suscite. Dans le reportage que Ferron publie en 1973 dans *L'information médicale et paramédicale,* Varsovie paraît « fragile comme tout », et au dessus de la ville, dans le ciel d'automne, passent des corneilles, « venues d'Allemagne ou de Russie [1] ». Plus tard, devenus « freux », ces mêmes oiseaux inquiéteront profondément, incarnant la menace qui pèse et sur le pays et sur le voyageur-sujet [2]. Car le voyageur lui-même est vulnérable. Le trouble est aussi en lui.

De retour à Montréal, Ferron écrira à Jean-Marcel Paquette : « J'ai du mal à revenir du printemps d'octobre de Varsovie »(JF à JMP, 26.[10].73). Ce difficile retour (Ginette Michaud parlera de « non retour [3] »), on peut le mettre sur le compte à la fois de l'admiration idéalisante, euphorique, et d'un mal-vivre, d'une difficulté d'être, d'une dysphorie déjà en lui, mais accusée par l'épreuve de l'étranger. « À Varsovie, écrit-il, dans un de ses textes publics, le Québec ne m'a pas impressionné beaucoup [4]. » (Aux congressistes de l'Europe de l'Est, curieux surtout des États-Unis, le Québec aurait paru comme une « nuisance intellectuelle » et la liberté dont il jouissait — liberté de tout dire, tout écrire — comme une liberté futile, infantile.) Et la critique de voir dans cet aveu le signe d'un découragement, d'une diminution du sujet québécois, due en partie à la « non-reconnaissance par

1. Jacques Ferron, « Le chant de la sirène », *L'information médicale et paramédicale,* vol. XXVI, nº 3, 18 déc. 1973, p. 36.

2. Jacques Ferron, « L'exécution de Maski », dans *Rosaire* précédé de *L'exécution de Maski* (Montréal, VLB éditeur, 1981), p. 19-20, 28. Dans ce texte de 1981, les freux vaguement sinistres seront associés à Cracovie. Maski, le double fictif, dira : « Cracovie, c'est une idée que je me suis mise dans la tête. Moins une idée qu'un mot pour les associer à quelque chose » (p. 19). Serait-ce parce que dans le nom de cette ville — dans ce « mot » — il entend leur cri ?

3. Ginette Michaud, « De Varsovie à Grande Ligne... », p. 100.

4. Jacques Ferron, « Un enfirouâpé, pas d'enfirouâpète », dans *Escarmouches, la longue passe,* t. 2 (Montréal, Leméac, 1975), p. 220.

l'autre [1] ». Mais c'est sans doute à la longue l'euphorie même de ce rapport qui s'avère destructrice, l'admiration excessive impliquant soumission, infériorisation du sujet. Quoi qu'il en soit, plus le temps passe, et plus la Pologne sera travaillée intérieurement, littérairement, plus les connotations seront dysphoriques.

Chose étrange, la Pologne n'aura pas connu chez Ferron une élaboration littéraire très riche [2]. C'est du moins le cas des textes publiés (on connaît surtout le « mourir à Varsovie » de *L'exécution de Maski,* texte mi-fictif, mi-autobiographique, qui raconte un suicide manqué [3]). Il en va tout autrement de l'inédit. Les études portant sur le manuscrit inachevé du *Pas de Gamelin* font état d'épisodes polonais d'une grande intensité, et c'est sans doute dans ce « livre fou », vaste œuvre inédite, frappée de désastre et d'échec [4], que la Pologne était destinée à prendre sa forme littéraire la plus achevée. Ne serait-ce que par l'inachèvement auquel elle est associée, cette Pologne aura eu des retombées plutôt tragiques au niveau de l'œuvre.

Je n'analyserai pas ici l'expression littéraire de la Pologne, restée surtout dans les parties obscures, encore informes de l'œuvre. Mais je m'en voudrais de ne pas attirer l'attention sur un détail qui semble avoir échappé à la critique et qui ne manquera pas de frapper l'oreille — ou l'œil — du récepteur polonais.

Dans le nom du personnage récurrent, obsédant, des derniers textes de Ferron, dans le nom du double encombrant, épuisant, épuisé, je trouve le signe le plus sûr de l'intégration profonde — et littéraire — de la polonité. Car dans le nom de Maski (personnage qui revient dans *Gaspé Mattempa,*

1. Ginette Michaud, « De Varsovie à Grande Ligne... », p. 101.

2. Cf. *Id., ibid.,* p. 86.

3. « Et puis quel choix fastueux ! Mourir à Varsovie quand Varsovie achève de sortir de ses ruines et propose à Dieu, avec le miel de la saison, l'hélianthe bleu de sa résurrection ! Quelle apothéose ! » (*Rosaire* précédé de *L'exécution de Maski,* p. 14-15).

4. Sur ce manuscrit, déposé dans le Fonds Jacques-Ferron de Bibliothèque et Archives nationales du Québec, voir Patrick Poirier, « *Le pas de Gamelin* : vers une poétique du désastre », dans *L'autre Ferron,* p. 221-263.

*L'exécution de Maski* et le manuscrit du *Pas de Gamelin*) — avec les deux premières syllabes du comté de Maskinongé, pays de l'enfance, à la fois maternel et paternel ; avec le nom d'une eau minérale de source locale à l'exploitation de laquelle le père, celui de la plus Haute Autorité et de l'échec, aurait été financièrement associé et dont les producteurs auraient fait faillite ; avec « masque » de l'identité multiple, « qui ? » interrogatif, « masc » masculin, « ma » féminin, « ma... » maternel, éternellement suspendu — s'entend aussi le « ski » quasi-générique du patronyme polonais. Dans Maski, douloureux condensé d'éléments en équilibre instable, il y a un moi « polski ».

## Les écrivains polonais

La confrontation avec les cultures autres se fait rarement chez Ferron sans la confrontation avec leur littérature [1]. La Pologne ne fait pas exception. Le Ferron lecteur des autres est actif à Varsovie.

### *Tadeusz Konwicki*

Recevant dès son arrivée un exemplaire de *L'ascension* du romancier contemporain Tadeusz Konwicki, des mains du traducteur Georges Lisowski lui-même [2], Ferron en fera son « guide Michelin » de Varsovie (JF à BB, 24.09.74; JF à RE, 14.01.75). Dans « Québec Polski » il écrit :

1. Pour une analyse des lectures anglaises, françaises et européennes de Ferron, voir Ginette Michaud, « Lire à l'anglaise », dans *L'autre Ferron,* p. 137-197, repris dans *Ferron post-scriptum* (Montréal, Lanctôt éditeur, 2005), p. 119-178 ; et Pierre L'Hérault, « L'Europe sous le regard oblique de Ferron », dans Jean-Paul Dufiet et Alessandra Ferraro (s. la dir. de), *L'Europe de la culture québécoise, Actes du colloque du 28-29 mai 1999* (Udine [Italie], Universitá degli studi di Udine, Forum, 2000), p. 19-35. L'article de L'Hérault est repris ci-dessus, p. 247-270. Dans « L'espace mythique du Ciel de Québec : confluence et métissage », *Jacques Ferron : le palimpseste infini,* p. 313-330, ce dernier a également mis en lumière le sous-texte amérindien de l'œuvre, révélant un Ferron lecteur de l'ethnographe Marius Barbeau, dont les écrits véhiculent un important fonds d'oralité.

2. Tadeusz Konwicki, *L'ascension,* trad. du polonais par Georges Lisowski (Paris, Gallimard, 1971).

> C'est l'histoire d'un type tout à fait dépaysé — et Dieu sait que je l'étais — qui erre autour du Palais de la Culture, don de Staline à Varsovie [...]. J'ai dîné à l'hôtel Métropole, je suis allé à la messe dans la petite basilique de la place des Trois-Croix, suivant avec précision l'itinéraire du héros de Konwicki [1].

Pour Ferron, le contact avec Varsovie — à vrai dire, contact très restreint, à peine quelques rues — est dès le départ un contact filtré par la littérature. Il découvrira Varsovie à travers l'œuvre de Konwicki. L'on notera aussi que la première identification qui se fait est celle entre Ferron et le héros de Konwicki, entre lui-même donc et un personnage fictif : « C'est l'histoire d'un type tout à fait dépaysé et Dieu sait que *je* l'étais [...] » (c'est moi qui souligne). Mais un autre rapprochement se fera, dont Ferron parlera plus tard, et à ma connaissance uniquement dans la correspondance privée. Il s'étonnera de la ressemblance entre *L'ascension* et son propre roman *La charrette*, publié en 1968, ressemblance dont Józef Kwaterko a déjà fait état dans une étude importante intitulée « Espace urbain, espace mnémonique : le retour identitaire chez Jacques Ferron et Tadeusz Konwicki [2] ». S'étonnant donc lui-même de cette ressemblance [3], Ferron enverra un exemplaire de son roman au traducteur Lisowski, et ce n'est qu'une fois la confirmation de la ressemblance reçue qu'il en fera part à ses correspondants, m'en parlant à plusieurs reprises dans ses lettres, m'écrivant, entre autres, ceci :

> Lisowski a signalé une certaine parenté entre *l'Ascension* de Tadeusz Konwicki et *la Charrette* (ce qui n'implique pas comparaison) et cela m'a causé le plus grand plaisir, un plaisir où il n'y avait guère de vanité. Et je me

1. *Le Devoir*, 10 nov. 1973, p.27.

2. Józef Kwaterko, « Espace urbain, espace mnémonique : le retour identitaire chez Jacques Ferron et Tadeusz Konwicki », *Études littéraires*, vol. XXXIII, nº 3, hiv. 1990-1991, numéro intitulé *Jacques Ferron en exotopie*, s. la dir. de Jean-Marcel Paquette, p. 57-68.

3. Ferron ne dira jamais en quoi consiste selon lui cette ressemblance. Pour Kwaterko, il s'agirait de « l'errance urbaine », qui figure chez les deux auteurs une crise identitaire, retraçant « un circuit involutif (de la Cité vers soi) » (art. cit. ci-dessus, p. 57).

> suis senti honoré et, en même temps, fier de mon coup, car enfin il me semble que d'une manière très concertée je ne joue l'Europe que sur une carte. (JF à BB, 25.03.75)

Autrement dit : J'ai tout misé sur la Pologne... en en faisant mon *autre* de prédilection. Cette parenté avec un écrivain polonais me ravit. Cette reconnaissance par l'autre me comble.

*Les traducteurs*

Dans l'article « Québec Polski », le nom de Konwicki est associé par Ferron au phénomène de la traduction littéraire. L'itinéraire littéraire de Varsovie lui fera penser à l'itinéraire dublinois des amateurs de Joyce. Mais *Ulysse,* dira-t-il, est écrit en anglais, alors que le roman de Konwicki est écrit en polonais. Et entre la Pologne et l'Irlande, « cela fait toute la différence du monde [1] », l'Irlande n'ayant pas réussi à faire de sa langue vernaculaire, le gaélique, « une langue de civilisation », tandis que les Polonais, grâce à leurs traducteurs, peuvent lire en polonais « tout ce qui s'écrit de bien dans le monde [2] ». La véritable découverte littéraire du voyage aura été, je crois, celle des traducteurs littéraires, que je poserai donc — et que Ferron posera — à égalité avec les créateurs [3]. À Varsovie, il fréquentera son ami Georges Lisowski, qui traduit du polonais vers le français et du français vers le polonais. Il se liera au congrès avec le traducteur de Rimbaud, un certain docteur Kolankowski. La traduction sera même à l'ordre du jour du congrès... À Konstancin, les délégués assisteront à l'inauguration d'un pavillon de pédia-

1. Jacques Ferron, « Au congrès de l'Union mondiale des écrivains médecins... », *L'information médicale et paramédicale,* vol. XXVI, nº 2, 4 déc. 1973, p. 21.

2. « Québec Polski », *Le Devoir,* 10 nov. 1973, p. 27. La même idée est reprise dans « Sto lat ! », *Escarmouches, la longue passe,* t. 1, p. 212, et dans « Impressions de Pologne » (*Les lettres aux journaux,* colligées et annotées par Pierre Cantin, Marie Ferron et Paul Lewis, préf. de Robert Millet [Montréal, VLB éditeur, 1985], p. 385), ainsi que dans la correspondance privée (JF à BB, 13.10.73 ; JF à JMP, 26.[10].73).

3. Ginette Michaud, « De Varsovie à Grande Ligne... », p. 100.

trie dédié à la mémoire de Tadeusz Żeleński, dit Boy, médecin écrivain, grand traducteur aussi [1]. La documentation que reçoivent les congressistes contient une courte biographie de Boy, où il est rappelé, entre autres, que celui-ci avait traduit en polonais plus de cent volumes de littérature française — de Villon à Proust.

Ferron n'a probablement pas été en contact direct avec les textes de Boy, mais il aura beaucoup entendu parler de lui. Dans « Québec Polski » et d'autres textes publics, comme dans sa correspondance privée, il reprendra son idée de la fonction de la traduction, du « devoir » des traducteurs littéraires, grâce à qui le « salut de l'Irlande » (et là il faut lire non seulement l'indépendance politique mais la « pérennité »), ce « salut » se sera accompli, non pas en Irlande même, mais en Pologne. A son retour il rapportera une conversation entre lui-même et Georges Lisowski, dont voici un extrait (Lisowski parlerait au nom de tous les traducteurs littéraires polonais) :

> L'œuvre de Boy-Żeleński vous a sans doute donné idée de notre devoir envers la Pologne — lui donner une langue de civilisation qui mette la sagesse des nations à la portée de tout adolescent dans chaque village, dans chaque maison de notre pays.
> – Ce que l'Irlande n'a pas réussi.
> – Trop pauvre, trop peu populeuse. (« Québec Polski »)

Dès lors, Ferron reportera tout son espoir sur la Pologne, car des trois pays fraternels — Pologne, Irlande, Québec — seule la Pologne serait, selon lui, assurée de sa pérennité (JF à BB, 13.10.73). Et si les traducteurs — Żeleński, Lisowski, Kolankowski — ont droit de cité dans mon bref résumé de la « Pologne littéraire » de Ferron, c'est que Ferron lui-même leur reconnaît un rôle de toute première importance dans la formation des identités nationales, et que de l'exemple polonais il tire des conclusions pour le

1. Voir « Québec Polski ». Sur Konstancin, voir aussi *Les lettres aux journaux*, p. 392-395 (cette lettre, « Docteur Gingrass », publiée dans *L'information médicale et paramédicale*, vol. XXVI, n° 7, 19 févr. 1974, p. 1, 3, a été reprise dans *Escarmouches*, t. 1, p. 361-364).

Québec. Car si le « salut de l'Irlande » que la Pologne a réussi a des chances de se répéter au Québec, c'est, croit-il, en partie à cause de la langue de civilisation que le Québec possède déjà :

> Les trois pays frères de François-Xavier Gameau n'avaient pour toute ressemblance que l'asservissement national. Avec la perte de l'Irlande, il n'en reste que deux : la Pologne qui par le nombre et le courage a survécu aux pires souffrances et s'est donnée *[sic]* une langue de civilisation, et le Québec, peu nombreux, qui n'a jamais connu de grands malheurs. Seul il n'aurait aucune chance de survivre. Il possède une langue de civilisation, c'est son salut. (« Québec Polski »)

Et à ceux qui voudraient proposer le joual (ou toute autre forme du vernaculaire) comme langue nationale des Québécois, il lance ce défi : « Très bien [...] mais [...] cette langue vernaculaire que vous voulez inventer, allez-vous la transformer ensuite en langue de civilisation, refaire sa bibliothèque, traduire en ce québécois illusoire même les auteurs français ? [1] »

*Witold Gombrowicz*

La Pologne littéraire de Ferron ne commence pas avec le voyage. Dans le cas de Gombrowicz, les lectures avaient commencé bien avant et continueront bien après. Comme Konwicki, Gombrowicz ne mérite à ma connaissance qu'une seule mention dans un texte public, mais entre 1971 et 1975 son nom reviendra souvent dans la correspondance privée, surtout dans celle que j'ai eue — et que mon mari a eue — avec Ferron (j'ai compté dans cette correspondance une douzaine de lettres où il est question de lui). Dans le reportage qu'il publie sur le congrès de Varsovie, Ferron commentera l'œuvre de Gombrowicz, mais en prétendant rapporter le discours d'un certain docteur Kapuściński, « ophtalmologue renommé » (je dis « en prétendant », car avec Ferron, qui a pu très bien mettre son propre jugement dans la bouche de son

1. « Au congrès de l'Union mondiale des écrivains médecins... », *L'information médicale et paramédicale,* vol. XXVI, n° 2, 4 déc. 1973, p. 21.

interlocuteur, on ne sait jamais... ). Voici ce que penserait Kapuściński : « Il le trouve original, mais parfois présomptueux, un peu trop imbu de lui-même. » Et Ferron d'apprendre à son tour au Polonais que « la compagne de Gombrowicz était Québécoise ». « Je crois, ajoute-t-il, que tous ses inédits sont à Québec et qu'on y prépare des ouvrages sur lui [1]. » Ce qui frappe dans cette bribe de conversation rapportée, c'est l'équilibre, le ton neutre, une certaine distance gardée, même si l'allusion à la compagne québécoise trahit le désir d'« apprivoiser » l'écrivain polonais, de l'« enquébecquoiser ». Dans la correspondance privée, par contre, Ferron fait tout sauf « garder ses distances »...

Nulle part le moi de Ferron n'aura été plus profondément engagé que dans les parties de notre correspondance où il est question de Gombrowicz, géant troublant, déconcertant, excessif, dont il connaît dès 1970 *Opérette,* puis en 1971 *Entretiens avec Dominique de Roux,* le *Journal Paris-Berlin* et le *Journal 1953-1956,* et enfin, en 1975, *Sur Dante.* Tous ces livres, sauf le *Journal 1953-1956,* reçu de sa sœur Marcelle, lui ont été envoyés par mon mari polonais, grand lecteur d'auteurs polonais, toujours désireux de partager ses lectures avec autrui ; ce qui explique le fait que nous ayons reçu de Ferron trois fois plus de lettres sur Gombrowicz que sur Konwicki.

Ferron aura du mal à lire Gombrowicz. Cet écrivain lui donnera dès le début du fil à retordre, lui paraîtra un véritable « casse-tête» (JF à BB, 19.09.71). Il parlera du « phénomène », du « problème nommé Gombrowicz » (JF à LB, 07.10.71), du « monstre » (JF à BB, 25.03.75), de « l'énergumène » (JF à RE, 04.10.75), de « l'affreux bonhomme » dont mon mari se serait « entiché » (JF à LB, 07.10.71). Il l'appellera parfois, familièrement, « Gombro » — et au plus haut de la dérision, « Grombovitche » (« Son nom doit s'écrire autrement, dira-t-il dans une lettre à Ray Ellenwood, avec 4 ou 5 consonnes de plus » [JF à RE, 04.10.75]).

Ferron abordera ce Polonais avec suspicion. Il m'annonce, dès le départ, « tout ce qu'[il fera] pour ne pas l'aimer » (JF à BB, 17.09.71). « Un Polonais maître à penser ! Cela me paraît une invraisemblance », m'écrira-t-il,

1. « Au congrès de l'Union mondiale des écrivains médecins... ».

et : « [C]'est une autre incongruité de Gombrowicz que d'écrire en polonais. Conrad s'en est bien gardé » (JF à BB, [juillet] 1971). C'était en 1971, bien avant sa « découverte » du polonais, langue de civilisation. Mais il enviera déjà à Gombrowicz la langue qui le marque « définitivement » et « l'Internationale » polonaise qui lui assure sa renommée, donnant en même temps à la Pologne un gage de survie que le Québec n'aura jamais. « C'est un avantage que je vous envie [...] », écrira-t-il à mon mari à propos de la langue polonaise que celui-ci partage avec Gombrowicz, « un peu comme j'aurais aimé être nègre ». Et il ajoute : « Voilà une phrase qu'en temps normal je n'aurais jamais osé dire à un Polonais, mais après Gombrowicz... » (JF à LB, 07.10.71)[1].

Ferron tentera bien une récupération franchement québécoise de Gombrowicz. Il note avec un plaisir évident que par les liens du mariage celui-ci est « presque des nôtres », sa femme, Rita Labrosse, l'ayant « coiffé du drapeau québécois » (JF à BB, 20.09.71), et « débauché définitivement » (JF à LB, 07.10.71). Mais l'écrivain polonais lui restera malgré tout « étranger » :

> [L]e plus souvent il m'est resté étranger, ce dont j'ai pris entièrement conscience au début du *Journal Paris-Berlin* lorsqu'on le voit au milieu de la tempête sans avoir le mal de mer, heureux comme un grand diable de rentrer en Europe. (JF à BB, 19.09.71)

1. Dans cette association de la négritude et de la polonitude, il faut voir, je crois, plus que la métaphore de la langue marquante. On sait le lien historique qui rapproche la Pologne de la république haïtienne, et Haïti en 1971 est depuis longtemps un lieu privilégiée de l'imaginaire ferronien où prennent forme ses premières fictions. L'écrivain tenterait-il — inconsciemment peut-être — de « récupérer » Gombrowicz (et avec lui la polonitude problématique), en le ramenant à un espace imaginaire déjà signifiant pour lui ? Le rapprochement Pologne-négritude que je postule trouvera une expression littéraire bien plus tard dans *L'exécution de Maski,* dans la scène hallucinatoire où surgit dans la mémoire de Maski un « fils d'Ogou-Ferraille » en battle dress, « vociférant » dans une rue de Varsovie, « mais seul à présent car personne ne voulait l'entendre ». À travers la référence à ce dieu de la guerre, s'opère l'intégration de la négritude et de la polonitude —l'ultime identification aussi, ce fils d'Ogou-*Ferr*-aille renvoyant à Maski/*Ferr*-on l'image de son propre moi en désarroi. Voir *Rosaire* précédé de *L'exécution de Maski,* p. 27-28.

Ferron entretient lui-même un rapport complexe à l'Europe [1]. Reprocherait-il à Gombrowicz d'avoir tourné le dos à l'Amérique ? Dans le retour triomphal d'Argentine verrait-il un refus de l'américanité ? « L'Argentine n'est pas épanouie culturellement », admettra-t-il dans une lettre à mon mari. « Il était assez normal que Gombro [...] rentre en Europe à la première occasion. » (JF à LB, 19.10.71) Mais il dira préférer à Gombrowicz l'Argentin Borges (JF à BB, 19.09.71), et dans cette préférence il est permis, je crois, de voir une solidarité. Confronté à Gombrowicz, Ferron aura eu tendance à se poser comme un écrivain des Amériques.

Il admirera Gombrowicz, certes : « Dans son journal, c'est merveille de voir comme il tranche de tout, et souvent assez bien. Ce que je lui accorde le plus volontiers, c'est un orgueil assez remarquable, sans doute excellent pour l'homme seul de la civilisation pétrolière » (JF à LB, 07.10.71) ; et : « Voici pourquoi il commence à me plaire [...]. *C'est parce qu'il se jette à l'eau* [2] et parle de tout comme s'il était de la dernière instance. Or, qu'y a-t-il au-dessus du cerveau individuel ? Il n'y a rien. Et il bataille pour faire face au monde entier. » (JF à LB 19.10.71) Il l'admirera donc, tout en lui résistant : « Mais mon Dieu ! il me semble présomptueux, parfois même ignorant. » (JF à LB, 07.10.71) Il se soumettra par moments : « Malgré mon hostilité, je commence à [y] trouver quelques plaisirs » (JF à BB, 17.09.71) et se refusera aussitôt après : « Je ne suis pas encore à aimer Gombrowicz. » (JF à LB, 07.10.71) Il s'étonnera lui-même de ses résistances, m'écrivant à ce propos en 1971 : « Mon Dieu, je me demande si je ne serais pas un peu fou ! » (JF à BB, 17.09.71) (Et de ce « fou » — qu'il ne faudrait surtout pas prendre à la légère — il y aurait long à dire. Ce mot seul suffirait à marquer la gravité de l'enjeu ici...) « [Cet écrivain] m'agace, m'écrit Ferron, il me dérange », « il me trouble » (JF à BB, 19.09.71). Il y a lutte. « [U]n jour ou l'autre je me rendrai » (JF à BB, 25.03.75), affirme-t-il. Mais cette lutte a tout d'un véritable corps à corps avec lui-même.

---

1. Voir ci-dessus, p. 247 et suiv., l'article de Pierre L'Hérault.

2. Souligné par Ferron.

Dès le début, il semble y avoir une identification très forte Ferron-Gombrowicz. Ferron reconnaîtra très tôt une ressemblance entre *Opérette* et sa propre pièce « Les Rats », admet dans la même lettre que sa façon de « prendre en bataille » le « héros » Gombrowicz est « tout à fait dans le style de celui-ci » (JF à BB, 19.09.71). C'était au début, en 1971. En 1975, il m'écrit ceci :

> Je comprends que cela peut s'aimer et que Gombrowicz regarde tout d'une manière souveraine. C'est une attitude assez polonaise qui me fait penser un peu à Rousseau. Or j'ai avec celui-ci des rapports difficiles à cause de ma mère qui après m'avoir baptisé Jean-Jacques m'a demandé la veille de sa mort — j'avais onze ans — de me nommer Jacques tout simplement et de « ne pas me croire plus fin qu'un autre ». Parfois j'aime Rousseau, parfois je le déteste. (JF à BB, 03.03.75)

Dans ce récit bien connu du lecteur de Ferron se trouve encodée une perturbation identitaire originelle [1]. Filiation combien troublante... La lignée, l'autorité sont maternelles. Gombrowicz est intégré à un des fragments les plus importants du roman familial de Ferron. L'identification relève d'attirances et d'antagonismes profonds.

Alors que dans le cas de Konwicki la ressemblance des œuvres est acceptée par Ferron lui-même sans la moindre hésitation, sans la moindre résistance, et qu'il s'en est réjoui en toute simplicité, y revenant dans ses lettres à plusieurs reprises, et toujours dans les mêmes termes, la ressemblance avec Gombrowicz — car là encore, c'est à cela que tout aboutit — cette ressemblance restera pour Ferron une hypothèse des plus troublantes, et ainsi fortement contestée. L'hypothèse est posée en 1975 par un certain Bernard Jasmin de Québec, qui, grand admirateur de Gombrowicz, aurait connu personnellement l'écrivain polonais. Jasmin disait reconnaître chez Ferron « la sincérité absolue » de Gombrowicz. Et Ferron lui-même de commenter,

1. Voir à ce propos l'étude de Patrick Poirier, « Feu Jean-Jacques, ou le legs maternel », dans Ginette Michaud et Patrick Poirier (s. la dir. de), *Papiers intimes* (Montréal, Lanctôt éditeur, coll. Cahiers Jacques-Ferron, 1-2, 1997), p. 119-166.

dans une lettre qu'il m'a adressée et où l'on entend, à travers la politesse, l'ironie de la résistance : « Enfin je suis bien servi ; mon antipathie viendrait d'une certaine ressemblance avec cet écrivain polonais, lointaine forcément, car j'ai vécu tout autrement. Monsieur Bednarski semble avoir eu bon flair : vous l'en féliciterez. » Puis : «Cela ne veut pas dire que je vais me mettre à aimer [cet] auteur. J'ai passé l'âge de la complaisance, de cette fatuité de Baron, si masculine, si ridicule. » (JF à BB, 24,09.75) La ressemblance n'est pas niée, seulement la fatuité qui consisterait à s'y complaire.

Mais déjà bien avant la lettre de Jasmin, au tout début de la « bataille » Gombrowicz, en 1971, Ferron m'avait écrit ceci : « Avant même de lire l'écrivain je savais en recevant les livres que je devais comparer les pays. » Suit un passage sur les « petits pays », portés, dit-il, à se détester mutuellement parce qu'ils se ressemblent trop. Ces petits pays, il les compare à des villages, qui « aux yeux des étrangers peuvent paraître jumeaux, mais qui ne sont différents, différents jusqu'à l'hostilité que parce que l'un voit dans l'autre ses propres défauts, des défauts à peu près semblables » (JF à BB, 19.09.71). Ne m'invite-t-il pas par là, implicitement, à substituer aux deux petits pays, aux deux petits villages, deux *écrivains* ?

Il est important, je crois, de signaler, avant de clore ce bref résumé du rapport Ferron-Gombrowicz, qui à lui seul aurait mérité une étude à part, que le *Journal 1953-1956* que Ferron avait reçu en 1971 de sa sœur Marcelle, est le même *Journal* que Gaston Miron avait emporté avec lui à Vence où il a rendu visite à Gombrowicz en 1967 et 1968, livre marquant, formateur pour Miron, comme le montre Józef Kwaterko dans son étude « Miron-Gombrowicz : un entre-dialogue complice », et le livre le plus annoté de la bibliothèque de Miron selon sa veuve, Marie-Andrée Beaudet [1]. Entre Miron-Gombrowicz et Ferron-Gombrowicz, la différence est énorme. Alors que l'on sent Miron aux prises avec la pensée de Gombrowicz, pour

1. Józef Kwaterko, « Miron-Gombrowicz: un entre-dialogue complice », *Cahiers francophones d'Europe centre-orientale,* 9, 1998, numéro intitulé *Anciens Canadiens et nouveaux Québécois : hommage à Gaston Miron,* p. 55-65.

Ferron il s'agira plutôt d'une confrontation avec la polonitude et avec ce que j'appellerais une « personnalité » d'écrivain. Dans le discours gombrowiczéen sur le nationalisme, le patriotisme, la filiation, Miron a reconnu une pensée susceptible d'enrichir la sienne. Cette pensée avait tout pour intéresser Ferron. Et je ne peux m'empêcher de conclure à un rendez-vous manqué. Entre Ferron et Gombrowicz, aucun dialogue — ou presque — au niveau des idées. Tout se fait plus personnel (paradoxalement — car les deux ne se sont jamais rencontrés, alors que Miron et Gombrowicz se connaissaient). L'identification est profonde, et même dangereusement intime. « Bien entendu que j'ai détesté le dit Grombovitche » écrira-t-il à Ray Ellenwood (JF à RE, 04.10.75). Gombrowicz n'écrit-il pas au sujet de ceux « qui [le] détestent » ou qu'il « irrite » : « Mon existence même remet en question leur existence à eux [1] » ? Chez Ferron, on le sait, les plus grandes antipathies cachent souvent un rapport antagonique à soi.

Au cours des années, Ferron a lu au moins deux autres écrivains polonais contemporains : Kazimierz Brandys et Czeslaw Milosz, mais à ma connaissance il n'en a parlé que dans la correspondance privée. Dans les deux cas, il lit encore en Québécois, tire de ses lectures des conclusions, des conséquences, pour le Québec.

### *Kazimierz Brandys*

En 1980, Ferron a reçu de Jean-Marcel Paquette *En Pologne, c'est à-dire nulle part* [2], qu'il commentera ainsi dans une lettre à Ray Ellenwood :

> [I]l est dit en particulier que la polonité a mis les Polonais dans l'irréalité et que durant deux siècles, la littérature polonaise n'a pas pu traiter grand'chose, étant donné que le héros y représente toujours la nation. Je cite ce petit passage, d'ailleurs souligné par Jean Marcel : « L'absence d'un Etat qui lui

1. Witold Gombrowicz, *Journal Paris-Berlin,* trad. du polonais par Allan Kosko (Paris, Christian Bourgois, 1968), p. 10.

2. Kazimierz Brandys, *En Pologne, c'est-à-dire nulle part,* trad. du polonais par Adam Lach (Paris, Seuil, 1978).

fût propre a engendré en Pologne un phénomène particulier : la soumission du réel au pouvoir imaginé ». (JF à RE, 15.05.80)

La comparaison Québec-Pologne est ici implicite. À Jean-Marcel Paquette il écrira : « J'ai commencé à lire le roman de Monsieur Brandys par la fin. Je le reprendrai par le bon bout : il m'intéresse assez [...] » (JF à JMP, 09.05.80). À la fin de cette même lettre, il se rapprochera lui-même de Brandys, dont le texte (« la confession »), comme certains de ses propres textes, aurait selon lui « quelque chose de malin qui lui nuit [...] ». Le rapprochement se fait ainsi sur le mode dépréciatif.

*Czesław Miłosz*

Quant à Czesław Miłosz, lauréat du Nobel, Ferron le découvrira sur le tard. Dans une lettre de 1984, où l'on sent l'immense fatigue du dernier Ferron, celui de « L'alias du non et du néant [1] » et des « Deux lys [2] », s'exprime une dernière version du rapprochement Pologne-Québec. Cette lettre me permettra de conclure. En 1984 donc, ayant reçu de mon mari *Une autre Europe* [3] et un recueil de poésie, *Poèmes 1934-1982* [4], il m'écrit, avec la terrible lucidité de la fin :

> J'arrive à un âge où, la curiosité éteinte, je n'apprends plus grand'chose et même désapprends. Les livres de Czeslaw Milosz m'ont néanmoins étonné et je me rends compte que la complexité polonaise m'avait complètement échappé, sans doute parce que je cherchais entre la Pologne et le Québec des

1. Jacques Ferron, « L'alias du non et du néant », *Le Devoir,* cahier n° 2, vol. LXXI, n° 89, 19 avr. 1980, p. 21-22.

2. Jacques Ferron, « Les deux lys », dans *La conférence inachevée. Le pas de Gamelin et autres récits,* préf. de Pierre Vadeboncœur (Montréal, VLB éditeur, 1987), p. 219-222.

3. Czesław Miłosz, *Une autre Europe,* trad. du polonais par Georges Sédir (Paris, Gallimard, 1964).

4. Czesław Miłosz, *Poèmes 1934-1982,* édition établie par Constantin Jelenski, postface d'Alexander M. Schenker (Paris, Luneau Ascot, 1984).

points communs qui s'avèrent minimes et réduisent le Québec à un petit pays insignifiant. (JF à BB, 26.07.84)

Nous sommes loin ici du rapprochement plutôt naïf des deux « petits pays ». Avec Miłosz, la Pologne s'est faite grande, écrasante même, par sa complexité insoupçonnée. Québec insignifiant... Moi diminué, blessé... Après « la Pologne déjà-là » et l'énorme curiosité des premiers contacts, après le « Québec-Polski » du voyage et de l'après-voyage et qui permettra d'espérer un « salut de l'Irlande » à la polonaise, au Québec, il y a donc l'étape des illusions perdues, de la « Pologne désapprise » : « [J]e n'apprends plus grand'chose et même *désapprends* »... (C'est moi qui souligne.) Au réajustement de la vision de la Pologne correspond un réajustement de la vision du Québec. Dans cette période de découragement et de doute, Ferron ne songera-t-il pas à donner à son dernier recueil, publié posthumement, le titre « Sornettes et contes du pays perdu [1] » ?

**Conclusion**

« Pologne déjà-là », « Québec Polski », « Pologne désapprise »... Le schéma est révélateur. Impossible, dans le cadre restreint de mon étude, de rendre compte de toute la richesse de la Pologne imaginaire de Ferron (d'autres études devront faire suite à celle-ci, études où il sera question de l'attitude de l'écrivain devant l'histoire polonaise, la religion catholique, le communisme...). Mais le schéma permet au moins de donner une idée de l'évolution du rapport à la polonité.

Et les écrivains polonais — ces cinq ou six auteurs, cette petite poignée de livres — peut-on les rattacher à ce schéma ? Konwicki, les traducteurs littéraires, et même Brandys, s'associeraient sans doute au « Québec Polski », Miłosz à la « Pologne désapprise ». Quant à Gombrowicz — le plus intéressant de tous, à cause des résistances engendrées, et le seul dont la lecture s'étend sur plusieurs années — il me semble ici, comme ailleurs, inclassable,

1. Jacques Ferron, *La conférence inachevée...*, p. 225.

la confontation (le choc) des personnalités (des mégalomanies...) se situant, au-delà du cadre international, interculturel, dans la sphère de l'interpersonnel, voire de l'interpsychique, et traduisant on ne peut mieux l'engagement profond du moi de Ferron dans toutes les « explorations » polonaises.

## BIBLIOGRAPHIE

BEDNARSKI, Betty. « Les lettres polonaises », dans Brigitte FAIVRE-DUBOZ et Patrick POIRIER (s. la dir. de), *Jacques Ferron : le palimpseste infini. Actes du colloque international de Montréal,* Montréal, Lanctôt éditeur, coll. Cahiers Jacques-Ferron, 8-9, 2002, p. 295-310.

BRANDYS, Kazimierz. *En Pologne, c'est-à-dire nulle part,* trad. du polonais par Adam LACH, Paris, Seuil, 1978, 186 p.

FERRON, Jacques, *La charrette,* Montréal, HMH, 1968, 208 p.

—. « Québec Polski », *Le Devoir,* 10 nov. 1973, p. 27.

—.« Au congrès de l'Union mondiale des écrivains médecins à Varsovie – octobre 1973 : sur le thème "Le médecin et la paix" », *L'information médicale et paramédicale,* vol. XXVI, n° 2, 4 déc. 1973, p. 21.

—. « Le chant de la sirène », *L'information médicale et paramédicale,* vol. XXVI, n° 3, 18 déc. 1973, p. 36.

—. « Sto lat ! », *L'information médicale et paramédicale,* vol. XXVI, n° 10, 2 avr. 1974, p. 30-31. Repris dans FERRON, Jacques, *Escarmouches: la longue passe,* t. 1, préf. de Jean MARCEL, Montréal, Leméac, 1975, p. 208-212.

—. « Un enfirouâpé, pas d'enfirouâpète » (La chronique de Jacques Ferron), *Québec-Presse,* n° 28, 2 sept. 1974, p. 56. Repris dans *Escarmouches: la longue passe,* t. 2, Montréal, Leméac, 1975, p. 218-223.

—. « Impressions de Pologne », *Le Devoir,* vol. LXIV, n° 252, 1er nov. 1973, p. 4. Repris dans *Les lettres aux journaux,* colligées et annotées par Pierre CANTIN, Marie FERRON et Paul LEWIS, préf. de Robert MILLET, Montréal, VLB éditeur, 1985, p. 385-386.

—. « Docteur Gingrass » [éditorial], *L'information médicale et paramédicale,* vol. XXVI, n° 7, 19 févr. 1974, p. 1, 3. Repris dans *Les lettres aux journaux,* colligées et annotées par Pierre CANTIN, Marie FERRON et Paul LEWIS, préf. de Robert MILLET, Montréal, VLB éditeur, 1985, p. 392-395, et dans *Escarmouches,* t. 1, préf. de Jean MARCEL, 1975, p. 361-364.

—. « L'alias du non et du néant », *Le Devoir,* vol. LXXI, nº 89, 19 avr. 1980, p. 21-22.

—. *Gaspé Mattempa,* Trois-Rivières, Éditions du Bien Public, 1980, 53 p.

—. *Rosaire* précédé de *L'exécution de Maski,* Montréal, VLB éditeur, 1981, 200 p.

—. « Les deux lys », *La conférence inachevée, Le pas de Gamelin et autres récits,* préf. de Pierre VADEBONCŒUR, Montréal, VLB éditeur, p. 219-222.

—. *Une amitié bien particulière : lettres de Jacques Ferron à John Grube,* suivi d'« Octobre en question » de Georges LANGLOIS, Montréal, Boréal, 1990, 258 p.

—. « Les Rats », éd. préparée par Brigitte FAIVRE-DUBOZ, dans *Jacques Ferron : autour des commencements,* s. la dir. de Patrick Poirier, Montréal, Lanctôt éditeur, p. 233-353.

GOMBROWICZ, Witold. *Journal 1953-1956,* trad. du polonais par Allan KOSKO, Paris, Juillard, Les Lettres Nouvelles, 1964, 388 p.

—. *Journal Paris-Berlin,* trad. du polonais par Allan KOSKO, Paris, Éditions Christian Bourgois, 1968, 184 p.

—, et Dominique DE ROUX. *Entretiens avec Gombrowicz,* passages en polonais traduits par Koukou CHANSKA et François MARIÉ, Paris, Pierre Belfond, 1968, 226 p.

—. *Opérette,* trad. du polonais par Louis IRIBAME, Paris, Denoël, Les Lettres Nouvelles, 1969, 113 p.

—. *Sur Dante,* trad. du polonais par Allan KOSKO, Paris, Éditions de l'Herne, 1969, 74 p.

KONWICKI, Tadeusz, *L'ascension,* trad. du polonais par Georges LISOWSKI, Paris, Gallimard, 1971, 253 p.

KWATERKO, Józef. « Espace urbain, espace mnémonique : le retour identitaire chez Jacques Ferron et Tadeusz Konwicki », *Études littéraires,* vol. XXIII, nº 3, hiv. 1990-1991, numéro intitulé *Jacques Ferron en exotopie,* s. la dir. de Jean-Marcel PAQUETTE, p. 57-68.

—. « Miron et Gombrowicz : un entre-dialogue complice », *Cahiers francophones d'Europe Centre-Orientale,* 9, 1998, numéro intitulé *Anciens Canadiens et nouveaux Québécois : hommage à Gaston Miron,* p. 55-65.

L'HÉRAULT, Pierre. « L'Europe sous le regard oblique de Ferron », *L'Europe de la culture québécoise : actes du colloque du* [sic] *28-29 mai 1999,* textes réunis et présentés par Jean-Paul DUFIET et Alessandra FERRARO, Udine (Italie), Universitá degli studi di Udine, Forum, 2000, p. 19-35.

—. « L'espace mythologique du *Ciel de Québec* : confluence et métissage », dans Brigitte FAIVRE-DUBOZ et Patrick POIRIER (s. la dir. de), *Jacques Ferron : le palimpseste infini. Actes du colloque international de Montréal,* coll. Cahiers Jacques- Ferron, 8-9, Montréal, Lanctôt éditeur, 2002, p. 313-330.

MICHAUD, Ginette, « De Varsovie à Grande Ligne : l'œuvre *in extremis* », *Littératures,* n° 9-10, 1992, numéro intitulé *Actes du colloque Présence de Jacques Ferron,* s. la dir. de Jean-Pierre DUQUETTE, Jane EVERETT et Marcel OLSCAMP, p. 81-112.

—. « Lire à l'anglaise », dans Ginette MICHAUD (s. la dir. de), avec la collab. de Patrick POIRIER, *L'autre Ferron,* Montréal, Fides-CÉTUQ, coll. Nouvelles Études québécoises, 1995, p. 137-197. Repris dans Ginette MICHAUD, *Ferron post scriptum,* Montréal, Lanctôt éditeur, coll. Cahiers Jacques-Ferron, 13, 2005, p. 119-178.

MIŁOSZ, Czesław. *Une autre Europe,* trad. du polonais par Georges SÉDIR, Paris, Gallimard, 1964, 302 p.

—. *Poèmes 1934-1982,* éd. établie par Constantin JELENSKI, postf. d'Alexander M. SCHENKER, Paris, Luneau Ascot, 1984, 271 p.

PARVI, Jerzy. « Polonica Kanadyjsko-Francuskie », *Kwartalnik Neofilologiczny,* vol. XXX, n° 2, 1984, p. 173-176.

POIRIER, Patrick. « *Le pas de Gamelin* : vers une poétique du désastre », dans Ginette MICHAUD (s. la dir. de), avec la collab. de Patrick POIRIER, *L'autre Ferron,* Montréal, Fides-CÉTUQ, coll. Nouvelles Études québécoises, p. 221-263.

—. « Feu Jean-Jacques, ou le legs maternel », *Papiers intimes : fragments d'un roman familial. Lettres, historiettes et autres textes,* éd. préparée et commentée par Ginette MICHAUD et Patrick POIRIER, coll. Cahiers Jacques-Ferron, 1-2, Montréal, Lanctôt éditeur, 1997, p. 119-166.

WYCZYNSKI, Paul. « François-Xavier Garneau et la Pologne », *Mélanges d'histoire du Canada français offerts au professeur Marcel Trudel,* Ottawa, Éditions de l'Université d'Ottawa, Cahiers du Centre de recherche en civilisation canadienne-française, 14, 1978, p. 237-249.

## NOTES ON THE RHINO IN TORONTO

RAY ELLENWOOD

### A Brief History

Founded in 1963 by Robert Millet, Robert Cliche, Paul Ferron and Jacques Ferron, among others, le Parti Rhinocéros grew out of a conviction that federal politics were an absolute farce for voters in Quebec, obliging them to throw their votes away on candidates who had little chance of gaining national power, or else to elect someone like Pierre-Elliott Trudeau who, in Ferron's opinion, had turned his back on the culture of Quebec and was willing to see it die a slow death. The Liberal Party, Ferron argued, was maintained in Ottawa against the wishes of the majority of English-Canadian voters by Quebec electors voting against their own best interests. The Rhinoceros Party was a mordantly humorous response to this ridiculous situation, pledged to losing at all costs, with Jacques Ferron as the *Éminence de la Grande Corne* (and early spokesman) and all other members designated Vice-President. The party underwent a gradual development as it found increasingly amusing ways to mock the political process in Canada, targeting well-known public figures, attracting more and more attention from the press and an increasing number of candidates. No attempt at a full history will be given here, but a few significant events need mentioning.[1]

In 1964 appeared the first number of *Bicorne, l'organe du Parti Rhinocéros*, a thick-skinned response to the Queen's visit, and in that same year, Jacques Ferron, in an address to Le Club Richelieu - St-Laurent, had this to say about the party:

> *Le Rhinocéros est un parti totémique. Bien qu'il n'accueille que le Canadien français (l'Anglais pour y entrer doit se transformer, Frank Scott par exemple*

1. For a detailed chronology, introductory essay, and relevant texts by Ferron, see Martin Jalbert ed., *Jacques Ferron, Éminence de la Grande Corne du Parti Rhinocéros*, Montréal: Lanctôt éditeur, coll. Cahiers Jacques-Ferron, 10, 2003, 192 pp.

Cover for the 90-page programme of the Rhinoceros Party (Montréal, les Éditions de l'Aurore, 1974).

En guise de contribution originale à l'unité du pays et pour des raisons d'efficacité, l'Éminence de la Grande Corne a fait élaborer en bon anglais, langue de la majorité facilement compréhensible par tous, paraît-il, le programme officiel du Parti Rhinocéros pour la saison de chasse électorale 1972.

Dans sa circonscription, chaque candidat rhinocéros présentera un programme local (donc officieux) adapté aux rêves de ses commettants et rédigé en la langue vulgaire qui prévaut dans son territoire de chasse.

10

**WHERIN BELOW IS LIMNED THE LOFTY GOALS OF THE RHINOCEROS PARTY**

Prithee advance to see our four symbolic rhinoceroses. Behold the Right Honorable Pierre Elliott Trudeau, Real Caouette, the Honorable Gerard Pelletier and Marc Lalonde! Behold Beauty united with intelligence in the pachyderm, and stand amazed!

For we trifle not with the War Measures Act which now abeyance, e'en ephemeral, we shall render perdurable, world without end. Thus ensuring by the permanence of the said Act the permanence of Great Canada's uniform unity from sea e'en to sea. Thus, too, shall we find meet employment for our gallant men at arms in our fighting forces, now, alack for want of fray and skirmish idle with sword unused and rusting.

Let us gather and make desist from his participation in electoral tauromachy the liberal candidate in the fair riding of St. Hyacinth. And this to manifest respect for Dame Martha Adams and consideration for the Honorable Jean Marchand granted the Great Seal of Rhinoceros Affianced.

Our decree runneth further, encompassing the workless, those who sow not neither spin for want of goodly seed and yarn. Let the numbers of these increase and let them receive increased dole. Let those ekeing out lives on Welfare receive more in specie than those still foolish enough to toil.

As for those mighty heights towering with bold defiance in the West and yclept Ye Rockies let them be razed to the ground for they are an abomination. They make contribution to disparity between the regions of Great Canada and, e'en as Quebec, scar our land's most desired uniformity. A uniformity moreover designated by Opus Dei as Great Canada the Polyethnic. Thus shall we harness the heavy equipment of the pious to electoral coffers.

With Mgr Chincilla, auxiliary of Great Canada's metropolis, Father-Confessor of the Cabinet, and moreover with Monsieur Denis Szabo he who has raised mighty works, and with Marshall

11

Ferron and rhino mask (photo Robert Millet), with statement in pseudo Elizabethan English, from *Le Parti Rhinocéros programmé*, pp. 10-11.

*devenir François Sicotte) et bien qu'il se restreigne au Québec (au grand dépit des Ontariens) il a choisi pour champ d'action le fédéral, c'est-à-dire le Canada* coast to coast, *ou comme nous disons si bien : d'une mare à l'autre.*[1]

By 1965, Robert Cliche and Paul Ferron had left the party to join the NDP, but the Rhino soldiered on, fielding only one candidate in 1968: rock singer Robert Charlebois, running in Longueuil. In 1972, an important election, the party offered twelve candidates, including Jacques Ferron and the poets Gaston Miron and Raoul Duguay. In 1974 appeared the illustrious

1. "Le Rhinocéros," in Jalbert, pp. 43-55. Jalbert's notes explain that the exact date of the address is uncertain, and that the text was first published in *L'information médicale et paramédicale* of 3 November 1964, pp. 17, 26-7.

printed program, *Le Parti Rhinocéros Programmé: tout ce que vous n'avez pas besoin de savoir sur un parti politique fédéral comme les autres,* a sort of manifesto with an introductory text in fake Elizabethan English, followed by mock-political platforms and statements by various candidates, providing much fodder for journalists in coming years.[1] The party was represented in 1974 by 14 candidates, including Ferron, Victor-Lévy Beaulieu and Miron.

In 1978 was established the Grand Rhinocéros Central, looking to the election in 1979. This was an important event because it marked the involvement of people whom Martin Jalbert somewhat disparagingly calls "*nouveaux acteurs,*" including François Gourd and Sonia "Chatouille" Côté. A new organizing committee set about finding enough candidates so that the party could become official, receive funding, and demand air time. Jalbert points out that Ferron and Millet, the only remaining founding members, began to distance themselves from the party around that time. In February of 1979, in an interview with Gilles Léveillé for Radio Canada, Ferron insisted once again that "*Le Rhinocéros, c'est un parti extrêmement fédéral. En dehors de ça, il n'est rien*" (Jalbert, 118). But this comment was obviously at odds with new policy because in the elections of May 22, as we will see, there were, besides a whopping 63 candidates in Quebec, a number in cities outside, including Toronto. The Rhinoceros was forced to rise suddenly from its ashes in this same year because, following the quick demise of Joe Clark's Conservatives, a new election was called for Febuary 18, 1980. In that 1980 election, the party would field 68 candidates in Quebec and 52 outside. Not surprisingly, on January 3, 1980, Jacques Ferron handed over his powers as *Éminence de la Grande Corne* to Cornelius, a new-born rhinoceros in the Granby Zoo (see facing ill.), and to Jean-Marc Brunet. Thus, in the words of Martin Jalbert, "*Pris en charge par de nouveaux acteurs et, faut-il dire, dénaturé, le parti est entré dans une autre période de son histoire*" (120). It was in this denatured state that the Rhinoceros visited Toronto.

1. *Le Parti Rhinocéros Programmé...,* Victor-Lévy Beaulieu and Léandre Bergeron eds. Montréal: les Éditions de l'Aurore, 1974. See preceding illustrations.

Ferron at the Granby Zoo (*Le Parti Rhinocéros programmé,* p. 54). See the painting by Milton Jewell, p. 120.

## In the Queen City

During the run-up to the election of May 22, 1979, the *Toronto Star* reported, "[Rhinoceros party] leader Jacques Ferron is campaigning on the basis of his marks against old grade-school classmate Prime Minister Pierre Trudeau in the Montreal riding of Mount Royal,"[1] thus following a familiar pattern of brief, bemused, passing references by Toronto journalists to the party. But an article ten days later was more generally informative, and perhaps even provocative of action, when Stef Donev in his campaign notebook for the *Star* wrote:

> In Metro we have candidates from the Liberals, Progressive Conservatives, New Democrats, Social Credit, Communists, Libertarians, Marxist-Leninists and Independents – but no one from the Rhinoceros Party.
>
> But it's not because the Rhinoceros Party doesn't want to run here. After all, it has 50 candidates in Quebec plus one in B.C. and another in Northern Ontario, making it an "official party" in the election.
>
> "We'd love some candidates in Toronto," said party spokesman Jacques Leduc, 37, a Montreal filmmaker. "All they have to do is write us in Montreal (4651 Berri St.) and we'll help them out with posters and buttons."[2]

Here is obvious evidence of the work of the party's new regime, and it seems to have had an impact. The *Toronto Globe* published in a dispatch from Peterborough, an article about a Trent University history student named Brian Flynn who, having heard about the party on television while drinking beer with friends, had telephoned immediately to Montreal for information. The writer, John Picton, explains: "Brian's knowledge of the party's history is sketchy. 'I know they've run in three or four elections.'"[3]

The most enthusiastic chronicler of Rhino activity in Toronto was Dick Beddoes of the *Globe,* who was less likely to be patronizingly dismissive than

1. "Rhinos horning in on Pierre's riding," *Toronto Star,* 16 April 1979, p. A6.
2 "The great radio debate. As It (almost) Happened," *Toronto Star,* 26 April 1979, p. A3.
3. *Toronto Globe and Mail,* "Well-organized foolery from the Rhinos," 10 May 1979, p. O9.

many of his colleagues. In an article written some three weeks before the election, he lamented the lack of humor in most of the federal parties and (first on May 7 and then on May 14) gave quite a serious account of the candidates presenting themselves in Toronto.[1] He mentioned Jacques Gauthier, "a 44-year-old French-language radio announcer and playwright" running in St. Paul's riding, and Judi Skuce, "a senior accounting officer in a Toronto bank who began life 24 years ago in Lindsay," running in Beaches-Woodbine.

> Skuce, letting the corn grow as high as her mischievous eye, recommends, "put your X for SKUCE: it's a good X-Skuce." Aw-w-w-w-w.
>
> At all-candidate meetings, she stands on her personal platform, a four-legged milk stool.
>
> She expresses wonderful heresies, such as "The Rhinoceros Party would sell the Senate at an antique auction in California."
>
> If elected, she claims, the Rhino Party would "nationalize all pay toilets, to allow all Canadians to be equal in fulfilment of their needs."
>
> Rhinos would use bubble gum as Canadian currency, "so it could inflate and deflate at will, just like the Jean Chrétien dollars."
>
> Skuce has polished her planks with the nimble conniving of peculiar accomplices, Clarice Tatro and Nigel Burnett, computer specialists. Their campaign office is Burnett's rear-entrance apartment far along Queen Street East.

In the *Ward 9 News*, a local community newspaper, there was a full-page article on Judi Skuce, complete with a photograph of her as she "announced her candidacy at a press conference outside the rhinoceros compound at the Metro Zoo."[2] Besides quoting Nigel Burnett at some length about the aims and

1. "Animal Crackers," *Globe and Mail*, 7 May 1979: 8; "Offbeat on upbeat," *Globe and Mail*, 14 May 1979, p. 8.

2. "Whimsical alternative: Rhino Party horning in," *Ward 9 News*, 8 May 1979. In having herself photographed with the horny herd, Ms. Skuce was obviously taking a page from the book of His Eminence, as can be seen from the picture of Jacques Ferron at the Granby Zoo (see previous ill.).

# ino Party horning in

to wake up the jority … those say they don't politics", Nigel kesman for the party, told Ward ntly.

in existence 15 Rhinoceros party

Party spokesman Nigel Burnett, Queen St. E., says the Rhinos don't expect to form the next Government. He doesn't even think they'll poll enough votes (15% ) to get their $200 registration fee back. His party is selling buttons at $1. each to pay back

a black and white line drawing of a Rhino and no political message, are really hot sellers.

Isn't Rhinoceros a funny name for a political party? Burnett loves that question. First he describes the charac-

**Beaches riding candidate for Canada's newest registered party, The Party. She announced her candidacy at a press conference outside the compound at the Metro Zoo. To learn what Judi and the other, more lidates in Beaches riding think on current issues, see page 10.**

Page from *Toronto's Ward 9 News* (8 May 1979), showing Rhinoceros candidate Judy Skuce at the Toronto Zoo.

devices of the Party, the newspaper printed, in the same issue, a long statement by Judi Skuce under a photograph of her, in a long, narrow column beside the statements of other candidates. Hers was a mixture of local Toronto invention and official Party propaganda from Central, as this excerpt shows:

> The Rhinoceros Party of Canada was born to fill an important need for the Canadian electorate. The Canadian political party system has degenerated to the point where the major parties are practically indistinguishable.
>
> The Rhinos offer a real alternative, and a real choice. A Rhino vote is a vote for energy, enthusiasm, and inspiration.
>
> In Beaches Riding, the candidate, Judi Skuce, proposes that a plastic dome should be erected to protect residents from pollution, noise, airplanes, and separatism.
>
> On the national scale, the Rhinoceros party proposes to bring the country together by tearing down the Rocky Mountains, thus eliminating a major regional disparity. At the same time, unemployment would be virtually wiped out, as tens of thousands of jobs would be created in the mountain-moving sector.
>
> Our energy problems would be solved if the Rhino Party came to power. Solar energy would sustain us, as Canada would be moved southward (displacing the United States, which is to be annexed as the third territory in the north). This movement should raise the average winter temperature by 47 per cent.

**Judi Skuce**

Rhinoceros Party

The Rhinoceros Party of Canada was born to fill an important need for the Canadian electorate. The Canadian political party system has degenerated to the point where the major parties are practically indistinguishable.

The Rhinos offer a real alternative, and a real choice. A Rhino vote is a vote for energy, enthusiasm, and inspiration.

In Beaches Riding, the candidate, Judi Skuce, proposes that a plastic dome should be erected to protect residents from pollution, noise, airplanes, and separatism.

On the national scale, the Rhinoceros party proposes to bring the country together by tearing down the Rocky Mountains, thus eliminating a major regional disparity. At the same time, unemployment would be virtually wiped out, as tens of thousands of jobs would be created in the mountain-moving sector.

Our energy problems would be solved if the Rhino Party came to power. Solar energy would sustain us, as Canada would be moved southward (displacing the United States, which is to be annexed as the third territory in the north). This movement should raise the average winter temperature by 47 per cent.

Column from *Toronto's Ward 9 News* (8 May 1979) showing photo and platform of Rhinoceros candidate Judy Skuce.

> In the international year of the child, we propose to recognize people as children, and to lower the voting age to 8. We will create a better environment and reduce pollution, crowding and congestion in the cities. All roads in towns with a population of 30,000 or more would be one-way, in an outward direction.

I remember going to a meeting of the Skuce campaign team in a second-floor flat near the corner of Queen and Woodbine where (as I reported to His Eminence), Judi Skuce told me she became a candidate after visiting friends in Montreal and getting to know a few young people who were all mixed up with the Rhinoceros. Having made a passing comment that it would be fun to rhinocerize Toronto, she was pounced upon and sent home with a whole kit of election material. She had no idea of the history of the Party, or of the context from which it came, and she certainly did not know anything about Jacques Ferron and his work. But she had a natural understanding, it seemed to me, of the correct stance to adopt. She was no clown. She presented herself at an all-candidates meeting in a modest dress, and argued in rational, measured tones for her policies. This was after she had presented her platform, plunking down the milking stool mentioned by Beddoes. I sent to His Eminence a description of the political machinations of this young woman, surely one of the fairest rhoses of rhinodom, and his reaction can be seen from a letter he wrote to me on the first of June, 1979:

> *On s'intéresse au Rhinocéros de partout, mais hélas ! cette faveur arrive trop tard: le Rhinocéros est mort, du moins jusqu'aux prochaines élections fédérales. D'une fois à l'autre, il s'improvise en renaissant de ses cendres. S'il se répète, et plutôt lourdement, c'est qu'il n'est tout de même pas le phénix. Il ne change pas, il ne dit rien, il se montre et cela suffit: on comprend. Je n'ai même pas traversé le pont, de cette façon je n'ai pas usé d'influence indue auprès de mes électeurs de MOUNT ROYAL* [where Ferron ran against Trudeau]. *Il me semble que Judi Skuce en faisant campagne, en plus d'avoir un comité, en a trop fait, au lieu de laisser aller le Rhinocéros qui, tout seul à Toronto, se serait debrouillé mieux. Sur la peine de mort, il aurait souligné que le Roi et le Bourreau sont des figures complémen-*

> *taires. Et puis il aurait pu dénombrer le nombre des Tororontois* [sic] *qui, sans le meurtre, en ont eu déjà la préméditation et qui restent frustrés, d'où leur passion pour la peine de mort. Ces Torontois-là, si candides, auraient scandalisé l'affreux Rhinocéros.*

As far as I know, this was Ms. Skuce's first and last attempt to run with the Rhino.

But, as already mentioned, a new election was astonishingly soon in coming, and as the ever-earnest Richard Gwyn reported in the *Toronto Star,* "One thing about it is a snap to forecast. The Rhinoceros Party, which won 65,585 votes last time around will break into six figures at least, and qualify for chunks of free TV air time in several provinces," with the result that "Many Canadians then may have the chance to see, as Quebeckers did in the May, 1979 election, an official party spokesman prattling to the camera while wearing a rhinoceros mask."[1] Two weeks later, in the *Globe,* Julia Turner wrote, "The Rhinoceros Party has come out of hibernation to announce that it is leading all of the 147 ridings in which it is presenting candidates for the Feb. 15 election," and she also revealed that Charles McKenzie, "national campaign chairman of the spoof political party" had held a press conference "in the makeshift Ontario campaign headquarters on Church Street yesterday."[2] Earlier, the *Globe* had printed a large photograph of Mackenzie, along with Albert (the Cad) Courchene, Richard (The Troll) Schaller and Randy (Dandy) Little at a Vancouver conference.[3] The Party was obviously becoming a traveling circus. Dick Beddoes, in a January column of the *Globe,* spread rumors about an 8-year-old, Kate Greenfield, perhaps running in Rosedale, "justifiably claiming to be tinier and more perfect than Rosedale's sitting member – Davey Crombie."[4] Beddoes also

1. "Anything can happen – but look for a Trudeau win," *Toronto Star,* 1 January 1980, p. A10.
2. "The party of 63,000 jumps into an early lead," *Globe and Mail,* 15 January 1980, p. 9.
3. *Globe and Mail,* 24 December 1979, p. 9.
4. "Rhinos ready to, uh, roar?" *Globe and Mail,* 16 January 1980, p. 8.

mentions Charles McKenzie "a Harpo Marxist from Montreal" attending the "first annual Rhino nominating convention, held in the bar of a gay radio announcer's pad in the Toronto constituency of St. Paul's." The candidate in that riding was Liza Armour, and the others in Toronto were artist and supermarket clerk Salvatore Pileggi together with bookshop owner John Douglas (running as a duo in Spadina), John Matheson in York East, Vicki (spoiled ballot) Butterfield in Broadview-Greenwood, David J. Reid in Beaches Woodbine (see facing page), and the true eventual candidate in Rosedale, Ryerson student Jeff Yates. Accompanying Linda Hurst's article in the *Star* of February 10 is a picture of all the Rhino candidates, hamming for the camera. Hurst opines that "The party was a Quebec joke throughout the 60s and 70s, gingerly stepping out on to the national scene for the first time in last May's election," and she sees these candidates as a new, less "pushy and pedantic and boring" variation of the anti-establishment politics of the sixties.[1] Her reading of the situation is a clear indication that the original Quebec-centered intent of the Rhinoceros Party has been erased, if it ever was understood by Toronto journalists.

Dick Beddoes wrote on the Rhinos once again, three days before the federal election, declaring his favorite to be the bookseller, John Douglas, running in Spadina, and concluding:

> There were grumpy letters to the editor about the Rhinos making a joke of the election with their outrageous spoofing. Others of us, aware of the preposterous pomposity of many politicians, were delighted the Rhinos took the starch out of the stuffed shirts.[2]

Douglas ran once again in the August 17 (1981) by-election in Spadina, against James Coutts, won 287 votes, and received a fair amount of newspaper

1. "Rhino Party: The charge of the funny brigade," *Toronto Star,* 10 February 1980, p. 12.

2. "South Parkdale gets a valentine," *Globe and Mail,* 15 February 1980, p. 8.

# Vote Rhinoceros Party

--------

# DAVID REID ★★★★ BEACHES

**(He's unemployed and needs the job!)**

## Campaign Promises

- If elected I will not govern
- Make the beer bottle our standard of currency as it is less fragile than the dollar
- Eliminate poverty by abolishing the Bank of Canada
- Turn all foreign embassies into amusement parks
- Eliminate crime by abolishing our cumbersome legal system
- The Olympic Games should be moved from Moscow to the Olympic Restaurant on Dundas St.
- Abolish the Law of Gravity
- I promise to break all promises and hold elections every six months despite the Tories stealing this idea

## You can't ouflank a Rhino!

**(Quebec's gift to Confederation)**

Rhino Candidates are united by the common non ideals of having lots of fun and providing a welcome alternative to organized government. We fully intend to win this election by treating it as a joke which is how we see it.

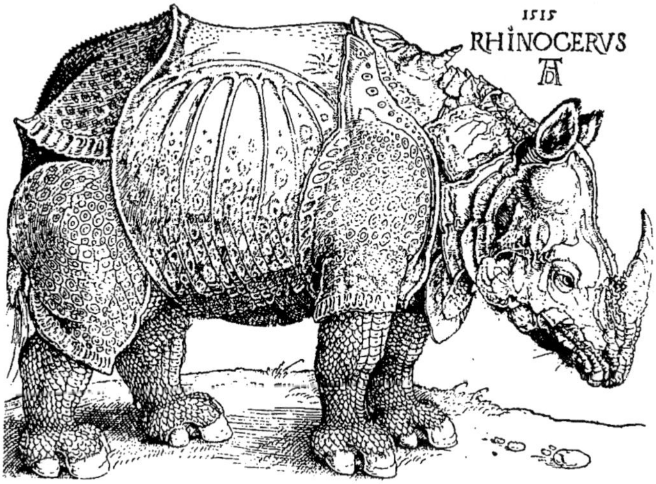


Authorized by the Official Agent for David Reid

n/a – he ran in 1980 only

coverage.[1] But just a few months earlier, people began declaring themselves Rhinoceros candidates in the Ontario provincial election. The *Star* of February 26 ran the announcement: "The Rhinoceros Party presents a party at the Nickelodeon Thursday at 9:30 p.m. featuring stand-up comedy with Rhino candidates Ted Woloshyn and Frenchie McFarlane, two live bands and the movie *Rhinoceros* starring Gene Wilder and Zero Mostel," while a post-election article by Kevin Scanlon named Peter Fosznik as running in the Beaches and J. (Rhino) Mappin [note this dumbing down of the use of the nickname – a popular device with Rhino candidates] in St. David."[2] And later that same year one of the declared candidates, Frenchie McFarlane, "the voice of Jacques de Strap, celebrity athlete broadcaster" was quoted by Bob Pomerantz in the *Star*, recounting a dream: "I think my weirdest dream was after I ran as a candidate for the Rhinoceros Party in the last provincial election. I dreamed I was elected to Queen's Park as the only Rhinoceros Party member but was made premier anyway."[3] Decidedly, the joke had worn very thin, the beast was on its last legs and, as far as I know, would never rise again in Toronto.

In 1983, Jacques Ferron and Robert Millet officially signed over the Party to Dominique Langevin and Charlie McKenzie.

1. George Gamester, "Watch CN Tower sway in the breezes," *Toronto Star*, 1 August 1981, p. A3; Paul Palango, "Printer's relieved only 8 candidates on Spadina ballot," *Globe and Mail*, 15 August 1981, p. 5; "Spadina field is eight as one hopeful too late," *Toronto Star*, 5 August 1981, p. A3; Paul Palango, "Coutts plans fishing trip to consider future," *Globe and Mail*, 9 August 1981, p. 1; Bruce Ward, "Punchlines take place of punch-up," *Toronto Star*, 12 August 1981, p. 4; Slinger, "Spadina slugfest had it all," *Toronto Star*, 12 August 1981, p. A2.

2. "Pssst," *Toronto Star*, 26 February 1981, p. E5.

3. Bob Pomerantz, "Celebrity Dreams," *Toronto Star*, 22 November 1981, p. F12.

## Le Grand Rhinocéros Origamique

Graphisme, conception et pliage : Irène Ellenberger
Recherche iconographique et choix de citations de Jacques Ferron :
Luc Gauvreau
Impression : Atelier de production visuelle de TéléQuébec

### Sur la carapace gauche (de gauche à droite)

Canadienne chevauchant un orignal (photo d'Arachne).

Jean Marchand (1918-1988), syndicaliste en 1961, une des « trois colombes » avec PET et G. Pelletier.

Claude Ryan (1925-2004), éditorialiste du journal *Le Devoir* (photo Jacques Nadeau).

Pierre Elliott Trudeau (1919-2000), premier ministre du Canada durant la Crise d'Octobre (photo Peter Bregg, 1968).

Wanted George W. Bush (ill. MotherHearth.org).

Lionel Groulx (1878-1967), chanoine, historien et leader nationaliste (photo ANC).

Motard de la Police Provinciale devant le Château Frontenac.

Shamrock Beer, cannette de bière irlandaise.

Lester. B. Pearson (1897-1972), premier ministre du Canada de 1963 à 1968 (photo ANC).

La Tour Eiffel en 1900 (photo Dujardin).

Claude Wagner (1925-1979), ministre de la Justice du gouvernement du Québec, en 1965 et 1966 (photo ANQ).

### Sur la carapace droite (de gauche à droite)

La Reine Victoria (1819-1901), reine de Grande-Bretagne et d'Irlande de 1837 à 1901 (photo Bassano).

Joueurs de curling (photo Columbia County)

Pie XII (1876-1958), pape de 1939 à 1958.

Kik Cola et Pepsi, bouchons de boissons gazeuses dans les années soixante.

« Poupoune sur un Rhino », carte postale envoyée à Jacques Ferron par Frank Scott, en référence à son surnom dans *Le ciel de Québec*.

Marshall McLuhan (1911-1980), théoricien des médias (photo *Le Nouvel Observateur*).

*Two Solitudes*, roman de Hugh McLennan publié en 1945.

John Turner (1929- ), ministre de la Justice du Gouvernement fédéral durant la Crise d'Octobre (photo Robert Cooper, ANC).

John Diefenbaker (1895-1979), premier ministre du Canada de 1957 à 1962.

Gérard Pelletier (1919-1997), journaliste, ministre dans le Cabinet de PET (photo Harry Palmer, 1996).

*The Great Origamic Rhino (by Irène Ellenberger & Luc Gauvreau),* in the exhibition devoted to Jacques Ferron at the art gallery of Glendon College, York University, 17-27 January, 2006.

## COLLABORATEURS / *CONTRIBUTORS*

**Betty Bednarski** est professeure émérite à l'Université Dalhousie, à Halifax (Nouvelle-Écosse). Elle est l'auteure de plusieurs traductions anglaises de textes de Ferron (notamment les *Contes* et *Les roses sauvages*) et a publié de nombreuses études critiques consacrées à l'œuvre de ce même écrivain. Dans son ouvrage *Autour de Ferron : littérature, traduction, altérité* (Éditions du Gref, 1989 ; édition revue et augmentée à paraître en 2010 chez Nota Bene Éditions, au Québec), elle amorce une réflexion multidirectionelle sur l'acte de traduire et sur le rôle de l'autre dans l'univers de Ferron, réflexion qui trouve son prolongement naturel dans l'exploration collective que constitue le présent recueil.

**Herménégilde Chiasson** est né à St-Simon, dans la Péninsule acadienne. Il détient des baccalauréats de l'Université de Moncton et de la Mount Allison University, un Master of Fine Arts de la State University of New York et un doctorat de l'Université de Paris 1 (Sorbonne). Il a publié plus de 25 ouvrages et de nombreux textes pour le théâtre, réalisé plusieurs films et participé à près de 150 expositions. Son intérêt pour l'œuvre de Ferron provient de l'affinité de Ferron avec l'Acadie et du séjour mémorable que fit l'écrivain à Moncton à la fin des années soixante.

**Ray Ellenwood** is Professor Emeritus at York University, Toronto. He has translated several authors from Quebec, including Jacques Ferron (*Papa Boss, Les confitures de coings, La charrette, Le ciel de Québec,* among other titles). His correspondence with Dr. Ferron between 1973 and 1985 remains one of the great pleasures of his life.

**Yves Frenette** est professeur titulaire et directeur du Centre de recherche en civilisation canadienne-française de l'Université d'Ottawa. Il a enseigné l'histoire nord-américaine à la Faculté des études avancées de l'Université York et au Collège universitaire Glendon, où il a occupé plusieurs fonctions administratives. On lui doit deux livres (*Histoire de la Gaspésie,* 1981, 2e éd. 1999 ; *Brève histoire des Canadiens français,* 1998) et plus de 60 chapitres et articles scientifiques. Comme bien des adolescents québécois de sa génération, il a lu Ferron, mais son plus grand titre de gloire ferronien est d'avoir compté parmi ses étudiants Luc Gauvreau.

**Luc Gauvreau** a coordonné les activités de l'année-hommage en 2005-2006 à titre de secrétaire de la Société des amis de Jacques Ferron. En collaboration avec la graphiste Irène Ellenberger, il a conçu l'exposition itinérante pan-canadienne « Jacques Ferron : les voix d'un écrivain » qui a voyagé hors Québec, à Edmonton, Toronto et Halifax. Responsable du site internet consacré à l'écrivain, il a préfacé la réédition du *Ciel de Québec et* préparé, entre autres, l'édition des *Chroniques littéraires 1960-1981* dans les Cahiers Jacques-Ferron chez Lanctôt éditeur. Il collectionne aussi les œuvres d'un autre polygraphe, Lewis Carroll, et les éditions illustrées d'*Alice.*

**John Grube** (1930-2008) taught English at several universities and later at the Ontario College of Art. A writer of essays, poetry (*God, Sex and Poetry,* 2002), and fiction (*I'm Supposed to be Crazy, and Other Stories,* 1997), he was also a visual artist. Jacques Ferron's published comments on the October Crisis in 1970 intrigued Grube and led to exchanges of information, meetings, correspondence, and eventual publication of *Une amitié bien particulière : lettres de Jacques Ferron à John Grube* (1990). Grube's continued interest in Québec politics shows in his book, *Bâtisseur de pays : la pensée de François-Albert Angers* (1981).

**Annette Hayward** est professeure émérite à l'Université Queen's à Kingston (Ontario) et grande admiratrice de l'œuvre de Jacques Ferron, dont les textes ont souvent figuré au programme de ses cours. Elle est l'auteure de *La querelle du régionalisme au Québec (1903-1931) : vers l'autonomisation de la littérature québécoise,* ouvrage qui lui valut en 2007 le Prix

Gabrielle-Roy de l'ALCQ et le Prix du Gouverneur Général du Canada. Directrice ou co-directrice de quatre ouvrages collectifs, elle s'intéresse particulièrement aux questions de réception et d'institution littéraire ainsi qu'à l'écriture québécoise au féminin avant 1960.

**Jane Koustas** served as the Craig Dobbin Professor of Canadian Studies at University College Dublin, 2005-6. She is the Associate Dean of Humanities and Professor in the Department of Modern Languages and Literatures at Brock University, St. Catharines, Ontario, where she also directed Canadian Studies. Her research interests include English-Canadian literature in translation, translation theory and practice, translation history in Canada, Quebec theatre and theatre translation. She is the author of *Les belles étrangères : Canadians in Paris* and co-editor of two books – on the theatre of Robert Lepage and the novels of Nancy Huston.

**Alexis Lachaîne** holds a PhD in Canadian history from York University (Toronto). Jacques Ferron was an important focus of his doctoral dissertation, "Black and Blue: French Canadian Writers, Decolonization and Revolutionary Nationalism in Quebec, 1960-1969". He also writes fiction, and has published short stories in various Canadian literary magazines. He currently lectures at the University of Toronto and at Glendon College of York University.

**Pierre L'Hérault** (1937-2007) est une des voix majeures de la critique ferronienne. Auteur du livre *Jacques Ferron, cartographe de l'imaginaire* et de nombreux essais portant notamment sur *Les grands soleils* et *Le Saint-Elias,* ainsi que sur « l'hybridité » et les espaces acadiens, amérindiens et immigrants de l'œuvre, il a aussi publié *Par la porte d'en arrière,* ses entretiens avec Ferron. Professeur à l'Université de Moncton, puis à l'Université Concordia, critique de théâtre et directeur de la revue *Spirale* de 2002 à 2006, il a contribué à faire connaître l'œuvre de Ferron en Europe, notamment aux universités d'Innsbruck et d'Udine.

**Jean Morency** est professeur au Département d'études françaises de l'Université de Moncton et titulaire d'une chaire de recherche du Canada dont l'objectif est d'étudier les multiples emprunts qui ont été faits, par les écrivains du Québec, de l'Acadie et du Canada français, à des cultures étrangères, notamment la culture littéraire américaine. Il est l'auteur de *Le mythe américain dans les fictions d'Amérique. De Washington Irving à Jacques Poulin* (1994), ainsi que de nombreux articles et chapitres de collectifs. Il a codirigé *Romans de la route et voyages identitaires* (2006), et *Des cultures en contact. Visions de l'Amérique du Nord francophone* (2005).

**Susan Murphy**, titulaire d'un doctorat en études françaises de l'Université Queen's (Kingston, Ontario), publiera prochainement un livre sur « Le Canada anglais de Jacques Ferron (1960-1970) » aux Presses de l'Université Laval. Lauréate du Prix *Voix et Images* 2009 pour son article « *Hypatie* de Jean Marcel ou la fin de l'histoire », publié en 2007, elle est aussi l'auteure d'un article intitulé « Le code littéraire "canadien-anglais" dans *La nuit* de Jacques Ferron », paru dans *Québec Studies,* n° 48 (2009-2010), d'une étude sur *L'assommoir* d'Émile Zola publiée dans la revue *Excavatio,* et d'un deuxième article sur *Hypatie* paru dans le collectif *Canada: Images of a Post/National Society.* Avocate, elle a également publié dans le domaine du droit et signé de nombreuses traductions de textes érudits.

Cet ouvrage, qui porte le numéro quatre de la collection « Lieux dits », est publié aux Éditions du Gref à Toronto (Ontario), Canada. Réalisé d'après les maquettes de Alain Baudot et Christine Tatilon, il a été tiré sur papier FSC *(Forest Stewardship Council)* et achevé d'imprimer le lundi vingt-cinq octobre deux mil dix sur les presses de l'Imprimerie Gauvin à Gatineau (Québec) pour le compte des Éditions du Gref.

JACQUES FERRON HORS QUÉBEC / JACQUES FERRON OUTSIDE QUEBEC XII, 315

FSC www.fsc.org MIXTE Papier issu de sources responsables FSC® C100212